W0081804

¡Pleibol!

¡Pleibol!

In the Barrios and the Big Leagues

En los barrios y las grandes ligas

MARGARET N. SALAZAR-PORZIO
ADRIAN BURGOS Jr.

with Robin Morey

Smithsonian
Scholarly Press

WASHINGTON, D.C.
2020

Published by / Publicado por
SMITHSONIAN INSTITUTION SCHOLARLY PRESS
P.O. Box 37012, MRC 957, Washington, D.C. 20013-7012
https://scholarlypress.si.edu

A Smithsonian Contribution to Knowledge

Compilation copyright © 2020 by Smithsonian Institution

All rights reserved. No part of this publication may be reproduced, stored in a retrieval system, or transmitted in any form or by any means, electronic, mechanical, photocopying, recording, or otherwise, without the prior permission of the publisher.

Dust jacket images: Bat, called the "Peace Keeper" (see Figure 4.4), *gift of Howard and Randall Martinez to National Museum of American History (NMAH).* Restitched glove (detail from Figure 4.6) and ball; *gift of Ernie Martinez to NMAH.* Background photo: Greeley Grays game, 1963 (detail from Figure 5.10); *courtesy of the Gabriel and Jody Lopez Collection.* Back: A selection of team jerseys; *National Museum of American History.*

Cover and Interior Designer / Diseñador: Claire Purnell
Translation / Traducción: María Eugenia Hidalgo

Library of Congress Cataloging-in-Publication Data
Datos de catalogación de la Biblioteca del Congreso
Names: Salazar-Porzio, Margaret, author. | Smithsonian Institution Scholarly Press, issuing body.
Title: *¡Pleibol!* : in the barrios and the big leagues = en los barrios y las grandes ligas / Margaret N. Salazar-Porzio and Adrian Burgos Jr. with Robin Morey.
Other titles: ¡Pleibol! : en los barrios y las grandes ligas | ¡Pleibol!
Description: Washington, D.C. : Smithsonian Scholarly Press, 2020. | Includes bibliographical references and index.
Identifiers: LCCN 2020007175 | ISBN 9781944466374 (cloth)
Subjects: LCSH: Baseball – United States – History. | Hispanic American baseball players – History. | Hispanic American baseball players – Biography. | Smithsonian Institution – Catalogs.
Classification: LCC GV863.A1 P64 2020 | DDC 796.3570973 – dc23
LC record available at https://lccn.loc.gov/2020007175

ISBN-13: 978-1-944466-37-4 (print / impreso)

Printed in Canada

∞ The paper used in this publication meets the minimum requirements of the American National Standard for Permanence of Paper for Printed Library Materials Z39.48–1992.

Aporte del Smithsonian al conocimiento

Copyright de la compilación © 2020 por Smithsonian Institution

Todos los derechos reservados. Ninguna parte de esta publicación podrá reproducirse, almacenarse en sistemas de recuperación de datos ni transmitirse por medio alguno, ya sea electrónico, mecánico, fotocopia, grabación u otro, sin previa autorización de la editorial.

Imágenes sobrecubierta: Bate llamado el "Guardián de la paz" (ver Figura 4.4); *donación de Howard y Randall Martínez al Museo Nacional de Historia Americana.* Guante remendado (ver Figura 4.6) y pelota; *donación de Ernie Martínez al Museo Nacional de Historia Americana.* Foto en el fondo: partido de los Grises de Greeley, 1963 (ver Figura 5.10); *cortesía de la Colección Gabriel y Jody López.* Contraportada: Una selección de camisetas de los equipos; *Museo Nacional de Historia Americana.*

Impreso en Canadá

∞ El papel utilizado en esta publicación cumple los requisitos mínimos de la norma nacional estadounidense sobre la permanencia del papel en materiales impresos para uso en bibliotecas Z39.48–1992.

Contents
Contenido

Introduction: Latinas/os and Baseball
Introducción: Latinas/os y el béisbol

PART 1

Community Stories at the Smithsonian

Margaret N. Salazar-Porzio

"Was my mom a good ballplayer? Was she okay? Maybe she was not. To me it doesn't matter..."[1] Perhaps Manuel "Mel" Salazar's words were an unexpected way to start a tribute to his mother's baseball playing days. On 27 October 2018, he stood in front of a crowded room at a community-based event focused on Latinas in baseball at California State University, San Bernardino.[2] Mel's words reminded the audience that many Latinas/os, including his mother, Carmen "Carmie" Lujan, experienced their social lives and cultural values through baseball – even if their lives were not defined by the sport. Carmie was one of many Latinas who added texture to and created meaning in their already rich lives through cultural expressions such as baseball.

"My mother's ball playing days were just a small part of what [*sic*] she was," Mel continued. He recounted how she was born in Texas and that her family followed the rhythm of the migrant crop farming circuit throughout the U.S. Southwest, eventually settling in Colton, California. Her last stop before Colton was Wyoming, where she picked beets as a farmworker. In another stage of her life, she worked long hours at a dress shop. In a third act, she was a Rosie the Riveter during World War II. She was also a daughter, a mother, a wife, and a widow. After all that, she was a pioneer of women's softball too. "She was strong in faith, hope, and love," Mel recalled. Her life and her experience as a softball player in the 1930s exemplify the paradigm-shattering contributions

PARTE 1

Testimonios de la comunidad en el Smithsonian

Margaret N. Salazar-Porzio

"¿Era mi mamá una buena jugadora de pelota? ¿Era aceptable? Quizás no. Eso no es importante para mí...".[1] Quizás las palabras de Manuel "Mel" Salazar no eran lo que se esperaba al comienzo de un homenaje a los días de su madre como jugadora. El 27 de octubre del 2018, Mel se dirigía a un salón repleto en un evento de base comunitaria dedicado a las latinas en el béisbol y realizado en la Universidad Estatal de California en San Bernardino.[2] Sus palabras recordaron al público que muchos latinos y latinas, incluida su madre, Carmen "Carmie" Luján, vivieron sus vidas sociales y sus valores culturales a través del béisbol, aunque el deporte no hubiera definido su existencia. Carmie fue una de muchas latinas que, si bien llevaban ya vidas plenas, les dieron nuevas texturas y significados por medio de expresiones culturales como el béisbol.

"Los días de mi mamá como pelotera fueron solo una pequeña parte de lo que ella era", continuó Mel. Entonces contó que Carmie nació en Texas y que su familia se trasladaba al ritmo de los obreros migrantes en el circuito agrícola del suroeste de Estados Unidos hasta que con el tiempo se radicaron en Colton, California. Su última parada antes de Colton fue Wyoming, donde trabajó recogiendo remolachas en los campos. En otra etapa de su vida, Carmie trabajó largas jornadas en un taller de costura, y luego fue una especie de Rosie, la Remachadora durante la Segunda Guerra Mundial. También fue hija, madre, esposa y viuda. Después de todo eso, fue también pionera del softbol femenino. "Era fuerte en su fe, su esperanza y su amor", recordó Mel. Su vida y sus experiencias como jugadora de softbol en los años treinta ejemplifican los logros de latinas

of everyday Latinas: Carmie played softball at a time when it was overwhelmingly unacceptable for women to play in competitive sports. Her story and others like it are indicative of the kinds of stories the Smithsonian preserved through this project and that local institutions like California State University, San Bernardino – and many others across the country – have been unearthing and documenting for years.

During the course of five years of research and community engagement in 14 states, Washington, D.C., and Puerto Rico, it became abundantly clear that the kinds of stories we tell are important for myriad reasons. Through them we are able to more fully demonstrate the *diversity*, and thereby the *beauty*, of American history. At the National Museum of American History the most profound accessibility and inclusion efforts are the result of projects that are dedicated to communities.

In many institutional contexts, building spaces with the purpose of including community voices is often an afterthought; this kind of work takes a lot of time and effort. So in 2014, when curators embarked on a set of listening sessions and collaborative conversations for what would become the project Latinos and Baseball: In the Barrios and the Big Leagues, they knew the road would be long. Since the project's opening panel event in 2015, curators have relied on close work with communities through a variety of public programs to create space for community voices to be heard at the Smithsonian's National Museum of American History. As this group was not the first to undertake such a project at the Smithsonian, it is helpful to begin with an institutional history as a guide for how this project builds on a foundation laid by previous programs.

Building First-Voice Traditions at the Smithsonian

The history of community engagement at the Smithsonian really begins in 1967 with the first Festival of American Folklife held on the National Mall. In the words of esteemed curator emeritus Dr. Olivia Cadaval, "This was and continues to be an open-air exhibition on the National Mall, where Martin Luther King also gave his 'I have a dream speech' – which nicely ties the event and its cultural rights advocacy even closer to the civil rights movement."[3] The festival and its commitment to everyday people, groups with strong traditions, and ethnic communities gave rise to the creation of the Office of Folklife Programs, now the Center for Folklife and Cultural Heritage, at the Smithsonian. At the time, these were radical shifts in the Institution. They signaled a growing respect for diverse histories and recognition of the need for first-hand knowledge.

normales y corrientes que rompieron paradigmas: Carmie jugó softbol cuando era prácticamente inaceptable que las mujeres participaran en deportes competitivos. Su historia y otras similares son indicativas del tipo de historias que el Smithsonian preservó a través de este proyecto y que instituciones locales a lo largo del país, como la Universidad Estatal de California en San Bernardino, han estado desenterrando y documentando durante años.

En el transcurso de cinco años de investigación e interacción con las comunidades en 14 estados, Washington D.C. y Puerto Rico, se hizo obvio que ese tipo de historias que contamos es importante por infinitas razones. Por medio de ellas logramos demostrar más plenamente la *diversidad*, y por lo tanto la *belleza*, de la historia estadounidense en general. En el Museo Nacional de Historia Americana, los esfuerzos más profundos hacia la accesibilidad y la inclusión son resultado de proyectos que están dedicados a las comunidades.

En muchos contextos institucionales, crear espacios para incluir a las voces de la comunidad suele ser una idea tardía, que surge al margen; este tipo de labor toma mucho tiempo y esfuerzo. Es por eso que en el 2014, cuando emprendieron una serie de sesiones para escuchar a las personas y participar en diálogos colaborativos con miras a lo que se convertiría en el proyecto "Los latinos y el béisbol: En los barrios y las grandes ligas", los curadores sabían que el camino sería largo. Desde el primer panel, efectuado en el 2015, los curadores han trabajado de cerca con las comunidades por medio de una variedad de programas públicos para crear un espacio donde se escuchen esas voces comunitarias en el Museo Nacional de Historia Americana. Ya que este grupo no fue el primero que emprendió un proyecto tal en el Smithsonian, conviene comenzar con una historia institucional a manera de guía para ilustrar que este proyecto está cimentado sobre las bases de programas anteriores.

Desarrollo de narrativas de "primera voz" en el Smithsonian

La trayectoria de participación comunitaria en el Smithsonian en realidad comienza en 1967 con el primer Festival de Folclor Americano, realizado en la Explanada Nacional. En palabras de la estimada curadora emérita Dra. Olivia Cadaval, el festival "era, y sigue siendo, una exposición al aire libre en la Explanada Nacional, donde también Martin Luther King pronunció su discurso "Tengo un sueño", lo cual vincula apropiadamente al evento y su defensa de los derechos culturales con el movimiento pro derechos civiles".[3] El festival y su compromiso con la gente común, los grupos de tradiciones fuertes y las comunidades étnicas dio lugar a la creación de la Oficina de Programas para el Folclor, hoy el Centro para el Folclor y el Patrimonio Cultural, en el Smithsonian. Para esa época, estos fueron cambios radicales en la Institución. Señalaban el creciente respeto por las historias de diversidad y la conciencia de que se necesitaban conocimientos de primera mano.

Figure I.1. Festival of American Folklife, Southern Plains Indians program, National Mall in Washington, D.C., 1970. Beginning in 1967, the annual programs focused each year on a different region of the United States and the world. In 1970, the festival focused on Oklahoma and surrounding Midwestern states, from which local communities came to the National Mall to provide expertise about their cultural heritage. *Photo by Charles Tompkins, courtesy of the Ralph Rinzler Folklife Archives and Collections, Smithsonian Institution.*

Figura I.1. Festival del Folclor Americano, programa de los Indios de las Llanuras del Sur, Explanada Nacional en Washington D.C., 1970. A partir de 1967, los programas anuales se centraron cada año en regiones distintas de Estados Unidos y el mundo. En 1970, el festival se dedicó a Oklahoma y los estados adyacentes del norte-centro del país. Miembros de esas comunidades vinieron a la Explanada Nacional para aportar conocimientos especializados sobre su herencia cultural. *Foto de Charles Tompkins, cortesía de los Archivos y Colecciones de Folclor Ralph Rinzler, Institución Smithsonian.*

By the 1980s, not enough had changed. Dr. Cadaval recently presented at the 2018 Latina/o Studies Association Biennial Conference, reflecting on her experiences joining the Smithsonian, that "in 1988, the Center [for Folklife and Cultural Heritage] hired me as a curator. I think the only other two Latino curators at [the] Smithsonian were Alicia González, who I replaced, and Marvette Pérez in [the] National Museum of American History."[4] Latina/o histories are and have been significant to society and culture from well before the U.S. nation-state existed, but the paucity of support for Latina/o curators and the underrepresentation of Latina/o and Latinx stories revealed a different tradition at the Smithsonian during this time.

Then, in the 1980s and 1990s, two important steps changed the Smithsonian forever and created the foundation for first-person narratives and community stewardship. The first occurred when a small group of determined staff and their allies formed the Latino Working Committee in May 1988 under the Office of the Assistant Secretary for Public Service and Museums.[5] Dr. Cadaval explained, "we were the watchdogs and advocates for Latino anything in the Smithsonian."[6] In 1994 the efforts of the Latino Working Committee culminated in its published report, entitled *Willful Neglect*.[7] The report demonstrated a clear and deliberate lack of representation of Latina/o and Latinx communities and their histories at the Smithsonian. Dr. Cadaval remembers that "attracting Latino audiences was one of the Institution's concerns [at the time]. So we [on the Latino Working Committee] argued that Smithsonian exhibitions and programs would not attract Latino populations until their stories were told in these exhibits."[8]

Llegada los años ochenta, los cambios aún eran insuficientes. En el 2018, la Dra. Cadaval presentó ante la Conferencia Bienal de la Asociación de Estudios Latinas/os una ponencia donde reflexionaba sobre sus experiencias al integrarse al Smithsonian: "en 1988, el Centro [para el Folclor y el Patrimonio Cultural] me contrató como curadora. Creo que las únicas otras dos curadoras latinas en [el] Smithsonian eran Alicia González, a quien remplacé, y Marvette Pérez en [el] Museo Nacional de Historia Americana".[4] Las historias de los latinas/os son, y han sido, significativas para la sociedad y la cultura desde mucho antes que existiera Estados Unidos como nación, pero la escasez de apoyo a curadores latinos y la poca representación de crónicas latinas en el Smithsonian revelaban una tradición diferente en ese tiempo.

Más tarde, a fines de los años ochenta y principios de los noventa, dos pasos importantes cambiaron para siempre al Smithsonian y crearon las bases para el acopio de narrativas en primera persona y el desarrollo de interacciones sólidas con las comunidades. El primero ocurrió cuando un pequeño grupo de enérgicos empleados y sus aliados formaron el Comité de Trabajo Latino en mayo de 1988 bajo la Oficina del Secretario Adjunto para Servicio Público y Museos.[5] La Dra. Cadaval explicó que "éramos los guardianes y defensores de todo lo latino en el Smithsonian".[6] En 1994 las gestiones del Comité culminaron en la publicación del informe titulado *Willful Neglect* (Negligencia intencional),[7] que demostraba la clara y deliberada falta de representación de las comunidades latinas y sus historias en el Smithsonian. La Dra. Cadaval recuerda que "una de las preocupaciones de la Institución [en ese momento] era atraer a los públicos latinos. Entonces nosotros [en el Comité de Trabajo Latino] argumentamos que las exposiciones y los programas del Smithsonian no atraerían a las poblaciones latinas hasta que sus historias se vieran reflejadas en esas exposiciones".[8]

Willful Neglect became a lightning rod that would enable the establishment of the Smithsonian Latino Center, which trains the next generations of Latina/o museum professionals through pipeline initiatives, in 1997. The Latino Center has since grown in size and scope, energizing new traditions for respecting and representing "first voice" at the Smithsonian.[9] First voice is the voice, both literal and metaphorical, of carriers and custodians of cultures and their related histories and heritage resources.[10] It depends on the preservation and documentation of community histories *in partnership with* communities through oral histories, memory workshops, and testimonials for people to present and document their histories in their own words.

The other step toward diversifying representation at the Smithsonian in the 1980s–1990s was an institutional response to controversy. During that time, it was revealed that the Smithsonian Institution held somewhere between 12,000 and 18,000 American Indian remains, kept mostly in storage. In 1989, then U.S. Senator Daniel Inouye introduced the National Museum of the American Indian Act in light of this horror. This act established the National Museum of the American Indian as "a living memorial to Native Americans and their traditions." It also required that human remains, funerary and sacred objects, and objects of cultural patrimony be repatriated to tribal communities, including any objects acquired illegally.[11] In 1990, shortly after the act was ratified, the Museum of the American Indian in New York City became part of the Smithsonian Institution.

Since this time, the Smithsonian has repatriated thousands of remains and objects to indigenous peoples. In 2004, the National Museum of the American Indian (NMAI) was inaugurated on the National Mall in Washington, D.C. Curators actively sought the input of tribal leaders and their constituent communities when building the museum and its exhibitions. They worked closely with members of each tribe to create a new tradition for first-voice representation at the Smithsonian. At a time when other museums were also struggling with how museums could be spaces that work to repair "colonization's harm," the National Museum of the American Indian became a leader in first-voice representation.[12] Amy Lonetree's book *Decolonizing Museums: Representing Native America in National and Tribal Museums* describes how museums engage in decolonizing work, and in particular, Lonetree details the work of the National Museum of the American Indian. She asserts, however, that museums must go beyond collaborating with indigenous communities and including indigenous voices. For Lonetree, the NMAI fell short of its potential as a decolonizing museum because it was silent around the story of American Indian holocaust.[13] She argues that a decolonizing museum must also address "the legacies of historical unresolved

Willful Neglect fue un imán que hizo posible en 1997 el establecimiento del Centro Latino Smithsonian, donde se adiestran las próximas generaciones profesionales latinas/os de museos por medio de iniciativas integradas. El Centro Latino ha crecido desde entonces en tamaño y alcance, energizando tradiciones nuevas para fomentar el respeto y la representación de la "primera voz" en el Smithsonian.[9] Primera voz es, en sentido literal y metafórico, la voz de los portadores y custodios de las culturas, sus historias y los recursos patrimoniales relacionados con ellas.[10] Esa voz depende de la conservación y documentación de las historias comunitarias *en alianza con* las comunidades mediante historias orales, talleres de recuperación de memorias y testimonios de personas que presenten y documenten sus vivencias en sus propias palabras.

El otro paso hacia una representación más diversa en el Smithsonian durante los años ochenta y noventa fue una reacción institucional a una controversia. En esa época se reveló que la Institución Smithsonian tenía entre 12,000 y 18,000 restos y artefactos de indígenas americanos, casi todos guardados en depósitos. En 1989, a raíz de este horror, el entonces senador Daniel Inouye presentó la Ley del Museo Nacional del Indígena Americano para establecer "un monumento vivo a los nativos americanos y sus tradiciones". La ley también requería que los restos humanos y objetos funerarios y sagrados, así como los objetos patrimoniales, fueran repatriados a sus comunidades tribales, incluidos todos aquellos que hubieran sido adquiridos ilegalmente.[11] En 1990, poco después de ratificada la ley, el Museo del Indígena Americano en la ciudad de Nueva York pasó a ser parte de la Institución Smithsonian.

Desde ese momento, el Smithsonian ha repatriado miles de restos y objetos a los pueblos indígenas. En el 2004 se inauguró el Museo Nacional del Indígena Americano (NMAI por sus siglas en inglés) en la Explanada Nacional en Washington D.C. En el proceso de construcción del museo y sus exposiciones, los curadores buscaron activamente el aporte de los líderes tribales y sus comunidades. Trabajaron de cerca con miembros de cada tribu y crearon una tradición nueva para representar la "primera voz" en el Smithsonian. En tiempos en que otros museos también enfrentaban procesos de abrir espacios para reparar "el daño de la colonización", el NMAI se alzó como líder en la representación de las primeras voces.[12] El libro de Amy Lonetree titulado *Decolonizing Museums: Representing Native America in National and Tribal Museums* (Descolonizando los museos: La representación de la América indígena en los museos nacionales y tribales) describe cómo los museos asumen una labor descolonizadora y detalla en particular la labor del NMAI. No obstante, Lonetree afirma que los museos deben ir más allá de colaborar con las comunidades indígenas e incluir sus voces. En su opinión, el NMAI no realizó todo su potencial como museo descolonizador porque guardó silencio en torno a la historia del holocausto de los indios americanos.[13] La autora sostiene que un museo descoloni-

grief" and be "in the service of speaking the hard truths of colonization."[14] Although Lonetree's criticism is valid, the first-voice representation at the NMAI was, in fact, revolutionary in many ways. As a result of the NMAI's efforts, first-voice representation, efforts to decolonize our museum spaces, and participatory exhibition development have filtered into the everyday work of other Smithsonian units, including the National Museum of American History and, more recently, the National Museum of African American History and Culture.[15]

Over the years, other staff have contributed to the important work of broadening the scope and representation of people of color throughout the Smithsonian by incorporating first-person narratives and oral histories, as well as work in and with communities. The Latino Curatorial Initiative, established in 2010 by Dr. Richard Kurin, distinguished scholar and ambassador-at-large at the Smithsonian Institution, and Eduardo Díaz, director of the Smithsonian Latino Center, continues to have a large impact as a way to institutionalize these traditions and methodologies for creating more accurate and inclusive representations of Latinx communities in particular.[16]

Each of these examples have, in distinct ways, put community voices at the center of curatorial work at the Smithsonian. It is clear, from the significant tradition at the national museums that the Smithsonian Institution comprises—first and foremost the people's museums—that current and future curators must make room at the table for groups that have too often been underrepresented within the Smithsonian's walls.

The Latinos and Baseball Project

The National Museum of American History's Latinos and Baseball: In the Barrios and the Big Leagues project builds on these traditions for first-voice representation at the Smithsonian and on community-based documentation projects across the country. In 2014, Latinos and Baseball started as a research project to examine how Latino ballplayers in U.S. cities in the twentieth century shaped and were shaped by new understandings of community, race, ethnicity, American national identity, intergroup cooperation, and civil rights while simultaneously transforming America's pastime. Since the global and the national live in our local lives and experiences, baseball also provides an important lens to understand the migration of people to and within the United States from all over Latin America. Each of our local Latinx communities can thus contain many possible histories.

zador debe también abordar "los legados del dolor histórico que no ha sido resuelto" y estar "dispuesto a exponer las duras verdades de la colonización".[14] Aunque la crítica de Lonetree es válida, la representación de primeras voces en el NMAI fue revolucionaria en muchos aspectos. Como resultado de dicha labor, la representación de primeras voces, los esfuerzos por descolonizar nuestros espacios museísticos y el desarrollo participativo de las exposiciones son prácticas que se han filtrado en la labor cotidiana de otras unidades del Smithsonian, incluido el Museo Nacional de Historia Americana y más recientemente el Museo Nacional de Historia y Cultura Afroamericana.[15]

A lo largo de los años, otros miembros del personal han contribuido a la importante tarea de ampliar el alcance y la representación de las personas de color en todo el Smithsonian al incorporar narrativas de primera voz e historias orales, así como trabajos en y con las comunidades. La Iniciativa Curatorial Latina, establecida en el 2010 por el Dr. Richard Kurin, distinguido académico y embajador *plenipotenciario* en la Institución Smithsonian, junto a Eduardo Díaz, director del Centro Latino Smithsonian, sigue teniendo un gran impacto como medio de institucionalizar estas tradiciones y metodologías para crear representaciones más precisas e inclusivas de las comunidades latinas en particular.[16]

En distintas maneras, cada una de estas iniciativas ha colocado las voces comunitarias en el centro de la labor curatorial en el Smithsonian. Es evidente, considerando la importante tradición de los museos nacionales que componen la Institución Smithsonian —ser ante todo museos del pueblo— que los curadores actuales y futuros deberán dar espacio en la mesa de discusión a los grupos que con tanta frecuencia han sido infrarrepresentados dentro de la Institución.

El proyecto "Los latinos y el béisbol"

El proyecto "Los latinos y el béisbol: En los barrios y las grandes ligas", organizado por el Museo Nacional de Historia Americana, se ha desarrollado sobre la base de estas tradiciones de representación de primeras voces en el Smithsonian y de proyectos de documentación comunitarios a lo largo del país. "Los latinos y el béisbol" comenzó en el 2014 como un proyecto de investigación en torno a cómo los peloteros latinos a lo largo de Estados Unidos en el siglo XX impactaron y fueron impactados por las nuevas concepciones de comunidad, raza, etnicidad, identidad nacional, cooperación intergrupal y derechos civiles, a la vez que transformaban el pasatiempo estadounidense por excelencia. Dado que nuestras vidas y experiencias van interconectadas con factores nacionales y globales, el béisbol es también un prisma para comprender la migración de personas de toda América Latina hacia Estados Unidos y luego dentro del país. Por lo tanto, cada una de nuestras comunidades locales latinas puede ser depositaria de numerosas historias de distinta índole.

Much scholarly and popular attention has been paid to individual professional minor and major league players who have made an impact on American culture through their baseball careers or who have worked toward integrating the sport.[17] Yet more work remains to be done on ethnic identities and community solidarity developed in and supported by local baseball leagues in Latino barrios and rural areas across the nation. During the twentieth century, cities like Los Angeles, Chicago, Kansas City, New York, and San Antonio flourished as their Latino communities also grew. At the same time, baseball became more and more popular for Spanish-speaking youth across the nation.

The first year of the project focused on conversations with potential partners and research visits to each of their cities. By the end of 2015, these collaborative research visits culminated in a public event for Latinos and Baseball at the National Museum of American History in Washington, D.C. The two-day event included a panel and a set of workshops for institutions and individuals from across the country doing work on the subject. Together, the group decided to cohost community events in order to grow the national collection and support local efforts. Thus, the project was collectively defined and modeled after ongoing community projects related to the documentation of Latina/o baseball history.[18]

One example of these many robust projects is the great work being done at California State University, San Bernardino, where our first and last events (in 2016 and 2018, respectively) took place with Mel Salazar. Leaders of the Latino Baseball History Project at California State University, San Bernardino, have completed substantial documentation of California communities in Los Angeles, Orange County, the San Gabriel Valley, Santa Barbara, and the Inland Empire. Moreover, the project is expanding its reach outside of California by initiating research in Texas and the Midwest. The leaders of the project have collected visually stunning documents and photographs related to the important role that baseball has played in Latino communities throughout California. Their archive focuses on the early decades of the twentieth century to about the 1960s and sheds light on Latina/o history during the era of segregation, World War II, and beyond. The project has made a significant impact by organizing its own community collections events, producing a series of photodocumentary books, and developing various baseball exhibits throughout California.[19] The Latino Baseball History Project is an important contributor to and partner in this work.

Tanto en los ámbitos académicos como populares, se ha dado mucha atención a ciertos peloteros profesionales de ligas menores y mayores que han impactado la cultura estadounidense con sus carreras o con sus esfuerzos en pro de la integración racial en el deporte.[17] No obstante, aún queda más que investigar sobre la identidad étnicas y la solidaridad comunitaria que las ligas de béisbol locales desarrollaron y respaldaron en los barrios latinos y áreas rurales de toda la nación. Durante el siglo XX, ciudades como Los Ángeles, Chicago, Kansas City, Nueva York y San Antonio prosperaron mientras sus comunidades latinas también crecían. Al mismo tiempo, el béisbol cobró más y más popularidad entre la juventud hispanohablante de todo el país.

El primer año del proyecto se dedicó a conversaciones con socios potenciales y visitas de investigación a sus ciudades. Para fines del 2015, esas visitas de investigación colaborativa culminaron en un evento público de "Los latinos y el béisbol" en el Museo Nacional de Historia Americana en Washington D.C. A lo largo de dos días se realizaron un panel y una serie de talleres para instituciones y personas de todo el país que estuvieran trabajando ese tema. El grupo decidió entonces coorganizar eventos en las comunidades con el fin de ampliar la colección nacional y apoyar iniciativas locales. Así, el proyecto se fue definiendo y modelando colectivamente sobre la base de proyectos comunitarios ya existentes, relacionados con la documentación de la historia del béisbol entre los latinas/os.[18]

Un ejemplo de esos muchos proyectos robustos es el gran trabajo que se hace en la Universidad Estatal de California en San Bernardino, donde se realizaron nuestros primer y último eventos (2016 y 2018) con Mel Salazar. Los dirigentes del Proyecto de Historia del Béisbol Latino en dicha universidad han completado un sustancial cúmulo de documentación sobre comunidades en Los Ángeles, el Condado de Orange, el Valle de San Gabriel, Santa Bárbara y el Inland Empire. Asimismo, el proyecto está expandiendo su alcance fuera de California con investigaciones en Texas y la región norte-centro del país. Los dirigentes han recopilado documentos y fotografías de una calidad visual impresionante, que ilustran la importante función que ha tenido el béisbol en las comunidades latinas de California. Su archivo se concentra en las primeras décadas del siglo XX hasta los años sesenta y arroja luz sobre la historia de los latinas/os en la época de la segregación racial, la Segunda Guerra Mundial y posteriormente. El proyecto ha tenido un impacto significativo, habiendo organizado sus propios eventos de acopio en la comunidad además de producir una serie de libros foto-documentales y varias exposiciones sobre el béisbol en California.[19] El Proyecto de Historia del Béisbol latino es un importante colaborador y aliado en el presente trabajo.

Figure I.2. Community collecting event, Baseball Heritage Museum in Cleveland, Ohio, 22 July 2017. Community collecting events where community members shared local histories and objects related to how baseball affected their lives were held in 14 different states across the country. *Smithsonian Institution Traveling Exhibition Service, photo by María del Carmen Cossu.*

Figura I.2. Actividad comunitaria de acopio, Museo del Patrimonio del Béisbol en Cleveland, Ohio, 22 de julio del 2017. En 14 estados del país se celebraron actividades de acopio donde los miembros de la comunidad compartieron historias y objetos relacionados con el béisbol y cómo este había afectado sus vidas. *Servicio de Exposiciones Itinerantes de la Institución Smithsonian, foto por María del Carmen Cossu.*

Over the years, Smithsonian curators have learned so much from partners across the country. Communities shared their material and visual culture relics that endure as a kind of evidence of their memories and their lives. They also agreed to record oral histories and interviews, providing the first-voice representation that gives artifacts and images meaning. Baseball became a field for innovation that drew upon local histories and individual institutional strengths. From California to Florida, Missouri to Colorado, Texas to Puerto Rico, our project team built new partnerships that help bring visibility to the assets of each region: neighborhood stories, histories, public memories, intercultural dialogues, and more. From 2016 to 2018, we cultivated over 30 partners in 14 states, Washington, D.C., and Puerto Rico, and we hosted 17 community events across the country.

Curators partnered with community members to document their stories at each event. Events included photo stations for three-dimensional objects, scanning stations for two-dimensional objects, and oral history recording equipment for those who wished to record a statement or be interviewed in depth at a later date. People shared stories, pictures, and objects with each other, and they remembered why baseball was such an important part of their family's story—it brought them all together. In fact, it continued to bring people together in the form of these cohosted events. Through these community events curators and communities demonstrated the importance of baseball locally and nationally.

As with most projects, there were challenges interspersed among the successes from the very beginning. The Latinos and Baseball team wanted this project to transcend the history of unidirectional engagement between the Smithsonian and communities. However, in some communities, Smithsonian curators have previously come and gone. They have taken from communities instead of building reciprocal relationships. The Latinos and Baseball project had to contend with a long history of Smithsonian curators coming to local communities and position-

Con el paso de los años, los curadores del Smithsonian han aprendido mucho de sus colaboradores a lo largo del país. Las comunidades compartieron reliquias de su cultura material y visual que perduran como evidencia de sus recuerdos y sus vidas. También aceptaron que se grabaran historias orales y entrevistas, proporcionando así el relato en primera voz que da significado a los objetos y las imágenes. El béisbol se convirtió en un campo de innovación cimentada en las historias locales y las capacidades de cada institución. De California a Florida, de Misuri a Colorado, de Texas a Puerto Rico, nuestro equipo del proyecto cultivó lazos que han dado visibilidad a lo que cada región tenía que ofrecer: historias de los barrios, memorias públicas, diálogos interculturales y mucho más. Entre el 2016 y 2018, desarrollamos más de 30 alianzas en 14 estados, Washington D.C. y Puerto Rico, y organizamos 17 eventos comunitarios a lo largo del país.

En cada evento, los curadores colaboraron con los miembros de las comunidades para documentar sus historias. Se utilizaron estaciones para fotografiar objetos tridimensionales, estaciones para escanear objetos bidimensionales y equipo para grabar historias orales en caso de que algunos quisieran hacer algún comentario o ser entrevistados a fondo en fecha posterior. Los asistentes compartieron relatos, fotos y objetos entre sí y recordaron por qué el béisbol fue tan importante en la vida de sus familias: sirvió para unirlos. De hecho, el deporte siguió uniéndolos en estos eventos colaborativos. Por medio de ellos, los curadores y las comunidades demostraron una vez más la importancia del béisbol a nivel local y nacional.

Como en la mayoría de los proyectos, los éxitos no estuvieron exentos de desafíos desde el mismo principio. El equipo de "Los latinos y el béisbol" quería que el proyecto trascendiera el historial de relación unidireccional entre el Smithsonian y las comunidades. Sin embargo, ya algunas comunidades habían visto la presencia intermitente de curadores del Smithsonian que habían aprovechado los recursos de la comunidad sin cultivar relaciones recíprocas. "Los latinos y el béisbol" tuvo que superar una larga historia de curadores del Smithsonian que llegaban a las comunida-

Figure I.3. Visit with community members, Greeley, Colorado, 2018, including local historians Gabriel and Jody Lopez (second and third from right). Also included in this picture are (from left to right) Mike and Linda Peters, Peggy Ford-Waldo, Dr. Margaret Salazar-Porzio, and Dr. Gilbert Carbajal. *Courtesy of Margaret Salazar-Porzio.*

Figura I.3. Visita a miembros de la comunidad, Greeley, Colorado, 2018. Aparecen los historiadores locales Gabriel y Jody López (segundo y tercera desde la derecha) y también (desde la izquierda) Mike y Linda Peters, Peggy Ford-Waldo, la Dra. Margaret Salazar-Porzio y el Dr. Gilbert Carbajal. *Cortesía de Margaret Salazar-Porzio.*

ing themselves as the only experts, telling communities what is important to their histories, or insisting that it is the Smithsonian's position that gives their stories historical legitimacy. Many communities were concerned curators were, yet again, coming into their spaces and taking the important pieces of their histories to be stored away in Washington, D.C., never to see the light of day. These experiences emphasized the fact that community-based projects need to be based on reciprocal relationships and a sense of trust.

Building this trust took a lot of courage – a lot of time, energy, and cultivation of relationships over the phone and in person whenever possible. Sometimes, it meant calling people or sitting down together to hear about local news. It took lots of travel by Smithsonian curators, as well as Smithsonian-sponsored honorariums that supported local speakers who gave talks or keynotes in their own communities at cohosted events.[20] Supporting community projects in these ways helped demonstrate institutional commitment.

When it came to collections, sometimes objects were acquired for the National Museum of American History. Mostly, events brought visibility to community histories and created momentum to document stories locally. Smithsonian curators were able to be in each town for only a few days over the course of a few years, but local partners continuously work with their constituent communities to preserve the history of the place. Through the project, a wonderful national collection and a series of local collections have grown together. Yet the preservation of historically significant objects and oral histories is multifaceted. It is not just about acquiring, conserving, and cataloging objects of great importance; it is also about making sure that the objects and knowledge about them are accessible to others.

des, se establecían como únicos expertos y les señalaban unilateralmente por qué sus historias eran importantes o insistían en que el prestigio del Smithsonian era lo que les daba legitimidad histórica. Muchas comunidades estaban preocupadas de que, una vez más, los curadores invadieran sus espacios y se llevaran piezas importantes de sus historias para almacenarlas en Washington D.C. sin ver nunca la luz del día. Estas experiencias subrayaron el hecho de que los proyectos de base comunitaria tienen que fundarse en relaciones recíprocas y un sentido de confianza.

Para lograr que esa confianza germinara, hizo falta mucha valentía, mucho tiempo, mucha energía y el cultivo de relaciones por teléfono y en persona siempre que fuera posible. A veces esto implicaba sentarse con las personas a escucharlas hablar sobre los últimos sucesos de la localidad. Fueron necesarios muchos viajes de los curadores, así como fondos del Smithsonian para sufragar gastos de conferenciantes locales que hablaran antes sus comunidades en los eventos coorganizados.[20] Este tipo de apoyo a los proyectos comunitarios sirvió para demostrar el compromiso institucional.

En lo que respecta al acopio de materiales, a veces se adquirían objetos para la colección del Museo Nacional de Historia Americana. En la mayoría de los casos, los eventos sirvieron para dar visibilidad a las historias de la comunidad y crearon el impulso para documentarlas localmente. Aunque los curadores del Smithsonian quizás no estuvieron presentes en cada ciudad más de unos días a lo largo de unos pocos años, los colaboradores locales han trabajado continuamente con sus comunidades para preservar la historia de los lugares. Gracias al proyecto han crecido juntas una maravillosa colección nacional y una serie de colecciones locales. No obstante, la preservación de historias orales y objetos de relevancia histórica es un proceso multifacético. No se trata solo de adquirir, conservar y catalogar objetos de gran importancia; se trata también de garantizar que los objetos y los conocimientos que ellos generan sean accesibles a un público amplio.

¡Pleibol! In the Barrios and the Big Leagues / En los barrios y las grandes ligas

Many new collections are featured in this book and in the 2020 National Museum of American History and traveling exhibit *¡Pleibol! In the Barrios and the Big Leagues / En los barrios y las grandes ligas*. The 2020 exhibits and this accompanying book feature the historic role baseball has played as a social and cultural force within Latino communities across the nation for over a century. Baseball is at the heart of *many* communities in the United States. Overwhelmingly for Latinas/os, baseball is more than simply a game. Latinas/os have influenced the quintessential American game across the Americas for more than a century.[21]

Although the story of baseball is often told as a man's story, women have been involved in the game on and off the field throughout this entire history. Their stories are included throughout the exhibits and throughout this book. From Marge Villa Cryan, one of only 11 Latinas in the All-American Girls Professional Baseball League, to Linda Alvarado, the first Latina/o to own a Major League Baseball team, and Jessica Mendoza, softball Olympian and first Latina Major League Baseball broadcaster, women have changed the game.

In Major League Baseball, we feature stories of some of the most famous Latino players and their connections to their communities—Roberto Clemente, Fernando Valenzuela, Pedro Martínez, José Abreu, and Luis Tiant Jr., to name a few. Overall, however, Major League Baseball is only a small part of the story. Local hometown heroes are present in every chapter and emphasized to show how Latinas/os often figure out how to incorporate baseball and softball into their lives in unique and sometimes unexpected ways. Since this project is community driven, it necessarily reflects its community roots in the stories and objects highlighted.

¡Pleibol! In the Barrios and the Big Leagues / En los barrios y las grandes ligas

Muchos de los nuevos objetos adquiridos para colección figuran en este libro, así como en la exposición del Museo Nacional de Historia Americana y la exposición itinerante, ambas programadas para el 2020 y tituladas *¡Pleibol! In the Barrios and the Big Leagues / En los barrios y las grandes ligas*. Las exposiciones y esta publicación acompañante examinan la función histórica que ha tenido el béisbol como fuerza social y cultural dentro de las comunidades latinas en toda la nación. El béisbol está en el corazón de *muchas* comunidades de Estados Unidos y, para la gran mayoría de los latinos y latinas, es más que un juego. Ellos han influenciado este emblemático deporte estadounidense a lo largo y ancho de las Américas durante más de un siglo.[21]

Aunque la historia del béisbol suele contarse como una historia de hombres, las mujeres han estado involucradas en el juego, dentro y fuera del campo, a lo largo de toda su trayectoria. Esas vivencias femeninas están plasmadas en las exposiciones y en este libro. Desde Marge Villa Cryan, una de solo 11 latinas que participaron en la All-American Girls Professional Baseball League—liga profesional femenina que existió de 1943 a 1954—hasta Linda Alvarado, primera latina dueña de un equipo de grandes ligas, y Jessica Mendoza, campeona olímpica de softbol y primera locutora latina en Major League Baseball, las mujeres han cambiado el juego.

En el ámbito de las grandes ligas, presentamos las historias de algunos de los peloteros latinos más famosos y su relación con sus comunidades: Roberto Clemente, Fernando Valenzuela, Pedro Martínez, José Abreu y Luis Tiant Jr., entre otros. Desde una perspectiva más general, las grandes ligas son solo una pequeña parte del panorama. En cada capítulo figuran jugadores que han sido héroes de sus comunidades locales y mostramos cómo los latinas/os se las ingenian para incorporar el béisbol y el softbol a sus vidas en formas únicas y a veces inesperadas. Siendo este un proyecto de colaboración con la comunidad, es obvio que refleje sus raíces comunitarias en las historias y los objetos que se destacan.

Figure I.4. *¡Pleibol! In the Barrios and the Big Leagues* exhibition logo, 2018. The exhibition is scheduled for display at the National Museum of American History from October 2020 through October 2021. A version of the exhibition will simultaneously travel in a national tour through the Smithsonian Institution Traveling Exhibition Service. *Courtesy of Museum Environments and the National Museum of American History.*

Figura I.4. Logotipo de la exposición *¡Pleibol! En los barrios y las grandes ligas*, 2018. La exposición está programada en el Museo Nacional de Historia Americana desde octubre del 2020 hasta octubre del 2021. A la vez, una versión de ella viajará por el país a través del Servicio de Exposiciones Itinerantes de la Institución Smithsonian. *Cortesía de Ambientes Museológicos y Museo Nacional de Historia Americana.*

Up until the 1960s, many Latinos—especially dark-skinned Latinos—were hardly even given a chance in Major League Baseball, which was slow to integrate in the years after Jackie Robinson broke the color line in 1947. Racism and discrimination against Latinos, particularly those whose first language was not English, meant some truly talented players were overlooked and pushed aside. The "Ponle Acento" initiative (discussed in chapter 2) is a more recent intervention in this long history of discrimination. A 2019 *Washington Post* article describes how English-speaking players are combatting the longstanding English-only clubhouse tradition by learning Spanish.[22] But for most of the twentieth century, Latinas/os experienced and enjoyed baseball only in their communities. Sometimes this included Major League Baseball games, but more frequently, it included pickup games, locally sponsored leagues, and minor league games.

This book's focus is community-based stories, teams, and objects that provide a window into the everyday lives of Latinas/os.[23] These stories illustrate that community baseball leagues, and sports more generally, allow people to come together and feel connected to something bigger than themselves alone. Whether it is the story of someone becoming part of a new community or how players have organized for better labor conditions on the baseball field after a long day of picking citrus or beets in the same fields, baseball, like other forms of popular culture, has provided an important platform from which to celebrate and challenge what it means to be American. This book contends that as America's pastime in the twentieth century, baseball transcends most other forms of popular culture.

How is this history of Latinas/os in baseball different from the histories of other immigrant groups like Italians or Japanese? Community-based research across the country has been distilled into a few points that demonstrate how this is fundamentally a Latina/o story: baseball has been a political tool for Latino communities; many came to the United States knowing baseball already, and Latina/o baseball is present in every state and territory in the country. These points are expounded upon throughout the following chapters. Ultimately, Latinos have a different relationship and history with baseball in comparison to Europeans and other immigrants to the United States.

In the following chapters, we document some ways Latinas/os have turned baseball and softball fields into places for civic engagement and activism. José Alamillo (featured in chapter 7) put it best in his book *Making Lemonade out of Lemons*, "Baseball clubs had multiple meanings and uses among Mexican Americans.... Mexican Americans viewed baseball matches as mirroring

Hasta los años sesenta, muchos latinos, sobre todo los de piel oscura, no tenían oportunidades en las grandes ligas, donde la integración racial llegó lentamente después de que Jackie Robinson rompiera la barrera del color en 1947. El racismo y la discriminación contra los latinos, en particular los que no hablaban inglés como lengua materna, implicaron que algunos peloteros realmente talentosos fueran ignorados y marginados. La iniciativa "Ponle Acento" (descrita en el capítulo 2) es una de las más recientes intervenciones en este largo historial de discriminación. En esa línea, un artículo del 2019 en el diario *Washington Post* describe cómo los peloteros anglohablantes están combatiendo la larga tradición excluyente de "English only" y están aprendiendo español.[22] Sin embargo, durante casi todo el siglo XX, los latinas/os experimentaron y disfrutaron el béisbol únicamente en sus comunidades. A veces iban a partidos de grandes ligas, pero la mayoría eran juegos espontáneos, competencias de ligas auspiciadas localmente o juegos de ligas menores.

Este libro pone su foco en historias, equipos y objetos de origen comunitario que nos ofrecen una ventana hacia la vida cotidiana de los latinas/os.[23] Los relatos evidencian que las ligas de béisbol comunitarias, y en general los deportes, sirven para reunir a las personas y hacerlas sentir conectadas a una causa común, que sobrepasa lo particular. Ya sea el caso de alguien que se integra a una nueva comunidad o de peloteros que se reúnen en el terreno de juego para organizarse y luchar por mejores condiciones laborales luego de una larga jornada recogiendo cítricos o remolachas en esos mismos campos, el béisbol, al igual que otras manifestaciones de la cultura popular, ha aportado una plataforma importante desde la cual celebrar y desafiar lo que significa ser estadounidense. Este libro propone que, como pasatiempo favorito de Estados Unidos en el siglo XX, el béisbol trasciende casi toda otra expresión de la cultura popular.

¿En qué se diferencia esta historia de los latinas/os en el béisbol al compararse con las de otros grupos de inmigrantes como los italianos y los japoneses? Nuestras investigaciones a lo largo del país han sido destiladas en unos pocos enunciados que demuestran que esta es una historia fundamentalmente latina: el béisbol ha sido una herramienta política para estas comunidades, muchos latinas/os llegaron a Estados Unidos conociendo el juego de antemano y el béisbol latino está presente en cada estado y territorio del país. Estos puntos se desarrollarán en los capítulos siguientes, pero en resumen, la relación y la historia de los latinos con el béisbol sí es distinta a la de los europeos y otros inmigrantes.

En los próximos capítulos documentamos algunos casos en que los latinas/os han convertido los campos de béisbol y softbol en lugares de participación cívica y activismo.

larger racial, gender, and class struggles that transcended the playing field. Mexican Americans used baseball clubs to promote ethnic consciousness, build community solidarity, and sharpen their organizing and leadership skills."[24]

Many Latina/o immigrants over the twentieth century came to the United States already knowing baseball; they did not learn it when they arrived in the United States. Instead, they came with particular ways of playing the game and with an understanding of the game that has helped American baseball evolve and change—on and off the field. Chapter 1 describes how Latinas/os have been game changers. The chapter makes clear that two truths can exist in tension: baseball provided a space for innovation, and baseball provided a space for assimilation. Many Latina and Latino immigrants were able to use baseball as common ground with each other and with communities in which they settled. Unfortunately, the historical through lines of discrimination and racism within U.S. Latino communities are large parts of this story as well.

Since the Smithsonian has a national scope, the curatorial team conducted surveys with community organizations in all 50 states, Puerto Rico, and Guam. Of the 375 surveys sent out, there was a 70% response from 46 states, Puerto Rico, Guam, and Washington, D.C.[25] It was clear that this is a game and a story that is part of Latina/o history and culture in communities in every state and territory of the United States. As Dr. Richard Santillán stated at a community event in 2016, "Every state in the country has Latinos and every state in the country has Latino baseball"[26] — or versions of it such as softball, fast-pitch softball, and stickball.

With this kind of broad and deep history, it is no wonder baseball holds a significant place in the hearts of many Latinas and Latinos. This national project demonstrates baseball is a place to push boundaries, and at the same time it can be a field for cultural expression or adaptation to a new place. The story of baseball in Latino communities is never solely a man's story or a story of heroes. It is a story about communities and a story found across the nation — across the Americas — one that could be told in this way with a national focus because of the vantage point of the Smithsonian.

José Alamillo (capítulo 7) lo expresó muy atinadamente en su libro *Making Lemonade out of Lemons* (Si la vida te da limones, haz limonada): "Los clubes de béisbol tenían múltiples significados y usos entre los mexicoamericanos. [...] Estos veían los partidos de pelota como un espejo de las luchas de raza, género y clase que trascendían el terreno de juego. Los mexicoamericanos utilizaron esos clubes de béisbol para promover la conciencia étnica, forjar solidaridad en la comunidad y afinar sus destrezas de organización y liderazgo".[24]

Muchos inmigrantes latinas/os a lo largo del siglo XX vinieron a Estados Unidos ya con conocimiento del béisbol; no lo aprendieron cuando llegaron. Más bien trajeron maneras particulares de jugar y una perspectiva que ha ayudado al béisbol estadounidense a evolucionar y cambiar, dentro y fuera del diamante. El capítulo 1 describe cómo los latinas/os han cambiado el juego y demuestra que pueden existir dos verdades en tensión: el béisbol proporcionó un espacio para la innovación y a la vez un espacio para la asimilación. Muchos latinos y latinas inmigrantes pudieron utilizar el deporte como terreno común entre ellos mismos y con las comunidades donde se radicaron. Desafortunadamente, las tramas históricas de discriminación y racismo dentro de las comunidades latinas en Estados Unidos son también parte sustancial de esta historia.

Dado el alcance nacional del Smithsonian, el equipo curatorial realizó encuestas entre organizaciones comunitarias en los 50 estados, Puerto Rico y Guam. De las 375 encuestas enviadas, se recibió contestado el 70 % desde 46 estados, Puerto Rico, Guam y Washington D.C.[25] Fue obvio que se trataba de un juego y un relato que forman parte de la historia y la cultura latinas en cada estado y territorio de Estados Unidos. Como lo dijo el Dr. Richard Santillán durante un evento comunitario en el 2016: "en cada estado del país hay latinos y en cada estado del país hay béisbol latino",[26] o alguna versión como softbol, picheo rápido o stickball.

Con esta trayectoria tan amplia y profunda, no es de asombrar que el béisbol tenga un lugar significativo en los corazones de muchos latinos y latinas. Este proyecto nacional demuestra que la pelota es un espacio para desafiar fronteras y al mismo tiempo puede ser un espacio que fomente la expresión cultural o la adaptación a un lugar nuevo. La historia del béisbol en las comunidades latinas no es nunca una historia de hombres o de héroes únicamente. Es una historia acerca de las comunidades y resuena a lo largo de la nación, a lo largo de las Américas, una historia que se puede contar de esta manera, con un enfoque nacional, gracias al ventajoso punto de mira del Smithsonian.

A Note on Terminology

It is important to note the significance and complexity of terminology. Latinas/os are by no means a homogeneous group. This book refers to Latino communities as a whole unless otherwise specified, but there is considerable diversity by origin group, citizenship, language, and other variables. In conversations with community members, it was clear this could be a delicate subject. Whether to call themselves Latina/o, Hispanic, Spanish, or by some other identity category was a matter of great significance and could mean the difference in getting a job, being able to marry the person you loved, or sitting at the lunch counter or not. Indeed, one's identity is influenced by so many personal, cultural, and social factors. Many older generations who experienced deep and tragic racial discrimination for being Puerto Rican or Mexican might opt to call themselves Spanish, even though some refused to speak Spanish in efforts to assimilate into white America. Other darker-skinned Latinas/os might have identified as Afro-Latino and could often find better baseball prospects in the Negro Leagues. Adrian Burgos Jr.'s introductory essay details this complicated history.

In 2012, the Pew Research Center Hispanic Trends Project published "When Labels Don't Fit: Hispanics and Their Views of Identity," a report based on a nationwide survey that found most native Spanish speakers or descendants of native Spanish speakers actually reject the term "Hispanic." These researchers found that in 2012 even fewer preferred the term "Latino." In more recent years, however, there has been a growing trend in the use and acceptance of the term "Latina/o." "Hispanic" has been seen as government imposed, primarily based on language, and placing emphasis on connections to a colonizing Spain. "Latina/o," on the other hand, refers more to geography: people of Latin American origin, which includes Brazil but does not include Spain.[27]

At the same time, foreign-born ballplayers might not call themselves Latino, even if they were born in Latin America. They might refer to themselves as Latin American but are more likely to refer to themselves by their country of origin. Occasionally, we use the distinction "U.S. born," which refers to those born in the 50 U.S. states and the District of Columbia. Those born on the island of Puerto Rico (who are U.S. citizens at birth) are also included among the U.S. born. However, Major League Baseball counts only foreign-born Latinos in their statistics, and Puerto Rico–born players are included in this number.

As much as possible, the essays in this book defer to individuals in how they referred to themselves and whether they decided to include accents and tildes in their names.[28] In working with partners across the country, "Latina/o" became the preferred umbrella term for the project. The reason was not because most people identified as Latina/o—most preferred to call themselves by their specific heritage: Cuban, Dominican, Ecuadorian, Mexican, Puerto Rican, Venezuelan, etc.—but it was because most Spanish-speaking baseball players, whether U.S. born or not, came from

Un comentario sobre terminología

Es importante observar la importancia y la complejidad de la terminología. Los latinas/os no son de ninguna manera un grupo homogéneo. Este libro alude a las comunidades latinas como conjunto a menos que se especifique lo contrario, pero existe entre ellas una gran diversidad en términos de origen, nacionalidad, variantes idiomáticas y otras variables. En conversaciones con los miembros de las comunidades, se hizo obvio que esto podía ser un tema delicado. Llamarse latina/o o hispana/o, "español" o cualquier otro apelativo identitario era materia de gran importancia y podía significar la diferencia entre conseguir empleo o no, casarse con el ser amando o no, poder sentarse en la cafetería o no. En efecto, la identidad está influida por numerosos factores personales, culturales y sociales. Muchas personas de generaciones anteriores que sufrieron la honda tragedia de la discriminación racial por ser puertorriqueños o mexicanos quizás optaron por llamarse "Spanish", aunque algunos se negaran a hablar español en su esfuerzo por asimilarse a la sociedad blanca estadounidense. Otros latinas/os de piel oscura quizás se identificaron como afrolatinas/os y a menudo encontrarían mejores oportunidades en el béisbol de las ligas negras. El ensayo introductorio de Adrian Burgos Jr. detalla esta compleja situación.

En el 2012, el Proyecto de Tendencias Hispanas del Centro Pew de Investigación publicó el informe "When Labels Don't Fit: Hispanics and Their Views of Identity" (Cuando las etiquetas no funcionan: Los hispanos y sus visiones de la identidad), basado en una encuesta a nivel nacional que encontró que la mayoría de los hablantes nativos de español y sus descendientes rechazan el término "hispano" (Hispanic). Estos investigadores descubrieron que, para el 2012, incluso había bajado el número de personas que prefería el término "latino". Sin embargo, en años más recientes ha habido una creciente tendencia a usar y aceptar el término "latina/o". "Hispano" se ha visto como un calificativo impuesto por el gobierno, que se basa primordialmente en el idioma y que enfatiza asociaciones con la España colonizadora. Por otra parte, "latina/o" alude más a una geografía: personas de origen latinoamericano, lo cual incluye a Brasil pero no a España.[27]

Al mismo tiempo, los peloteros nacidos en el extranjero quizás no se llamen a sí mismos "latinos", aunque hayan nacido en América Latina. Quizás se identifiquen como latinoamericanos, pero es más probable que se identifiquen por su país de origen. Ocasionalmente utilizamos la distinción "nacido en EE. UU." para aludir a los nacidos en los 50 estados de la nación y el Distrito de Columbia. Los nacidos en la isla de Puerto Rico (que son ciudadanos estadounidenses de nacimiento) también están incluidos entre los "nacidos en EE. UU.". No obstante, las grandes ligas cuentan en sus estadísticas solo a los latinos nacidos en el extranjero, y los jugadores nacidos en Puerto Rico van incluidos en ese cálculo.

the Caribbean and other parts of Latin America, not Spain. The geography of baseball is thus distinctly Latina/o.

Community Legacy

Cohosted community events have provided incredible learning opportunities about baseball and about what it means to be Latina/o in America. These events have demonstrated a tremendous amount of courage and belief in preserving this past, as well as a vision for what it means for the Smithsonian to be the people's museum now and in the future. Curators continue to conjure the courage necessary to do this work. They are taking down barriers—both real and symbolic—that divide people and that separate museums from communities. Preserving this history and telling our stories is too important.

When donating his mother Carmen Lujan's uniform to the National Museum of American History, Mel Salazar explained it best: "She left me … my family, her friends, her church, the City of Colton, the Inland Empire … a legacy for all Latinas who were told they weren't good enough, weren't white enough, weren't American enough. …Back [in her day] we were invisible, we weren't seen as equals. … I know my mom is here in spirit and is thanking you for remembering her."[29] Carmen Lujan's and many other Latina/o stories will be carefully preserved in perpetuity at the Smithsonian as part of this project. They are national treasures available for generations to come. Lujan's story is a microcosm of so many other Latina/o lives, and now that it is in the Smithsonian's permanent collection, Mel believes the legacies of countless other Latinas/os can be preserved as well, woven throughout the very fabric of his mother's uniform. "But you know what? … We always *were* good enough,"[30] he concluded. "Washington, here we come!"

Figure I.5. Mel Salazar and sister Virginia Alanis donate the uniform worn by their mother, Carmen Lujan, at the final Latinos and Baseball: In the Barrios and the Big Leagues community collecting event hosted by California State University, San Bernardino, 27 October 2018. *Photo by Corrine McCurdy/California State University, San Bernardino (CSUSB).*

En lo posible, los ensayos que componen este libro dejan a juicio de cada persona cómo prefieren identificarse y si deciden incluir tildes en sus nombres.[28] En el proceso de trabajo con nuestros colaboradores a lo largo del país, "latina/o" se convirtió en el término sombrilla preferido en el contexto del proyecto. Esto no fue porque la mayoría de las personas se identificaron como latina/o (la mayoría prefería identificarse según su herencia específica: cubano, dominicano, ecuatoriano, mexicano, puertorriqueño, venezolano, etc.), sino porque la mayoría de los peloteros de habla hispana, sean o no nacidos en EE.UU., vienen del Caribe y otras partes de América Latina, no de España. La geografía del béisbol es, por lo tanto, claramente latina.

El legado comunitario

Los eventos coorganizados con las comunidades han generado formidables oportunidades para aprender acerca del béisbol y lo que significa ser latina/o en Estados Unidos. Estas actividades han evidenciado enormes muestras de valentía y fe en la importancia de preservar el pasado, a la par con una visión de lo que significa para el Smithsonian ser el museo del pueblo, ahora y en el futuro. Los curadores siguen invocando el coraje necesario para realizar esta labor. Están derribando las barreras, reales y simbólicas, que dividen a la gente y separan a los museos de las comunidades. Preservar esta historia y contar las nuestras es demasiado importante.

Cuando donó el uniforme de su madre, Carmen Luján, al Museo Nacional de Historia Americana, Mel Salazar lo explicó mejor que nadie: "Nos dejó a mí [...,] a mi familia, sus amigos, su iglesia, la ciudad de Colton y el Inland Empire [...] un legado para todas las latinas a quienes les dijeron que no eran suficientemente buenas, suficientemente blancas, suficientemente americanas. [...] Allá [en su época] éramos invisibles, no nos veían como iguales. [...] Yo sé que mi mamá está aquí en espíritu, y les agradece que la estén recordando".[29] Las historias de Carmen Luján y otros latinas/os se conservarán con esmero a perpetuidad en el Smithsonian como parte de este proyecto. Son tesoros nacionales que estarán a disposición de las futuras generaciones. La historia de Luján es un microcosmos de muchas otras vidas de latinas/os, y ahora que está en la colección permanente del Smithsonian, Mel piensa que también pueden preservarse los legados de infinidad de otros latinas/os, como hilos entretejidos en la tela del uniforme de su madre. "¿Pero saben qué?... Siempre *fuimos* suficientemente buenos",[30] concluyó Mel. "¡Washington, aquí vamos!".

Figura I.5. Mel Salazar y su hermana Virginia Alanis donan el uniforme usado por su madre, Carmen Luján, durante el último evento comunitario de acopio para el proyecto "Los latinos y el béisbol: En los barrios y las grandes ligas", organizado por la Universidad Estatal de California en San Bernardino, el 27 de octubre del 2018. *Foto por Corrine McCurdy/Universidad Estatal de California en San Bernardino (CSUSB).*

PART 2
From Community to the Big Leagues, This is Latina/o History

Adrian Burgos Jr.

Vincent "Sandy" Irwin boarded an eastbound train at a California rail station in March 1882. He was embarking on a journey to Providence, Rhode Island, to begin his major league career. The San Francisco native had been "discovered" playing catcher in a California league by members of the Providence Grays baseball team touring northern California. He had impressed the Grays players with his ability to catch overhand pitching – the National League had recently approved this faster form of pitching.[31]

The "swarthy" appearance and Mexican American background of Providence's new player presented a challenge for Grays team officials. A color line existed in many professional and amateur leagues. Providence officials hoped to avoid protests from other National League teams directed at their new catcher. The solution developed by Providence officials was to repackage and not fully hide the catcher's difference. Sandy Irwin thus became Vincent Nava, retaking his biological father's surname (Nava) instead of continuing to use the surname of his adoptive father, William Irwin, an Irish American. The ruse lay not simply in changing names. It also involved presenting Nava as someone not of Mexican descent and marketing him as the "Spanish catcher of the Providence club."[32]

Nava's playing as a "Spanish" catcher in baseball's most elite professional league obscured the beginning of U.S. Latino participation in the major leagues in the 1880s. Looking more closely at how he gained access reveals that the racial system evolving in professional baseball was more than just black and white. From the 1880s through 1947, baseball's color line shaped whether and which Latinos could play in the major leagues. First, Latino players needed both to demonstrate the talent to attract major league teams and to present the "right" combination of physical features for teams to attempt signing them.[33] Then, Latinos needed a baseball insider to advocate for them – that they were not Black but Cuban, Spanish, or Castilian – to secure access into organized baseball while the color line stood in place.[34]

PARTE 2
De las comunidades a las grandes ligas, esta es la historia de los latinas/os

Adrian Burgos Jr.

Vincent "Sandy" Irwin tomó un tren rumbo al este en una estación de California en marzo de 1882. Emprendía así su viaje hacia Providence, Rhode Island, para comenzar su carrera en las grandes ligas. El joven, nacido en San Francisco, era receptor en una liga californiana cuando fue "descubierto" por miembros del equipo Grises de Providence que andaban de gira por el norte del estado. Irwin impresionó a los Grises con su talento para atrapar los lanzamientos por encima del hombro (la Liga Nacional acababa de aprobar esta forma de lanzar más rápida).[31]

La tez "trigueña" y el origen mexicoamericano del nuevo jugador presentaron un reto para los directivos de los Grises. En muchas ligas profesionales y amateur existían barreras raciales, pero los oficiales de Providence esperaban evitar las protestas de otros equipos de la Liga Nacional por su nuevo receptor. La solución que encontraron fue "reinventar", sin esconder totalmente, la diferencia del jugador. Fue así como Sandy Irwin se convirtió en Vincent "Sandy" Nava, retomando el apellido de su padre biológico en vez de seguir usando el de su padre adoptivo, William Irwin, un irlandés-americano. La artimaña no consistió solo en el cambio de nombre; también se ocultó la ascendencia mexicana de Nava y se le mercadeó como el "receptor español del club de Providence".[32]

El que Nava jugara como "español" en la liga de pelota profesional más importante ocultó el hecho de que los latinos de Estados Unidos comenzaron a participar en las grandes ligas desde la década de 1880. Al examinar la manera en que Nava logró su acceso, se revela que el sistema racial que se implantó en el béisbol profesional implicaba más que ser "blanco o negro". Desde esa década de 1880 hasta 1947, los parámetros raciales del béisbol dictaron si en las grandes ligas podían jugar latinos, y cuáles latinos. Primero, los peloteros latinos no solo tenían que demostrar talento suficiente para llamar la atención de los equipos de grandes ligas, sino que también debían presentar la combinación "correcta" de rasgos físicos para los equipos que intentaban contratarlos.[33] Luego, necesitaban alguien de adentro que abogara por ellos, que dijera que no eran negros, sino cubanos, españoles, castellanos. Todo esto fue necesario para lograr acceso al béisbol organizado mientras la barrera racial estuvo vigente.[34]

Beyond Black and White

Talent alone did not determine who became a major leaguer from 1889 until Jackie Robinson broke baseball's color line on 15 April 1947. Until Robinson's breakthrough, the color line barred Black players from organized baseball, including Afro-Latinos. Latino participation in baseball, from the barrios to the big leagues, offers us a window into the racialization of Latinos in the United States. We witness how some players like Ted Williams kept their Mexican ancestry hidden – his mother was born in El Paso, Texas, to Mexican-born parents – whereas others like Baldomero "Mel" Almada, a Mexican native who was raised in Los Angeles, did not. From 1902 to 1947, there were 53 Latinos, U.S. and foreign born, who appeared in the major leagues. Over 240 Latinos participated in the Black baseball circuit in the United States during that same span.[35]

The Latino story in organized baseball is one of partial inclusion and not outright exclusion — as was the case for African Americans — and permits a better understanding of how the color line worked in professional baseball. The manner in which inclusion was granted, to whom and when, reveals that the point of exclusion along baseball's color line was not permanently fixed but moved over time. This change resulted in the increased participation of Latinos from the 1910s through the 1940s in the major leagues. Just as significant, the physical appearance and personal background of those granted access also changed over this span. They were more "brown" and racially ambiguous in their appearance. The players also increasingly came from more modest social and class backgrounds in comparison to the first wave of Latino players in organized baseball, who were primarily from more well-to-do backgrounds in both Latin America and the United States. Importantly, the experience of Latino ballplayers requires us to see them as not "passing" for white but, rather, being presented by major league officials to the baseball public as non-Black. This form of inclusion begins to reveal the unequal terms of

Figure I.6. Baldomero "Mel" Almada, 1936. Mel Almada was the first Mexican to play in the major leagues. His tenure was from 1933 to 1939, playing for the Boston Red Sox, Washington Senators, St. Louis Browns, and Brooklyn Dodgers as a center fielder. *Courtesy of the National Baseball Hall of Fame and Museum, Cooperstown, NY.*

Figura I.6. Baldomero Melo "Mel" Almada, 1936. Mel Almada fue el primer mexicano en las grandes ligas. Desde 1933 hasta 1939, jugó como jardinero central para los Medias Rojas de Boston, los Senadores de Washington, los Marrones de St. Louis y los Dodgers de Brooklyn. *Cortesía del Salón de la Fama y Museo Nacional del Béisbol, Cooperstown, NY.*

Más allá de "blanco y negro"

El talento por sí solo no determinaba quién llegaba a las grandes ligas. Desde 1889 hasta que Jackie Robinson rompió la barrera del color el 15 de abril de 1947, la segregación racial excluyó a los jugadores negros del béisbol organizado, entre ellos los afrolatinos. El historial de participación de los latinos en este deporte, desde los barrios hasta las grandes ligas, nos ofrece un panorama de la racialización de los latinos en Estados Unidos. Vemos, por ejemplo, que algunos jugadores como Ted Williams ocultaron su ascendencia mexicana (su madre nació en El Paso, Texas, de padres mexicanos), mientras que otros como Baldomero Melo "Mel" Almada, nacido en México y criado en Los Ángeles, no lo hicieron. Entre 1902 y 1947, hubo 53 latinos, nacidos dentro y fuera Estados Unidos, que figuraron en las grandes ligas. Durante el mismo período, más de 240 latinos participaron en las ligas negras estadounidenses.[35]

La trayectoria de los latinos en el béisbol organizado implicó una inclusión parcial, y no una exclusión rotunda — como fue el caso de los afroamericanos — , y permite comprender bien cómo funcionaba la barrera del color en el béisbol profesional. La manera en que se concedía la inclusión, a quién y cuándo, revela que la línea límite para determinar la exclusión en el béisbol no estaba fijada permanentemente, sino que se movió a través del tiempo. Ese movimiento condujo a una creciente participación latina en las grandes ligas entre los años diez y cuarenta. Igualmente importante es el hecho de que la apariencia y los antecedentes personales de aquellos que recibían acceso también cambiaron durante este período. Era más "morenos" y racialmente ambiguos en su aspecto. Además, provenían de clases sociales y económicas más modestas en comparación con la primera ola, que era mayormente de orígenes acomodados tanto en América Latina como en Estados Unidos. Sobre esa experiencia de los peloteros latinos, es relevante señalar que ellos no "se hicieron pasar" por blancos, sino que más bien fueron presentados como "no negros" por los directivos de las grandes ligas ante el

entry for Latinos in organized baseball, where inclusion did not mean equality or acceptance as white.[36]

Vincent Nava's journey from local leagues in Northern California to the big leagues is just one of the ways that the participation of U.S. Latinos was hidden, thus contributing to misperceptions about the history of Latinas/os and baseball. Latina/o stories are both migrant and immigrant stories. These are Latina/o histories that unveil connections between those Latinas/os who moved from one place to another and transported baseball with them or learned the game upon arrival. These are stories of Latinas/os who transformed their culture and that of the places where they arrived and settled. Just as significant, Latinos were affected by baseball's color line and also changed how the color line operated through their presence and talent.

Nava learning the game as a Mexican American raised in Northern California during the 1860s indicates baseball's westward expansion in communities across the United States. Around the same time baseball was establishing a place in California's sporting culture, the game was also making its way into the Caribbean. Baseball's arrival in the Caribbean in the 1860s was not primarily a result of U.S. military presence or imperialism; rather, baseball was introduced in Cuba as a product of transnational exchange where Latinos were key participants.

Baseball's spread among Latino communities across the United States and Latin America involved more than those who played professional baseball. Young students sent from Latin America to study in the United States were among the first group to share the game with communities back home. They became the first disciples of baseball, spreading the game and attaching meaning to the sport as indicative of progress, modernity, and/or independence. Labor migrants and those fleeing wars also helped disseminate the game throughout the Americas. Some introduced the game where they settled. Others found communities where the game was already being played. Baseball provided them connection, a shared cultural practice that bonded them with those in their newfound communities and fellow Latinos from different national backgrounds. Latinos thus adopted "America's game" in different locations, which gave the sport meaning that went beyond athletic competition. Baseball became a site for building community, imagining full citizenship for former colonial subjects, and adjusting to life in the United States. As the game became professionalized and opportunities to play in the United States increased, baseball developed into a potential escape from poverty.

público beisbolero. Esta forma de inclusión comienza a revelar las condiciones de desigualdad en que entraban los latinos al béisbol organizado, donde inclusión no significaba igualdad ni aceptación como blancos.[36]

El trayecto de Vincent Nava desde las ligas locales en el norte de California hasta las grandes ligas es solo un ejemplo de cómo se ocultó la participación de los latinos estadounidenses, causando muchas percepciones equivocadas en torno a la historia de los latinas/os y el béisbol. Estas historias son historias de migrantes e inmigrantes. Son historias que develan conexiones entre aquellos que se trasladaron de un lugar a otro y transportaron el béisbol con ellos o lo aprendieron al llegar. Son historias de latinas/os que transformaron su cultura y la de los lugares donde se establecieron. Asimismo, los latinos fueron afectados por la barrera racial en el béisbol y con su presencia y talento cambiaron el modo en que esa barrera funcionaba.

El hecho de que Nava aprendiera el juego siendo un mexicoamericano criado en el norte de California durante la década de 1860 evidencia la expansión de ese deporte hacia el oeste a través de comunidades en todo el país. Hacia la misma época en que el béisbol se estaba forjando un lugar dentro de la cultura deportiva de California, también se estaba abriendo paso en el Caribe. La llegada del béisbol al Caribe en la década de 1860 no fue principalmente resultado de la presencia militar o el imperialismo estadounidense; dicho deporte llegó a Cuba más bien como producto de un intercambio transnacional en el cual los latinos fueron participantes clave.

La expansión del béisbol entre las comunidades latinas a lo largo de Estados Unidos y América Latina no se debió solo a los peloteros profesionales. Los jóvenes latinoamericanos que fueron enviados a estudiar a Estados Unidos fueron de los primeros que, al regresar a sus países, compartieron el juego con sus comunidades. Se convirtieron en los primeros apóstoles del béisbol, lo divulgaron y lo asociaron con el progreso, la modernidad y/o la independencia. Los obreros migrantes y los que huían de las guerras también contribuyeron a diseminar el juego a lo largo de las Américas. Algunos introdujeron el béisbol donde se establecieron. Otros encontraron comunidades donde ya se jugaba. La pelota les dio un punto de contacto, una práctica cultural compartida que los unió con los habitantes de sus nuevas comunidades y con sus hermanos latinos de diferentes orígenes nacionales. Así, los latinos adoptaron el "deporte de Estados Unidos" en muchos lugares distintos, dándole significado más allá de la competencia atlética. El béisbol se convirtió en espacio para forjar comunidad, para que antiguos súbditos coloniales aspiraran a la plena ciudadanía y para que lograran adaptarse a la vida en Estados Unidos. A medida que el deporte se profesionalizó y aumentaron las oportunidades de jugar en Estados Unidos, el béisbol se convirtió en potencial para escapar de la pobreza.

Apostles of Baseball

Cubans became the "apostles of baseball," spreading the game across the Caribbean basin in the late nineteenth century. The first Cubans to learn the game were children of the Cuban elite who were sent to study at high schools, military academies, and colleges in the United States during the 1860s. They came back with baseball as part of the cultural baggage acquired during their studies. Nemesio Guilló, credited by some as the father of Cuban baseball, attended Springhill College in Mobile, Alabama. During his six years in the U.S. South, Guilló learned baseball. He brought baseball equipment among his belongings when he returned to Cuba at the age of 17 in 1864.[37] He was not alone. Other Cubans returned from their time in the United States with baseball equipment, knowledge of how to play the game, and enthusiasm for sharing what they acquired. This generation spread baseball across the island, teaching others how to play the game and forming baseball clubs that became the foundation for baseball's place in Cuban national identity and culture.[38]

Esteban Bellán, another member of that first Cuban baseball generation, learned the game while attending Rose Hill College (present-day Fordham University) in New York City. Bellán played varsity baseball at Rose Hill and left the school in 1868 to pursue professional baseball. He made baseball history in 1871 with the Troy Haymakers of the National Association — a forerunner to the National League — as the first Latin American–born player to perform in the major leagues. His contribution to the game's development also included being among the founders of the Habana Béisbol Club in Cuba, one of the first two baseball clubs formed on the island.

Baseball quickly became much more than a game for Cubans. The close ties that many of baseball's advocates had with the national independence movement that sought the end of Spanish colonial rule gave baseball a unique role within the emerging national culture. Baseball games became sites of political organizing, fundraising for the insurgent army, and spreading information about the latest developments within the independence movement. The names Cubans gave to some of the baseball clubs they formed — Yara, El Progreso, and America — provide an indication of where their politics were aligned.[39] The Spanish colonial rulers banned baseball several times for brief periods because of its links with the independence movement.

Baseball's spread across the Caribbean was aided by three wars for independence that were waged in Cuba between 1868 and 1898. Migrants flowed from Cuba to surrounding islands and countries with each conflict. Wherever Cubans emigrated, they took baseball with them

Apóstoles del béisbol

Los cubanos se convirtieron en los "apóstoles del béisbol" y lo divulgaron por toda la cuenca del Caribe a fines del siglo XIX. Los primeros cubanos que aprendieron el deporte fueron los hijos de la élite que fueron a estudiar a escuelas superiores, academias militares y universidades de Estados Unidos durante la década de 1860. Regresaron cargando el béisbol como parte del bagaje cultural adquirido con sus estudios. Nemesio Guilló, a quien algunos consideran el padre de la pelota cubana, asistió a Springhill College en Mobile, Alabama. Durante los seis años que pasó en el sur estadounidense, Guilló aprendió a jugar béisbol. Cuando regresó a Cuba en 1864, a la edad de 17 años, llevó equipamiento de pelota entre sus pertenencias.[37] Y no estuvo solo. Otros cubanos regresaron de Estados Unidos con equipamiento, conocimiento técnico y entusiasmo por compartir lo que habían aprendido. Esa generación diseminó el deporte por toda la isla, enseñó a jugarlo y formó clubes que sentaron las bases del béisbol como componente central de la identidad y la cultura cubanas.[38]

Esteban Bellán, otro miembro de la primera generación del béisbol cubano, lo aprendió cuando asistió a Rose Hill College (hoy Universidad de Fordham) en la ciudad de Nueva York. Bellán jugó en el equipo universitario de Rose Hill y en 1868 abandonó sus estudios para buscar carrera en el béisbol profesional. En 1871 hizo historia con los Haymakers de Troy en la Asociación Nacional (antecesora de la Liga Nacional) como el primer jugador nacido en América Latina en llegar a las grandes ligas. Entre sus aportes al desarrollo del juego también está el haber sido fundador del Habana Béisbol Club, uno de los dos primeros clubes establecidos en Cuba.

El béisbol pronto se convirtió en mucho más que un juego para los cubanos. Los estrechos vínculos de muchos promotores con el movimiento independentista que buscaba liberar a la isla del dominio de España dieron al deporte un papel único dentro de la emergente cultural nacional. Los juegos de pelota se convirtieron en lugares de planificación política, recaudación de fondos para el ejército insurgente y divulgación de noticias sobre las actividades separatistas. Los nombres dados a varios clubes — Yara, El Progreso y América — son indicativos de sus lineamientos políticos.[39] Los gobernantes coloniales prohibieron el béisbol en diversas ocasiones, aunque por poco tiempo, debido precisamente a sus vínculos con el movimiento independentista.

La expansión del béisbol por el Caribe fue reforzada por las tres guerras de independencia que tuvieron lugar en Cuba entre 1868 y 1898. Durante cada conflicto, muchos cubanos emigraron a otras islas o países cercanos. Y dondequiera que iban, llevaban el béisbol y lo difundían. Los cubanos construyeron campos de juego y formaron clubes en innumerables comunidades por la cuenca del

and shared the game. Cubans constructed baseball fields and formed baseball clubs in countless communities around the Caribbean basin. The Aloma brothers from Cienfuegos, Cuba, relocated their sugar mill operations to San Pedro de Marcorís in the Dominican Republic after the Ten Years' War in 1878. They also introduced baseball to the community, which embraced the sport and would become a key producer of major league talent in the late twentieth century. Cubans who moved to Key West, Florida, in the 1870s and to Tampa in the 1880s found Americans enamored of baseball. These Cubans formed their own baseball clubs, built baseball fields, and began competing with each other and local clubs of Floridians.

The popularity of baseball among Cubans became well known in the late nineteenth century. Teams composed of African Americans adopted the Cuban name. These teams hoped that the sight of "Cubans" playing baseball would not upset the racial sensibilities of white teams and fans who supported segregation in the United States. Just as significant, the fact that African Americans toyed with Cuban identity underscores that those in baseball circles increasingly knew that Cubans played baseball.[40]

Awareness that the color line affected those from the Spanish-speaking Americas differently than U.S.-born African Americans became increasingly evident to those within the professional baseball circuit. Released midseason by an International League team – which had started the 1887 season as an integrated squad – Bud Fowler knew that the color line was not just black and white. Reflecting on his 1887 release, Fowler told *Sporting Life* in 1895, "My skin is against me. If I had not been quite so black, I might have caught on as a Spaniard or something of that kind. The race prejudice is so strong that my black skin barred me."[41] The veteran African American player understood the power of baseball's color line. He also understood that Latinos ("Spaniards") played baseball and that some White team operators were more open to allowing "foreigners" from Latin America to play versus granting access to African Americans.

Routes of Latino Players

Latinos have taken different routes to pursue professional baseball careers in the United States since the late nineteenth century. They came from Cuba, Venezuela, Mexico, and Puerto Rico while the color line stood in place. The path from Latin America widened after the 1950s and especially in the 2000s as Dominicans, Colombians, and even Brazilians can be seen peppered throughout baseball.

The paths of Latinos did not go straight to organized baseball, whether the minor leagues or the majors, while MLB's color line stood in place. The Negro Leagues were

Caribe. Los hermanos Alomá, naturales de Cienfuegos, reubicaron su central azucarera en San Pedro de Marcorís, República Dominicana, en 1878, luego de la Guerra de los Diez Años en Cuba. Para allá también se llevaron el béisbol y la isla no solo lo aceptó, sino que se convertiría en productora clave de talento para las grandes ligas a fines del siglo XX. Los cubanos que se radicaron en Florida, tanto en Cayo Hueso en la década de 1870 como en Tampa en la década siguiente, hallaron estadounidenses enamorados del béisbol. Estos cubanos formaron sus propios clubes de béisbol, construyeron parques y empezaron a competir entre ellos y con clubes locales floridenses.

A fines del siglo XIX, la popularidad del béisbol entre los cubanos era bien conocida. Varios equipos de afroamericanos adoptaron el nombre "Cubanos" con la esperanza de que al ver "cubanos" en el campo de pelota, los equipos blancos y los fanáticos estadounidenses que apoyaban la segregación no se sintieran incómodos. El hecho de que los afroamericanos aprovecharan la idea de la identidad cubana subraya que los círculos beisboleros estaban tomando conciencia de que los cubanos realmente jugaban el deporte.[40]

La conciencia de que la barrera racial afectaba de un modo a los procedentes de las Américas hispanohablantes y de otro a los afroamericanos de Estados Unidos fue creciendo dentro del circuito del béisbol profesional. Cuando un club de la Liga Internacional (que había comenzado la temporada de 1887 como equipo integrado) dejó libre a Bud Fowler, este supo que la barrera del color implicaba más que ser "blanco o negro". Sobre su despido de 1887, Fowler comentó lo siguiente al semanal *Sporting Life* en 1895: "Mi piel está en mi contra. Si no hubiera sido tan negro, habría podido pasar por español o algo así. El prejuicio racial es tan fuerte que mi piel negra me vetó.[41] El veterano pelotero afroamericano entendía el poder de la frontera del color en el béisbol. Y también entendía que los latinos ("españoles") jugaban el deporte, y que los operadores de algunos equipos blancos eran más receptivos a contratar "extranjeros" de América Latina que a afroamericanos.

Las rutas de los jugadores latinos

Los latinos han tomado diferentes rutas para proseguir sus carreras profesionales en el béisbol en Estados Unidos desde fines del siglo XIX. Vinieron de Cuba, Venezuela, México y Puerto Rico cuando la barrera del color estaba en pie. El camino desde América Latina se ensanchó después de 1950 y sobre todo en los años 2000, a medida que el béisbol se vio salpicado de dominicanos, colombianos y hasta brasileños.

Los caminos de los latinos no condujeron directo al béisbol organizado, ya fuera en ligas menores o mayores, mientras la barrera racial estuvo vigente en MLB. Las ligas

the main opportunity for Latinos to play professional baseball in the United States before Jackie Robinson broke the color line.

The Negro Leagues, formally organized in 1920, welcomed all Latinos from the outset. Talent was what mattered to Negro League teams. Fans could see a light-skinned Cuban or an Afro-Cuban, a darker-skinned Puerto Rican or Dominican, a Venezuelan, or another Latino somewhere in between performing at Negro League games. The same could not be said for organized baseball, where the color line ruled. This racial system prevented the very best Latinos, like Martín Dihigo, José Méndez, and Cristóbal Torriente, from playing in the majors in the 1910s, 1920s, and 1930s. The fact that these men are all enshrined in the National Baseball Hall of Fame is one indication that they surely did not lack the talent, just the opportunity.

A few major league franchises— the Washington Senators, Boston Braves, and Cincinnati Reds— actively pursued Latino players prior to the breaking of the color line, as long as the individual player was not clearly black. Signing Latino players did not quiet opponents to racial integration in baseball and at times required action to prove "Spanish" heritage, whether by team officials or the local press. The Reds signing of two Cubans, Rafael Almeida and Armando Marsans, in 1911 was another breakthrough for Cubans and a reminder of how the color line worked.

Almeida and Marsans were half of a quartet of Latino players playing for the New Britain team in the Connecticut League three seasons earlier. League officials decided to impose a ban on new contracts with "Black" players following the 1908 season. Given that there were no African Americans in the league, the approved ban was really about suspicions that one or more of the Latino players were Black and thus not racially eligible to play in organized baseball. A New Britain team official was dispatched to Cuba to undertake a home study of the four Latinos under suspicion.

Figure I.7. Cristóbal Torriente, Chicago American Giants of the Negro Leagues, 1920. Also referred to as the "Black Babe Ruth," Cristóbal Torriente played center field for the Chicago American Giants. He and the Giants went on to win the first three Negro National League pennants in 1920, 1921, and 1922. *Courtesy of the National Baseball Hall of Fame and Museum, Cooperstown, NY.*

Figura I.7. Cristóbal Torriente, Gigantes Americanos de Chicago, Ligas Negras, 1920. También conocido como el "Babe Ruth Negro", Cristóbal Torriente fue jardinero central de los Gigantes Americanos. Él y su equipo ganaron los primeros tres campeonatos de las ligas negras en 1920, 1921 y 1922. *Cortesía del Salón de la Fama y Museo Nacional del Béisbol, Cooperstown, NY.*

negras fueron su mejor oportunidad en el circuito profesional estadounidense antes de que Jackie Robinson rompiera la barrera del color.

Las ligas negras, organizadas formalmente en 1920, acogieron a todos los latinos desde el principio. Lo que importaba en esos equipos era el talento. Los fanáticos podían ver en los juegos lo mismo un cubano de piel clara que un afrocubano, un puertorriqueño o un dominicano más moreno, un venezolano u otro latino de color entremedio. Esto no podía decirse del béisbol organizado, donde la regla era la frontera racial. Este sistema discriminatorio evitó que los mejores latinos, como Martín Dihigo, José Méndez y Cristóbal Torriente, jugaran en las grandes ligas entre los años diez y treinta. El hecho de que estos hombres han sido todos exaltados al Salón de la Fama y Museo Nacional del Béisbol es señal de que ciertamente no era talento lo que les faltaba, sino oportunidad.

Unas pocas franquicias de grandes ligas —los Senadores de Washington, los Bravos de Boston y los Rojos de Cincinnati— sí contrataron peloteros latinos antes de que se eliminara la barrera del color, siempre y cuando no fueran obviamente negros. La contratación de latinos no apaciguó a los oponentes de la integración racial en el béisbol y a veces fue necesario probar su herencia "española", ya fuera mediante declaraciones de los representantes del equipo o en la prensa local. La contratación de Rafael Almeida y Armando Marsans por los Rojos en 1911 fue otro paso de avance para los cubanos y un recordatorio de cómo funcionaba la barrera del color.

Almeida y Marsans habían sido parte de un cuarteto de jugadores latinos del equipo de New Britain en la Liga de Connecticut tres temporadas antes. Los directivos de la Liga decidieron vetar nuevos contratos de jugadores "negros" a partir de la temporada de 1908. Dado que no había afroamericanos en la liga, el veto aprobado tenía que ver en realidad con la sospecha de que uno o varios de los jugadores latinos eran negros, y por tanto no eran elegibles racialmente para jugar en el béisbol organizado.

According to a published report, the official discovered that all the players were "*real Cubans*" except Luis Padrón, the team's second-leading hitter and arguably its best pitcher.[42] Even though Almeida and Marsans passed the test in New Britain, there were some who were not convinced after the Cuban duo made their debut in Chicago on 4 July 1911. A *Cincinnati Enquirer* writer proved creative in presenting the case why the two Cubans were racially eligible to play in the major leagues. "Ladies and Gentlemen, we have in our midst two descendants of a noble Spanish race, *with no ignoble African blood* to place a blot or spot on their escutcheons. Permit me to introduce two of the *purest bars of Castilian soap* that ever floated to these shores, Senors Alameda [sic] and Marsans" [emphasis added].[43]

Manipulation of the color line system to grant Latinos greater access continued into the World War II era. Major league team executives attempted to explain away the racial ambiguity of particular Latino players to the public. This manipulation even took the form of explaining to observers that a player was Cuban and therefore not Black, even though an individual could be both, an Afro-Cuban. The tactic permitted players such as Roberto Estalella and Tomás "Tommy" de la Cruz to enter the major leagues. Entry into the league did not protect them from supporters of the color line, who often directed their discontent at the Latino players. The manner major league officials toyed with the color line led some baseball fans and sportswriters to ask, Why were some of the Cubans or other Latinos playing the major leagues darker than some African Americans who were being excluded?

Latino Jackie Robinsons

Jackie Robinson is celebrated as an American hero in becoming the player who broke baseball's color line in 1947. Signed by the Brooklyn Dodgers organization in August 1945, Robinson entered organized baseball as a Black man. The purpose of his being signed was to end the color line system that had barred Black players from openly participating in the major leagues and its affiliated minor leagues. This was not a play on racial ambiguity but a direct confrontation of racial segregation in the national pastime.

The mental fortitude Robinson displayed earned him admirers, as did his ability to put aside the racial animosity and discrimination he encountered and perform at a Hall of Fame level on the baseball diamond. Plenty of White American players expressed their opposition to integration by engaging in bench jockeying, hurling racial slurs at integration pioneers, and at times

Un funcionario del equipo de New Britain fue enviado a Cuba para hacer un estudio de los cuatro latinos sospechosos. Según el informe publicado, el oficial descubrió que todos los jugadores eran "cubanos verdaderos" excepto Padrón, el segundo mejor bateador del equipo y quizás el mejor lanzador.[42] Aunque Almeida y Marsans pasaron la prueba de New Britain, algunos no estaban convencidos cuando el dúo cubano debutó en Chicago el 4 de julio de 1911. Un cronista del diario *Cincinnati Enquirer* desplegó su creatividad para explicar los motivos que hacían a los dos cubanos elegibles racialmente para jugar en las grandes ligas. "Damas y caballeros, tenemos entre nosotros a dos descendientes de la noble raza española, *sin gota de sangre africana innoble* que manche sus blasones. Permítanme presentar a dos de las más puras *barras de jabón castellano* que han llegado a estas costas, los señores Alameda [sic] y Marsans" [énfasis añadido].[43]

La manipulación de la barrera del color para dar mayor acceso a los latinos continuó en la época de la Segunda Guerra Mundial, y los ejecutivos de los equipos intentaron explicar la ambigüedad racial de ciertos peloteros latinos al público. Esta manipulación llegó incluso al extremo de explicar que el jugador era cubano, y por lo tanto no era negro, aunque la persona pudiera ser ambos: afrocubano. La táctica permitió a peloteros como Roberto Estalella y Tomás "Tommy" de la Cruz ingresar en las grandes ligas. Pero esto no los protegía de los que apoyaban la barrera del color, quienes con frecuencia apuntaban su descontento hacia los latinos. La forma en que los directivos de las grandes ligas jugaron con la frontera racial llevó a fanáticos y periodistas deportivos a preguntarse por qué algunos cubanos y otros latinos que jugaban en las grandes ligas eran más oscuros que algunos afroamericanos que eran excluidos.

Los Jackie Robinson latinos

Jackie Robinson es celebrado como un héroe estadounidense por haber roto la barrera del color en el béisbol en 1947. Contratado por los Dodgers de Brooklyn en agosto de 1945, Robinson ingresó al béisbol organizado como hombre de raza negra. El motivo de su contratación era precisamente derrumbar el sistema de discriminación racial que había impedido a los peloteros negros participar abiertamente en las grandes ligas y sus ligas menores afiliadas. No se trataba de coquetear con la ambigüedad racial, sino de confrontar directamente la segregación en el pasatiempo nacional.

La solidez mental demostrada por Robinson le ganó admiradores, así como su capacidad de dejar a un lado la animosidad y la discriminación que encontró a su paso para ofrecer en el diamante una actuación digna del Salón de la Fama. Muchos jugadores blancos estadounidenses expresaron su oposición a la integración racial

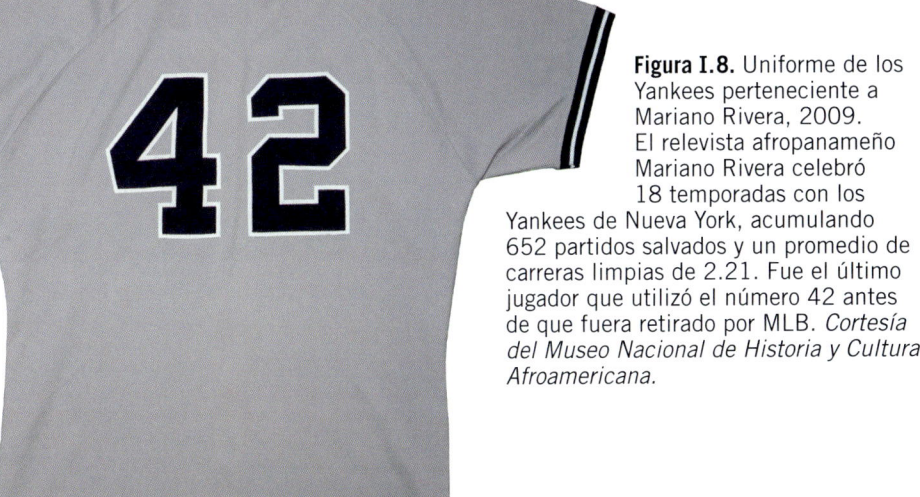

Figure I.8. Mariano Rivera's Yankees uniform, 2009. Afro-Panamanian relief pitcher Mariano Rivera played 18 seasons with the New York Yankees, amassing 652 saves and an earned run average of 2.21. Rivera was the last player to wear number 42 before the number was retired by MLB. *Courtesy of National Museum of African American History and Culture.*

Figura I.8. Uniforme de los Yankees perteneciente a Mariano Rivera, 2009. El relevista afropanameño Mariano Rivera celebró 18 temporadas con los Yankees de Nueva York, acumulando 652 partidos salvados y un promedio de carreras limpias de 2.21. Fue el último jugador que utilizó el número 42 antes de que fuera retirado por MLB. *Cortesía del Museo Nacional de Historia y Cultura Afroamericana.*

attempting to physically intimidate Robinson and the other Black players who followed. It took time for Robinson and his generation to defeat segregation's vocal supporters, on and off the playing field.

Major League Baseball made 15 April "Jackie Robinson Day" in 2004. Every 15 April, home teams host celebrations to commemorate the anniversary of Robinson's 1947 debut with the Dodgers. Additionally, every major leaguer wears number 42, a retired number throughout MLB, in the spirit of proclaiming that we are all Robinson. However, not all players were Robinson in the 1940s and 1950s. As noted above, some major leaguers openly expressed their displeasure with Robinson and other Black players entering the league. Just as important, not all the Black players who integrated teams came from the United States; some were Afro-Latinos.[44] A Latino player broke the color line on a quarter of the major leagues' 16 teams. They were evidence that Robinson's impact was international. As integration pioneers who dealt with the segregated practices in baseball and across U.S. society, they became Latino Jackie Robinsons.

Robinson's success inspired those who were playing in the Negro Leagues as well as youngsters across the United States and the Caribbean. Now they too could dream of becoming major leaguers.[45] His successful 1947 season inspired several – but not all – major league organizations to sign Black players. Robinson thus opened the door for Afro-Latinos to freely enter organized baseball. Thereafter, the participation of Latinos would decline in the Negro Leagues as growing numbers signed straightway with major league organizations.

con tácticas de distracción desde el dugout durante los juegos, lanzando insultos raciales y a veces intentando intimidar físicamente a Robinson y los demás jugadores negros que le siguieron. Tomó tiempo a Robinson y su generación acallar las voces de los segregacionistas, tanto dentro como fuera del terreno de juego.

En el 2004, MLB declaró el 15 de abril como el "Día de Jackie Robinson". Cada 15 de abril los equipos locales organizan celebraciones para conmemorar el debut de Robinson con los Dodgers en 1947. Ese día, los jugadores de grandes ligas usan el número 42 (retirado en todo MLB) para proclamar que "todos somos Robinson". Sin embargo, no todos eran Robinson en los años cuarenta y cincuenta. Como se ha dicho, algunos jugadores expresaron abiertamente su descontento con el hecho de que Robinson y otros peloteros negros ingresaran a las grandes ligas. Es importante también observar que no todos los jugadores negros que se incorporaron a los equipos venían de Estados Unidos. Algunos eran afrolatinos.[44] En una cuarta parte de los 16 equipos de grandes ligas, fueron latinos quienes rompieron la barrera del color, dando testimonio del impacto internacional de Robinson. Como pioneros de la integración que lidiaron con las prácticas discriminatorias en el béisbol y en la sociedad estadounidense, se convirtieron en Jackie Robinson latinos.

El triunfo de Robinson inspiró a los jugadores de las ligas negras, así como a jóvenes de Estados Unidos y el Caribe que ahora también podían soñar con llegar a las grandes ligas.[45] Su exitosa temporada de 1947 estimuló a varias (no todas) organizaciones de grandes ligas a contratar jugadores negros. Fue así como Robinson abrió la puerta para que los afrolatinos pudieran entrar libremente al béisbol organizado. De ahí en adelante, la participación de los latinos en las ligas negras declinaría, a medida que más eran contratados directamente por organizaciones de grandes ligas.

The first batch of players signed was those who were viewed as the most talented and mentally prepared for the challenge of pioneering integration in organized baseball. Orestes "Minnie" Miñoso became the first Afro-Latino to play in the major leagues on 19 April 1949. Miñoso's credentials as a professional ballplayer were established through his time in the Negro Leagues and in the Cuban League. Miñoso was an all-star third baseman with the New York Cubans in the Negro Leagues. Time in the Negro Leagues meant he had played in the Polo Grounds, Comiskey Park, and Yankee Stadium before becoming a major leaguer. Indeed, playing in the Negro Leagues prepared him to deal with racial discrimination in the United States. It also prepared him for how some people viewed Afro-Latinos as not quite Black and therefore free from dealing with Jim Crow.

Afro-Latinos endured the double impact of race and ethnicity – they were Black and Latino. Players like Miñoso thus had a different experience than Robinson, Larry Doby, and other African Americans who were part of baseball's pioneering generation. At times this difference led to tensions about who was Black and how Latinos dealt with racial segregation – as well as accusations that Latinos escaped the experience and impact of Jim Crow and racial discrimination. This tension came to the surface while Miñoso was with the Cleveland Indians when Harry Simpson, an African American teammate, accused Miñoso of not being Black. The issue centered on how Miñoso sometimes dealt with racial segregation, which was shaped by the fact that he was a Cuban immigrant. "When I first came here, if it was against the law for a person of color to go to a certain place, I would say, 'That's the law and I will respect it.' Something like that wasn't going to hurt me."[46] That his approach disqualified him as a Black man in the eyes of some puzzled Miñoso. "When I came to the United States," Miñoso told historian Lisa Brock, "I was surprised and a bit amused to hear some Black ballplayers tell me that I didn't understand prejudice and discrimination because I was Cuban, not Black." This revealed a lack of awareness about what life was like in Cuba for Afro-Cubans like Miñoso. "What nonsense! ... Just as in the United States, there were many sections of Cuba, and many neighborhoods, where you only saw White people. And here in this country, the signs in restaurants and buses prohibiting Blacks applied as much to me as it did them."[47]

Before Roberto Clemente and Felipe Alou became the voices that advocated for Latinos, especially Afro-Latinos, in baseball, Miñoso was the example that others pointed to and looked up to. All Latinos had to deal with stereotypes such as the "hot-blooded Latin" and perceptions as foreigners, even when some were born in the United States. This characterization shaped their experience at the ballpark and when they returned home. Miñoso dealt

La primera camada de jugadores contratados fue la que parecía más talentosa y preparada mentalmente para el reto de inaugurar la integración racial en el béisbol organizado. Orestes "Minnie" Miñoso fue el primer afrolatino que jugó en las grandes ligas. Esto ocurrió el 19 de abril de 1949. Sus credenciales como pelotero profesional ya estaban establecidas con su actuación en la Liga cubana y las ligas negras, en las cuales había sido tercera base All-Star con los Cubanos de Nueva York. Su paso por las ligas negras significaba que ya había jugado en el Polo Grounds, Comiskey Park y Yankee Stadium antes de llegar a las mayores. De hecho, las ligas negras lo prepararon para lidiar con la discriminación racial en Estados Unidos. También lo prepararon para la situación de que muchos no veían a los afrolatinos como negros, y por tanto los consideraban exentos de las leyes Jim Crow.

Los afrolatinos sufrieron el doble impacto de la raza y la etnia: eran negros y latinos. Por eso jugadores como Miñoso tuvieron experiencias distintas a las de Robinson, Larry Doby y otros afroamericanos de la generación pionera en el béisbol. A veces esa diferencia provocó tensiones en cuanto a cómo se definía quién era negro y cómo los latinos manejaban la segregación, e incluso se les acusó de haber esquivado el impacto de las leyes Jim Crow y la discriminación racial. Estas tensiones afloraron cuando Miñoso, entonces con los Indios de Cleveland, fue acusado de no ser negro por Harry Simpson, compañero de equipo que era afroamericano. El problema se debía a la manera en que Miñoso reaccionaba a veces ante la segregación, lo cual respondía a su condición de inmigrante cubano. "Cuando llegué a este país, si era contra la ley que una persona de color fuera a un lugar determinado, yo decía "es la ley, y la respeto". Eso no iba a afectarme".[46] El hecho de que esta actitud lo descalificara como hombre de raza negra a los ojos de algunos le parecía curioso. "Cuando vine a los Estados Unidos", le dijo a la historiadora Lisa Brock, "me sorprendió y me pareció un poco cómico que los jugadores negros me dijeran que yo no entendía el prejuicio y la discriminación porque era cubano, no negro". Esto revela una falta de conciencia sobre lo que era la vida en Cuba para los afrocubanos como Miñoso. "¡Qué bobería!... Igual que en Estados Unidos, había muchas áreas de Cuba, y muchos barrios, donde solamente veías gente blanca. Y aquí en este país, los letreros que prohibían gente negra en los restaurantes y autobuses se aplicaban a mí tanto como a ellos".[47]

Antes de que Roberto Clemente y Felipe Alou asumieran la voz en defensa de los latinos, sobre todo los afrolatinos, en el béisbol, Miñoso fue el ejemplo que los demás señalaban y admiraban. Todos los latinos tuvieron que luchar contra estereotipos como el de "la sangre caliente" y la percepción de que eran extranjeros, incluso si habían nacido en Estados Unidos. Esta caracterización afectó su experiencia en el terreno de juego lo mismo que en sus

with beanballs, bench jockeying from opposing teams, and jeers from fans who remained opposed to integration. Orlando Cepeda noted that many have forgotten what Miñoso overcame as the first Black Latino. "This is not meant to be a complaint, but the language barrier back then was so difficult.... Players today who come from Venezuela, Panama, and other Spanish-speaking countries don't seem to realize that. They have no idea. That is too bad, because it diminishes a part of what Minnie has meant to so many of us."[48] Miñoso chose not to fight back with anger, but with his performance. That was important as the first Afro-Latino in the major leagues. It prepared the road for Clemente, Alou, and others to speak out against racial discrimination and prejudice that affected Latinos.

Latinos after Jackie

Latinos who played in the 1950s and 1960s were quite aware that the racial climate in baseball and U.S. society did not change immediately with the start of integration. Even as the Latino presence in the major leagues rose to 10% by 1967, institutional practices formed during baseball's segregated era took time to change.[49] Major league teams continued to hold spring training in segregated towns in Florida and Arizona. African American and Latino players still had to deal with teams using hotels and restaurants where Blacks and other non-Whites were unwelcomed.

Segregation persisted within baseball well beyond 1947. Memories of its effect lingered with Rod Carew, who signed with the Minnesota Twins organization in 1964 and created a Hall of Fame career. "I remember, even in spring training, the Twins' Latin and Black players couldn't stay at the same hotel as the White players. You know, we had to stay in the Black neighborhood." Carew and other Latinos learned how racial and ethnic identity still mattered both in how rosters were constructed and in where teams decided to stay or eat. "I was fortunate enough not to have the problems on the baseball field," Carew recalled. "Except that, as a Latin player or an African-American player, you have to be twice as good as a White player to have a job. Otherwise, you're going to spend the time in the minor leagues. They're not going to carry you at the big league level."[50]

The rise of free agency in the late 1970s changed professional baseball in unexpected ways. Expansion of scouting in Latin America was one way major league organizations responded to the escalating cost of player salaries at the major league level. Teams wanted to sign talented prospects as cheaply as possible. For many teams, this meant turning to the Dominican Republic, Venezuela, and other parts of Latin America. By 1993, increased scouting in Latin America resulted in Latinos surpassing African

hogares. Miñoso tuvo que soportar pelotazos a la cabeza, insultos desde el dugout del equipo contrario y abucheos de los fanáticos que seguían opuestos a la integración. Como dijo Orlando Cepeda, muchos han olvidado lo que Miñoso tuvo que superar como primer latino negro en las grandes ligas. "Esto no es una queja, pero la barrera del lenguaje en ese tiempo era muy difícil. [...] Hoy los jugadores que vienen de Venezuela, Panamá y otros países de habla hispana no parecen darse cuenta de lo que fue aquello. No tienen ni idea. Es lamentable, porque eso le resta a lo que Minnie ha significado para muchos de nosotros".[48] Miñoso optó por no reaccionar con rabia, sino con su desempeño. Como primer afrolatino en las mayores, este comportamiento fue importante y preparó el camino para que Clemente, Alou y otros pudieran expresarse públicamente contra la discriminación racial y el prejuicio que afectaban a los latinos.

Los latinos después de Jackie

Los latinos que jugaron en los años cincuenta y sesenta eran muy conscientes de que el clima racial en el béisbol y en la sociedad norteamericana no cambió de la noche a la mañana en los inicios de la integración. Aunque ya para 1967 la presencia latina en las grandes ligas había aumentado a 10 %, las prácticas instituidas durante la era de la segregación tardaron en cambiar.[49] Los equipos siguieron realizando su entrenamiento de primavera en pueblos segregados en Florida y Arizona. Los peloteros afroamericanos y latinos aún tuvieron que soportar que sus equipos usaran hoteles y restaurantes donde no eran bienvenidos los negros ni otros de etnias no blancas.

La segregación persistió en el béisbol mucho más allá de 1947. Las huellas de sus efectos las sintió Rod Carew, quien fichó con los Mellizos de Minnesota en 1964 y cuya trayectoria terminó en el Salón de la Fama. "Me acuerdo de que, incluso en el entrenamiento de primavera, los jugadores negros y latinos de los Mellizos no podían quedarse en el mismo hotel que los blancos. Tú sabes, teníamos que quedarnos en el barrio negro". Carew y otros latinos constataron de primera mano que la identidad racial y étnica todavía importaba, tanto en la elaboración de las plantillas como en la decisión de dónde hospedarse o comer. "Yo tuve la suerte de no tener problemas en el terreno", recordó Carew. "Excepto que, como jugador latino o afroamericano, tienes que ser el doble de bueno que uno blanco para conseguir trabajo. Si no, vas a pasar el tiempo en las ligas menores. No vas a llegar a la nómina de grandes ligas".[50]

La llegada de la libre agencia a fines de los años setenta trajo cambios inesperados al béisbol profesional. Uno de los recursos que usaron las organizaciones de grandes ligas para enfrentar el creciente costo de los salarios de los peloteros fue ampliar la búsqueda de candidatos en

Figure I.9. Rod Carew with the California Angels, 1982. Panamanian Rod Carew was so good that the American League batting champion trophy now bears his name. He ended his career with seven batting titles and a .328 career average, 3,053 hits, and 18 All-Star Game selections. Carew played first and second base during his tenure with the Minnesota Twins and California Angels. After retiring, he was a hitting coach for the California Angels and the Milwaukee Brewers. *Courtesy of the National Baseball Hall of Fame and Museum, Cooperstown, NY.*

Figura I.9. Rod Carew con los Angelinos de California, 1982. El panameño Rod Carew fue tan bueno que el trofeo de campeón bate en la Liga Americana ahora lleva su nombre. Terminó su carrera con siete títulos de bateo y promedio de .328 más 3,053 hits y 18 participaciones All-Star. Carew jugó la primera y segunda base con los Mellizos de Minnesota y los Angelinos de California. Después de retirarse fue coach de bateo para los Angelinos de California y los Cerveceros de Milwaukee. *Cortesía del Salón de la Fama y Museo Nacional del Béisbol, Cooperstown, NY.*

Americans as a greater percentage of MLB players: 16.9 % Latino to 16.8% African American. Those numbers have become even more skewed since, as Latinos eclipsed 20% of MLB in 1996 and now hover near 30% when one combines foreign-born and U.S.-born Latinos.

The present and future of baseball is Latina/o. The change is evident on major league rosters. Latinas/os are well represented among the game's stars with Francisco Lindor, Javier Báez, and José Altuve, just to name a few who are leading the way. The change is also ongoing in the composition of the National Baseball Hall of Fame with the induction of Pedro Martínez, Mariano Rivera, and Ivan Rodríguez, among other Latinos, in recent years. In the broadcast booth, one finds more Latina/o voices, with Jessica Mendoza, David Ortiz, and Alex Rodriguez working on English-language broadcasts and Jaime Jarrín, Amaury Pi-González, and Eduardo Ortega working on Spanish-language broadcasts. These players and journalists build the connections between baseball in the barrios and the big leagues and between Latinas/os as players and fans. They and many others have been barrier breakers who are also aware of the challenges still before us. They are evidence of the passion and history that connect Latinos and America's game.

América Latina. Los equipos querían contratar prospectos talentosos por la menor cantidad de dinero posible. Para muchos esto significó recurrir a la República Dominicana, Venezuela y otros países latinoamericanos. Para 1993, como resultado de la expansión de la búsqueda en el área, el porcentaje de latinos (16.9 %) en MLB sobrepasó el de afroamericanos (16.8 %). Estas cifras se han agudizado desde entonces, llegando los latinos a un 20 % en 1996 y ahora a casi 30 % si se combinan los nacidos dentro y fuera de EE. UU.

El presente y el futuro del béisbol son latinas/os. El cambio es evidente en las plantillas de grandes ligas. Los latinas/os están bien representados entre las estrellas del deporte con Francisco Lindor, Javier Báez y José Altuve, por mencionar solo algunos de los que están marcando camino. También se nota el cambio en el Salón de la Fama y Museo Nacional de Béisbol con el ingreso de Pedro Martínez, Mariano Rivera e Iván Rodríguez, entre otros latinos de años recientes. Y en la cabina de transmisión encontramos más voces latinas con Jessica Mendoza, David Ortiz y Alex Rodríguez en la locución en inglés y Jaime Jarrín, Amaury Pi-González y Eduardo Ortega en la locución en español. Estos jugadores y periodistas fomentan la conexión entre el béisbol de los barrios y las grandes ligas, y entre los jugadores y los fanáticos latinos. Ellos y muchos otros han roto barreras, pero también son conscientes de los desafíos que hay por delante. Ellos encarnan la pasión y la historia que unen a la comunidad latina con el deporte estadounidense por excelencia.

NOTES

1. Manuel Salazar, remarks at "Latinas in Baseball" event, (California State University, San Bernardino, 27 October 2018).

2. Salazar remarks.

3. Olivia Cadaval, "Latinx Studies Association Conference Plenary 2018" speech presented at the 2018 Latina/o Studies Association Biennial Conference. Washington D.C., 2018.

4. Cadaval speech.

5. For more information, please refer to Accession 10-204, Smithsonian Institution, Latino Working Committee, Administrative Records, 1986–2004, Smithsonian Institution Archives, Washington, D.C.

6. Cadaval, speech.

7. Raul Yzaguirre and Mari Carmen Aponte, *Willful Neglect: The Smithsonian Institution and U.S. Latinos: Report of the Smithsonian Institution Task Force on Latino Issues* (Washington, D.C.: Smithsonian Institution, 1994).

8. Cadaval, speech.

9. Other Latino staff were hired at the National Museum of American History, including Steve Velásquez and Magdalena Mieri, who actively continued this tradition in their exhibits, projects, and public programs.

10. Amareswar Galla, "The First Voice in Heritage Conservation," *International Journal of Intangible Heritage*, 3 (2008): 9–25.

11. National Museum of the American Indian Act, 130 U.S.C. § 101–185 (1989), https://americanindian.si.edu/sites/1/files/pdf/about/NMAIAct.pdf (accessed 24 March 2019).

12. Amy Lonetree, *Decolonizing Museums: Representing Native America in National and Tribal Museums* (Chapel Hill: University of North Carolina Press, 2012), 171.

13. Lonetree, *Decolonizing Museums*, 110.

14. Lonetree, *Decolonizing Museums*, 5–6.

15. This tradition continues and has remained strong in the activities, displays, and programs of the Smithsonian Anacostia Community Museum since its opening in 1967, the Center for Folklife and Cultural Heritage, the Smithsonian Latino Center, and the Asian Pacific American Center. For more information on participatory exhibition development, see Nina Simon's works, *The Participatory Museum* (Santa Cruz, Calif.: Museum 2.0, 2010) and *The Art of Relevance* (Santa Cruz, Calif.: Museum 2.0, 2016); see also John H. Falk, *The Museum Experience Revisited* (Abingdon, U.K.: Routledge, 2012).

16. By 2018, the Latino Curatorial Initiative had helped attract and hire 10 Latinx curators across the Smithsonian.

17. See Adrian Burgos Jr., *Playing America's Game: Baseball, Latinos, and the Color Line* (Berkeley: University of California Press, 2007); Adrian Burgos Jr., *Cuban Star: How One Negro League Owner Changed the Face of Baseball* (New York: Hill & Wang, 2011); Amy Essington, *The Integration of the Pacific Coast League: Race and Baseball on the West Coast* (Lincoln: University of Nebraska Press, 2018).

NOTAS

1. Manuel Salazar, comentarios en el evento "Latinas in Baseball" (Universidad Estatal de California en San Bernardino, 27 de octubre del 2018).

2. Salazar, comentarios.

3. Olivia Cadaval, "Latinx Studies Association Conference Plenary 2018", ponencia presentada en la Conferencia Bienal de la Asociación de Estudios Latinos en el 2018. Washington D.C., 2018.

4. Cadaval, ponencia.

5. Para más información, consultar: Accession 10-204, Smithsonian Institution, Latino Working Committee, Administrative Records, 1986–2004, en el Archivo de la Institución Smithsonian, Washington D.C.

6. Cadaval, ponencia.

7. Raúl Yzaguirre y Mari Carmen Aponte, *Willful Neglect: The Smithsonian Institution and U.S. Latinos: Report of the Smithsonian Institution Task Force on Latino Issues* (Washington D.C.: Smithsonian Institution, 1994).

8. Cadaval, ponencia.

9. Otros latinos fueron contratados en el Museo Nacional de Historia Americana, incluidos Steve Velásquez y Magdalena Mieri, quienes continuaron activamente esta tradición en sus exposiciones, proyectos y programas públicos.

10. Amareswar Galla, "The First Voice in Heritage Conservation", *International Journal of Intangible Heritage*, 3 (2008): 9–25.

11. Ley del Museo Nacional del Indígena Americano, 130 U.S.C. § 101–185 (1989), https://americanindian.si.edu/sites/1/files/pdf/about/NMAIAct.pdf (consultado el 24 de marzo del 2019).

12. Amy Lonetree, *Decolonizing Museums: Representing Native America in National and Tribal Museums* (Chapel Hill: University of North Carolina Press, 2012), 171.

13. Lonetree, *Decolonizing Museums*, 110.

14. Lonetree, *Decolonizing Museums*, 5–6.

15. Esta tradición continúa con fuerza en las actividades, exhibiciones y programas del Museo Smithsonian de la Comunidad de Anacostia desde su inauguración en 1967, el Centro para el Folclor y el Patrimonio Cultural, el Centro Latino Smithsonian y el Centro Asiático-Pacífico-Americano. Para más información sobre el desarrollo de exposiciones participativas, ver las obras de Nina Simon, *The Participatory Museum* (Santa Cruz, Calif.: Museum 2.0, 2010) y *The Art of Relevance* (Santa Cruz, Calif.: Museum 2.0, 2016); ver también John H. Falk, *The Museum Experience Revisited* (Abingdon, Reino Unido: Routledge, 2012).

16. Ya en el 2018 la Iniciativa Curatorial Latina había contribuido a atraer y emplear a 10 curadoras y curadores latinos en distintas unidades del Smithsonian.

17. Ver Adrian Burgos Jr., *Playing America's Game: Baseball, Latinos, and the Color Line* (Berkeley: University of California Press, 2007); Adrian Burgos Jr., *Cuban Star: How One Negro League Owner Changed the Face of Baseball* (Nueva York: Hill & Wang, 2011); Amy Essington, *The Integration of the Pacific Coast League: Race and Baseball on the West Coast* (Lincoln: University of Nebraska Press, 2018).

18. Colleagues at the National Museum of the American Indian, the National Museum of American History's collecting and exhibition initiatives like the Bracero History Project, the Smithsonian Institution Traveling Exhibition Service program for Museums on Main Street, and the many projects of the Center for Folklife and Cultural Heritage have inspired this work.

19. There are now 13 books in the Arcadia series and growing. A few highlights of the Arcadia series include Francisco E. Balderrama and Richard A. Santillán, *Mexican American Baseball in Los Angeles* (Charleston, S.C.: Arcadia Publishing, 2011); Richard A. Santillán, Susan C. Luévano, Luis F. Fernández, and Angelina F. Veyna, *Mexican American Baseball in Orange County* (Charleston, S.C.: Arcadia Publishing, 2013); Richard A. Santillán, Mark A. Ocegueda, and Terry A. Cannon, *Mexican American Baseball in the Inland Empire* (Charleston, S.C.: Arcadia Publishing, 2012).

20. Much of this was supported by the Smithsonian Latino Initiatives Pool, which is administered by the Smithsonian Latino Center.

21. Although we do not feature stories from every place that is considered part of the Americas, we recognize the Americas as stretching from Chile up to Canada and include people whose stories can be representative across this area.

22. Jesse Dougherty, "MLB, Long Expecting Latin Players to Learn English, Is Finally Beginning to Speak Their Language," *Washington Post*, 4 June 2019.

23. Community teams are defined as local adult baseball, softball, and fast-pitch softball teams. Included in this distinction are minor league and semiprofessional teams as well. Although the focus is primarily on community teams, we include a very little on Little League, and importantly, we do not cover stickball, which deserves additional research but is, unfortunately, outside of our scope.

24. Jose M. Alamillo, *Making Lemonade out of Lemons: Mexican American Labor and Leisure in a California Town, 1880–1960* (Urbana: University of Illinois Press, 2006), 100.

25. The original survey was sent out between February and August of 2014 to community organizations in large cities with some interest in the history of the place and/or Latinx communities. Using a snowball sampling method, I asked each organization to name additional organizations. The primary question was "Would you be interested in a Smithsonian exhibit on the topic of Latinos in baseball?" The second question was "Do you know of local community histories related to this topic? Please explain." Of the total 375 surveys sent, 263 came back with responses over the course of two years (2014–2016).

26. Richard Santillan, remarks at "Latinos and Baseball: In the Barrios and the Big Leagues" event at California State University, San Bernardino, 19 February 2016.

27. Paul Taylor, Mark Hugo Lopez, Jessica Martinez, and Gabriel Velasco, "When Labels Don't Fit: Hispanics and Their Views of Identity," the Pew Research Center Hispanic Trends Project, 4 April 2012, https://www.pewhispanic.org/2012/04/04/when-labels-dont-fit-hispanics-and-their-views-of-identity/ (accessed 24 April 2019). Also see Anna

18. Este trabajo ha sido inspirado por los colegas del Museo Nacional del Indígena Americano; el Museo Nacional de Historia Americana; las iniciativas de colección y exposición del Museo Nacional de Historia Americana tales como el Proyecto de Historia de los Braceros; el programa Museos en Main Street del Servicio de Exposiciones Itinerantes de la Institución Smithsonian y los muchos proyectos del Centro para el Folclor y el Patrimonio Cultural.

19. Actualmente hay 13 libros en la serie Arcadia y más en camino. Algunos de los más destacados son: Francisco E. Balderrama y Richard A. Santillán, *Mexican American Baseball in Los Angeles* (Charleston, S.C.: Arcadia Publishing, 2011); Richard A. Santillán, Susan C. Luévano, Luis F. Fernández y Angelina F. Veyna, *Mexican American Baseball in Orange County* (Charleston, S.C.: Arcadia Publishing, 2013); Richard A. Santillán, Mark A. Ocegueda y Terry A. Cannon, *Mexican American Baseball in the Inland Empire* (Charleston, S.C.: Arcadia Publishing, 2012).

20. Buena parte de esto fue financiado por el Fondo de Iniciativas Latinas Smithsonian, administrado por el Centro Latino Smithsonian.

21. Aunque no presentamos historias de cada uno de los lugares considerados como parte de las Américas, reconocemos que dicho continente se extiende desde Chile hasta Canadá y en todas las áreas incluye comunidades cuyas historias pueden ser representativas.

22. Jesse Dougherty, "MLB, Long Expecting Latin Players to Learn English, Is Finally Beginning to Speak Their Language", *Washington Post*, 4 de junio del 2019.

23. Los equipos comunitarios se definen como equipos adultos locales de béisbol, softbol y picheo rápido. También se incluyen en esta distinción los equipos de ligas menores y semiprofesionales. Aunque nuestro enfoque principal son los equipos comunitarios, incluimos muy poco sobre las Pequeñas Ligas y es importante mencionar que tampoco cubrimos el stickball, el cual merece mayor investigación pero, desafortunadamente, queda fuera del ámbito de este trabajo.

24. José M. Alamillo, *Making Lemonade out of Lemons: Mexican American Labor and Leisure in a California Town, 1880–1960* (Urbana: University of Illinois Press, 2006), 100.

25. La encuesta original se envió entre febrero y agosto del 2014 a organizaciones comunitarias de ciudades grandes que tuvieran algún interés en la historia del lugar y/o de las comunidades latinas. Utilizando el método de muestreo dirigido, o "en bola de nieve", se le pidió a cada organización que enviara nombres de otras organizaciones. La pregunta principal era: ¿Le interesaría una exposición sobre el tema de los latinos en el béisbol?". La segunda era: "¿Conoce o ha escuchado historias de la comunidad relacionadas con este tema? Por favor, explique". Del total de 375 encuestas enviadas, 263 regresaron con respuestas en el transcurso de dos años (2014–2016).

26. Richard Santillán, comentarios en evento de "Los latinos y el béisbol: En los barrios y las grandes ligas" en la Universidad Estatal de California en San Bernardino, 19 de febrero del 2016.

27. Paul Taylor, Mark Hugo López, Jessica Martínez y Gabriel Velasco, "When Labels Don't Fit: Hispanics and Their Views of Identity", Proyecto de Tendencias Hispanas del Centro Pew de Investigación, 4 de abril del 2012, https://www.pewhispa-

Brown, "The Unique Challenges of Surveying U.S. Latinos," Pew Research Center Methods, 12 November 2015, https://www.pewresearch.org/methods/2015/11/12/the-unique-challenges-of-surveying-u-s-latinos/ (accessed 24 April 2019).

28. Recently, the term Latinx has also emerged as a term for a new collective identity, and we would like to acknowledge its importance in ongoing struggles to recognize gendered identities. Latinx is a gender-neutral term sometimes used in lieu of Latina or Latino. The x replaces the o and a endings in Spanish, refusing definition by masculine and feminine language markers in this identity category. We decided not to use Latinx as an umbrella term for the simple reason that a majority of ballplayers and community members interviewed would have rejected the term. However, this is a complicated matter, and more information on the term can be found in the thought-provoking essay by Nicole Trujillo-Pagán, "Crossed out by LatinX: Gender Neutrality and Genderblind Sexism," *Latino Studies*, 16 (2018): 396–406; also see Salvador Vidal-Ortiz, "Latinx Thoughts: Latinidad with an X," *Latino Studies*, 16 (2018): 384–395.

29. Salazar remarks.

30. Salazar remarks.

31. *New York Clipper*, 4 February 1882, 753. John Ward to Harry Wright, Boston, 18 February 1882; Harry Wright to John Ward, Boston, 21 February 1882. We thank Mario Longoria for sharing copies of these letters. Providence signed Nava based on the accounts of Monte Ward and Jerry Denny, members of the Grays team who witnessed Nava play during the 1881–1882 winter season in California. The catcher's ability to handle "fast pitching" and overall work behind the plate impressed Ward, who wrote letters to Providence's manager, Harry Wright, including one where Ward proclaimed him as "the best catcher on the Pacific Slope."

32. *Providence Journal*, Untitled item in "National Game" column. 28 January 1882, 8. Rick Stattler, "Vincent 'Sandy' Nava," (unpublished manuscript), 2002, 8. *New York Clipper*, item in untitled newspaper column, 25 March 1882, 5.

33. This history is complicated, and practices like these both intentionally and inadvertently reified barriers to MLB for Black players. In these cases, Latino players and their racialization became instrumental in creating a kind of multiethnic segregation system rather than breaking down racial barriers and the color line. For more on this, see Adrian Burgos Jr., *Playing America's Game: Baseball, Latinos, and the Color Line* (Berkeley: University of California Press, 2007).

34. Organized baseball is the term used for Major League Baseball and its affiliated minor leagues. The leagues in organized baseball had transfer agreements where player contracts could be moved from one league to another and eventually from the minor leagues to a major league team. Major League Baseball is often shortened to MLB.

nic.org/2012/04/04/when-labels-dont-fit-hispanics-and-their-views-of-identity/ (consultado el 24 de abril del 2019). Ver también Anna Brown, "The Unique Challenges of Surveying U.S. Latinos", Pew Research Center Methods, 12 de noviembre del 2015, https://www.pewresearch.org/methods/2015/11/12/the-unique-challenges-of-surveying-u-s-latinos/ (consultado el 24 de abril del 2019).

28. Recientemente también ha surgido el término "latinx" para designar una nueva identidad colectiva, y deseamos destacar su importancia en las luchas actuales por el reconocimiento de las identidades de género. Latinx es un término de género neutral que se usa a veces en lugar de "latina" o "latino". La *x* sustituye las terminaciones en *o* y *a* en español, rechazando las definiciones basadas en marcadores masculinos y femeninos dentro de esta categoría identitaria. Decidimos no utilizar "latinx" como término sombrilla por la simple razón de que la mayoría de los jugadores y miembros de la comunidad entrevistados rechazaron el término. Sin embargo, se trata de un asunto complicado; un ensayo que alienta la reflexión sobre el tema es el de Nicole Trujillo-Pagán, "Crossed out by LatinX: Gender Neutrality and Genderblind Sexism", *Latino Studies*, 16 (2018): 396–406; ver también Salvador Vidal-Ortiz, "Latinx Thoughts: Latinidad with an X", *Latino Studies*, 16 (2018): 384–395.

29. Salazar, comentarios.

30. Salazar, comentarios.

31. *New York Clipper*, 4 de febrero de 1882, 753. John Ward a Harry Wright, Boston, 18 de febrero de 1882; Harry Wright a John Ward, Boston, 21 de febrero de 1882. Agradecemos a Mario Longoria que compartiera copias de estas cartas. Providence contrató a Nava basándose en las referencias de Monte Ward y Jerry Denny, integrantes de los Grises que lo vieron jugar durante la temporada de invierno 1881–1882 en California. La forma en que este receptor manejaba los lanzamientos rápidos y todo el trabajo detrás del plato impresionó a Ward, quien escribió cartas al dirigente de Providence, Harry Wright, calificando a Nava como "el mejor receptor en toda la costa oeste del continente".

32. *Providence Journal*, pieza sin título en la columna "National Game", 28 de enero de 1882, 8. Rick Stattler, "Vincent 'Sandy' Nava" (manuscrito inédito), 2002, 8. *New York Clipper*, pieza en columna periodística sin título, 25 de marzo de 1882, 5.

33. Esta historia es complicada. Prácticas como estas, ya fuera voluntaria o involuntariamente, hicieron aún más concretas para los jugadores negros las barreras hacia MLB. En estos casos, los jugadores latinos y su racialización fueron instrumentales a la creación de una especie de sistema de segregación multiétnica, en vez de derribar la barrera racial. Más información sobre esto en Adrian Burgos Jr., *Playing America's Game: Baseball, Latinos, and the Color Line* (Berkeley: University of California Press, 2007).

34. "Béisbol organizado" es el término que se utiliza para designar Major League Baseball y sus ligas menores afiliadas. Las Ligas del béisbol organizado tenían acuerdos de transferencia mediante los cuales se podían trasladar los contratos de los jugadores de una liga a otra y finalmente de las menores a un equipo de grandes ligas. A menudo se abrevia MLB.

35. The participation of Latinos in U.S. professional baseball, from the major leagues and the Negro Leagues and also the minor leagues, is discussed at length in Burgos, *Playing America's Game*.

36. See Laura Pulido, *Black, Brown, Yellow, and Left* (Berkeley: University of California Press, 2005), for more on how racial hierarchies are formed and how individuals' positions are ascribed. Accepting one's position in this racial dynamic and U.S.-based hierarchy impacts everyone. For a nuanced look at how race is inscribed through collectively agreed upon scripts, see Natalia Molina, *How Race Is Made in America: Immigration, Citizenship, and the Historical Power of Racial Scripts* (Berkeley: University of California Press, 2013).

37. Roberto González Echevarría, *Pride of Havana: A History of Cuban Baseball* (New York: Oxford University Press, 2001), 90. González Echevarría draws his information on Nemesio Guilló and Teodoro Zaldo and the origins of Cuban baseball from interviews appearing in the *Diario de la Marina*, one of Havana's leading newspapers, which began publishing in 1868. The interview with Teodoro Zaldo was published on 20 January 1924.

38. On baseball in nineteenth century Cuba, see Louis A. Pérez, "Between Baseball and Bullfighting: The Quest for Nationality in Cuba, 1868–1898," *Journal of American History*, 81 (September 1994): 493–517; Roberto González Echevarría, "The Game in Matanzas: On the Origins of Cuban Baseball," *Yale Review*, 83 (July 1995): 62–94. On the Dominican Republic, see Rob Ruck, *The Tropic of Baseball* (New York: Carroll & Graf, 1993); Alan M. Klein, *Sugarball: The American Game, the Dominican Dream* (New Haven, Conn.: Yale University Press, 1993).

39. Yara refers to the Grito de Yara, the first armed insurgence for national independence in Cuba. Team names are drawn from research conducted in nineteenth century newspapers from the United States and Cuba, chiefly, *New York Clipper, Sporting Life, Sporting News, New York Age*, and *El Score* (Tampa) in the United States and *El Score, El Pitcher*, and *El Figaro* in Cuba.

40. The Cuban Giants and other teams of African Americans that toyed with racial identity are discussed in Burgos, *Playing America's Game*, chap. 2.

41. Robert Peterson, *Only the Ball Was White: A History of Legendary Black Players and All-Black Professional Teams* (repr., New York: Oxford University Press, 1992), 40. The initial quote appeared in *Sporting Life*, 1895.

42. Undated newspaper clipping from Marsans Player File, National Baseball Library and Archive. Also, *Sporting News*, untitled news item, 27 November 1941 [emphasis added].

43. Cincinnati Enquirer passage quoted in Lisa Brock and Bijan Bayne, "Not Just Black," *Between Race and Empire: African-Americans and Cubans Before the Cuban Revolution* (Philadelphia: Temple University Press, 1998), 185 [emphasis added].

44. Adrian Burgos Jr., "Robinson's Legacy Includes Assist for Latinos," *La Vida Baseball*, 16 April 2019, https://www.lavidabaseball.com/jackie-robinson-latino-followers/ (accessed 16 April 2019).

35. La participación de latinos en el béisbol profesional de EE. UU., desde las grandes ligas y las ligas negras hasta la ligas menores, se examina a profundidad en Burgos, *Playing America's Game*.

36. Ver Laura Pulido, *Black, Brown, Yellow, and Left* (Berkeley: University of California Press, 2005) para más información sobre cómo se forman las jerarquías raciales y cómo se asignan posiciones a cada persona dentro de ellas. Cuando alguien acepta su posición en esta dinámica racial y esta jerarquía basada en patrones estadounidenses, nos impacta a todos. Natalia Molina ofrece una perspectiva matizada de cómo se inscribe la raza mediante "guiones" aceptados colectivamente en *How Race Is Made in America: Immigration, Citizenship, and the Historical Power of Racial Scripts* (Berkeley: University of California Press, 2013).

37. Roberto González Echevarría, *Pride of Havana: A History of Cuban Baseball* (Nueva York: Oxford University Press, 2001), 90. González Echevarría obtuvo esta información sobre Nemesio Guilló, Teodoro Zaldo y los orígenes del béisbol cubano en entrevistas que aparecieron en el *Diario de la Marina*, uno de los principales periódicos habaneros, iniciado en 1868. La entrevista con Teodoro Zaldo se publicó el 20 de enero de 1924.

38. Para información sobre el béisbol en Cuba durante el siglo XIX, ver Louis A. Pérez, "Between Baseball and Bullfighting: The Quest for Nationality in Cuba, 1868–1898", *Journal of American History*, 81 (septiembre de 1994): 493–517; Roberto González Echevarría, "The Game in Matanzas: On the Origins of Cuban Baseball", *Yale Review*, 83 (julio de 1995): 62–94. Sobre la República Dominicana, ver Rob Ruck, *The Tropic of Baseball* (Nueva York: Carroll & Graf, 1993); Alan M. Klein, *Sugarball: The American Game, the Dominican Dream* (New Haven, Conn.: Yale University Press, 1993).

39. "Yara" alude al Grito de Yara, el primer levantamiento armado por la independencia de Cuba. Los nombres de los equipos surgieron al investigar periódicos estadounidenses y cubanos del siglo XIX, sobre todo *New York Clipper, Sporting Life, Sporting News, New York Age* y *El Score* (Tampa) en Estados Unidos y *El Score, El Pitcher* y *El Fígaro* en Cuba.

40. Los Gigantes Cubanos y otros equipos afroamericanos que hicieron maniobras con la identidad racial se examinan en Burgos, *Playing America's Game*, cap. 2.

41. Robert Peterson, *Only the Ball Was White: A History of Legendary Black Players and All-Black Professional Teams* (reimp., Nueva York: Oxford University Press, 1992), 40. La cita inicial apareció en *Sporting Life*, 1895.

42. Recorte de prensa sin fecha, en el expediente de Marsans, Biblioteca y Archivo Nacional del Béisbol. También, *Sporting News*, pieza sin título, 27 de noviembre de 1941 [énfasis añadido].

43. Texto del *Cincinnati Enquirer* citado en Lisa Brock y Bijan Bayne, "Not Just Black", *Between Race and Empire: African-Americans and Cubans Before the Cuban Revolution* (Filadelfia: Temple University Press, 1998), 185 [énfasis añadido].

44. Adrian Burgos Jr., "Robinson's Legacy Includes Assist for Latinos", *La Vida Baseball*, 16 de abril del 2019, https://www.lavidabaseball.com/jackie-robinson-latino-followers/ (consultado el 16 de abril del 2019).

45. Adrian Burgos Jr., "What Jackie Robinson Day Means to Latinos," *La Vida Baseball*, 16 April 2018, https://www.lavidabaseball.com/jackie-robinson-day-latinoes/ (accessed 16 April 2018).

46. Marcos Bretón, "Giants Lost Latin Stars," *Sacramento Bee*, 29–30 August 1993, 8.

47. Brock and Bayne, "Not Just Black," 168.

48. Minnie Minoso, *Just Call Me Minnie: My Six Decades in Baseball*, with Herb Fagen (Champaign, Ill.: Sports Publishing, 1993), xi.

49. The best source on the change in the racial demographics in the major leagues is Mark Armour and Dan Leavitt, "Baseball Demographics, 1947–2012," Society for American Baseball Research, http://sabr.org/bioproj/topic/baseball-demographics-1947-2012 (accessed 3 January 2020).

50. Burgos, "What Jackie Robinson Day Means to Latinos."

45. Adrian Burgos Jr., "What Jackie Robinson Day Means to Latinos", *La Vida Baseball*, 16 de abril del 2018, https://www.lavidabaseball.com/jackie-robinson-day-latinoes/ (consultado el 16 de abril del 2018).

46. Marcos Bretón, "Giants Lost Latin Stars", *Sacramento Bee*, 29–30 de agosto de 1993, 8.

47. Brock y Bayne, "Not Just Black", 168.

48. Minnie Miñoso, *Just Call Me Minnie: My Six Decades in Baseball*, con Herb Fagen (Champaign, Ill.: Sports Publishing, 1993), xi.

49. La mejor fuente sobre los cambios en la demografía racial de las grandes ligas es Mark Armour y Dan Leavitt, "Baseball Demographics, 1947–2012", Society for American Baseball Research, http://sabr.org/bioproj/topic/baseball-demographics-1947-2012 (consultado el 3 de enero del 2020).

50. Burgos, "What Jackie Robinson Day Means to Latinos".

1
Game Changers
Cambiando el juego

THE GREAT ONE: ROBERTO CLEMENTE

Roberto Clemente was an ultimate game changer in Major League Baseball. The dismantling of baseball's color line initiated by Jackie Robinson in 1947 opened the door for all Latinos, regardless of skin color. It was Clemente's stellar play and outspokenness on racial and cultural issues that commanded international attention. He and other pioneering Afro-Latino players widened MLB's interest in Latin America. According to statistics from The Institute for Diversity and Ethics in Sport, the percentage of Latinos in MLB reached an all-time high of 31.9% in 2017.[1] Extraordinary Latinas/os have changed the sights, sounds, and flavor of the game while inspiring generations, giving courage to those who needed it, and uniting people to root for their team at whatever level. Although Major League Baseball remains a male-dominated sport, women have always played a significant role. In recent years, an increase in Latina participation in the stands, in the broadcast booth, in senior-level executive positions, and on the field in softball leagues merits recognition.[2] It is undeniable that Latinas/os have altered baseball. Beginning this story of Latinas/os and baseball with Roberto Clemente, the Great One, highlights broad and extraordinary impact.

Baseball fans celebrate Roberto Clemente as the "Great One"; family members remember him as "Momen." His hard work, fierce pride, and resilience in the face of racism and discrimination won him the admiration of countless fans in the United States and across Latin America. From his early days playing for the winter leagues in Puerto Rico to his fast rise to stardom in MLB, his diplomatic and philanthropic pursuits, and his untimely death, perhaps no one else in baseball holds such

EL ASTRO BORICUA: ROBERTO CLEMENTE

Roberto Clemente fue una gran figura transformadora en las grandes ligas. El derrumbe de la barrera racial iniciado por Jackie Robinson en 1947 abrió la puerta a todos los latinos, sin importar el color de su piel. Pero fue Clemente quien captó la atención internacional con su desempeño estelar y su postura pública ante los problemas raciales y culturales. Él y otros pioneros afrolatinos ampliaron el interés de Major League Baseball en América Latina. Según las estadísticas del Instituto para la Diversidad y la Ética en el Deporte, el porcentaje de latinos en MLB alcanzó un nivel sin precedentes de 31.9 % en el 2017.[1] Latinos y latinas excepcionales han cambiado las imágenes, los sonidos y el sabor del juego, a la vez que inspiran a sucesivas generaciones, infunden valentía a quienes la necesitan y unen a las personas en apoyo de sus equipos en todos los niveles. Aunque las grandes ligas siguen dominadas por los hombres, las mujeres siempre han tenido un papel significativo. Merece destacarse, en años recientes, el aumento en la participación de latinas en el público, en las cabinas de transmisión, en puestos ejecutivos de alto rango y en el terreno de juego con las ligas de softbol.[2] Es innegable que los latinas/os han alterado el béisbol. Y como muestra de su amplio y extraordinario impacto, comenzamos esta historia con Roberto Clemente, el astro boricua.

Los seguidores de la pelota honran a Roberto Clemente con el apodo de "El astro boricua"; su familia lo llamaba "Momen". Su dedicación al trabajo, su orgullo y su resiliencia ante el racismo y la discriminación le ganaron la admiración de infinidad de seguidores en Estados Unidos y América Latina. Desde sus primeros tiempos en la Liga invernal de Puerto Rico hasta su rápido ascenso al estrellato en MLB, su labor diplomática y filantrópica y

Figure 1.1. Roberto Clemente's Pittsburgh Pirates jersey, 1970. Clemente's jersey is one of the most sought after and high-profile objects in the Smithsonian's sports collection at the National Museum of American History. Arguably, no one in baseball could match the power or the popularity of Clemente with Latina/o fans, but he was only one of many who changed America's game. Clemente's legacy is only a small part of this larger story of Latinas/os in baseball. *Courtesy of National Museum of American History.*

Figura 1.1. Camiseta de los Piratas de Pittsburgh perteneciente a Roberto Clemente, 1970. La camiseta de Clemente es uno de los objetos más cotizados y prominentes de la colección deportiva del Smithsonian en el Museo Nacional de Historia Americana. Posiblemente nadie en el béisbol logró igualar el poder o la popularidad de Clemente entre la fanaticada latina, pero además de él, fueron muchos los que cambiaron el pasatiempo estadounidense. El legado de Clemente es solo una pequeña parte de esa gran historia de los latinas/os en el béisbol. *Cortesía del Museo Nacional de Historia Americana.*

a legendary position in the hearts of Latino communities across the United States. Clemente's death in a plane crash carrying humanitarian relief supplies to earthquake victims in Nicaragua on 31 December 1972 shocked people across the globe. His death added an almost mythical aura to the legacy Clemente had already built through his performance as a player and his leadership and philanthropy off the field.

The arc of Clemente's story is one familiar to many Latinas/os: humble roots, immigrant/migrant aspirations, strong bonds to place of origin, and fighting for the rights and dignity of all people. He went from a hard-working family of extremely modest means to one of baseball's biggest stars. The fact that he was a proud Afro-Latino who would not be quiet about the indignities of Jim Crow laws and racial segregation earned him the respect of many Latinas/os.

su muerte prematura, quizás nadie en la pelota ocupa una posición tan legendaria en los corazones de las comunidades latinas a lo largo de Estados Unidos. Su muerte en un accidente de avión mientras llevaba ayuda humanitaria a las víctimas de un terremoto en Nicaragua el 31 de diciembre de 1972 conmocionó a todo el planeta. Esto añadió un aura casi mítica al legado que Clemente ya había forjado como pelotero y como líder y filántropo fuera del diamante.

La trayectoria de Clemente resulta familiar para muchos latinas/os: raíces humildes, inmigrante/migrante con aspiraciones, fuertes lazos con su lugar de origen y defensa de los derechos y la dignidad de todos los seres humanos. Proveniente de una familia trabajadora sumamente modesta, llegó a ser una de las mayores estrellas del béisbol. El hecho de que fuera un orgulloso afrolatino que no calló ante las indignidades de las leyes Jim Crow y la segregación racial le ganó el respeto de muchos latinos y latinas.

Figure 1.2. Roberto Clemente with children's team in Carolina, Puerto Rico, 1962. Clemente was idolized in Puerto Rico particularly because he went back whenever possible to the communities on the island that nurtured him. *Courtesy of the Clemente Museum.*

Figura 1.2. Roberto Clemente con un equipo infantil en Carolina, Puerto Rico, 1962. Clemente era idolatrado en Puerto Rico, sobre todo porque regresaba cada vez que podía a las comunidades de la isla que lo vio crecer. *Cortesía del Museo Clemente.*

Figure 1.3. Roberto Clemente and the Cangrejeros de Santurce, 1954–1955 winter season. Young Clemente is pictured here (second from left) with Willie Mays (left) and other team members. *Courtesy of the National Baseball Hall of Fame and Museum, Cooperstown, NY.*

Figura 1.3. Roberto Clemente y los Cangrejeros de Santurce, temporada invernal 1954–1955. El joven Clemente aparece aquí (segundo desde la izq.) con Willie Mays (izq.) y otros compañeros de equipo. *Cortesía del Salón de la Fama y Museo Nacional del Béisbol, Cooperstown, NY.*

Roberto grew up the youngest of seven siblings in the San Antón neighborhood of Carolina, Puerto Rico. He learned baseball from his brothers, primarily the eldest, Justino – their father, Melchor, did not know the game. The youngest Clemente quickly demonstrated playing abilities that drew the attention of major league scouts. Still a teenager, Momen needed his father's permission to legally sign with the Brooklyn Dodgers organization. Interestingly, the parental signature on Clemente's Dodgers contract was that of his brother Justino and not of their father, who was illiterate.[3]

Clemente's professional baseball career began when he first signed with the Puerto Rican team Cangrejeros de Santurce at the age of 18. In 1955, he started his 18-year tenure with the Pirates during which he was a 15-time all-star at his position and winner of 12 Gold Gloves, 4 batting titles, and National League Most Valuable Player award in 1966. During his time in the Puerto Rican winter leagues, Clemente played for the Cangrejeros de Santurce, Criollos de Caguas, and the Senadores

Roberto era el menor de siete hermanos y creció en el barrio San Antón, en Carolina, Puerto Rico. Aprendió la pelota con sus hermanos, sobre todo el mayor, Justino (su papá, Melchor, no sabía jugar). El joven Clemente pronto demostró habilidades deportivas que captaron la atención de cazatalentos de grandes ligas. Siendo todavía un adolescente, Momen necesitó el permiso de su padre para ser contratado legalmente por la organización de los Dodgers de Brooklyn. Es interesante que la firma paterna que aparece en el contrato de Clemente con los Dodgers sea la de su hermano Justino y no la de su padre, que era analfabeto.[3]

La carrera profesional de Clemente en el béisbol comenzó cuando firmó su primer contrato con un equipo puertorriqueño, los Cangrejeros de Santurce, a la edad de 18 años. En 1955 comenzó su trayectoria de 18 temporadas con los Piratas, durante la cual participó en 15 juegos de estrellas y ganó 12 Guantes de Oro, 4 títulos de bateo y el premio MVP de la Liga Nacional en 1966. A lo largo de ese tiempo siguió jugando en la Liga puertorriqueña, con los Cangrejeros de Santurce, los

Figure 1.4. Roberto Clemente's Pittsburg Pirates batting helmet, around 1960. *Courtesy of National Museum of American History.*

Figura 1.4. Casco de bateo de Roberto Clemente con los Piratas de Pittsburgh, hacia 1960. *Cortesía del Museo Nacional de Historia Americana.*

Figure 1.5. Roberto Clemente's San Juan Senadores jersey and hat, 1972. This was the last jersey Clemente wore before his death on 31 December 1972. *Courtesy of the Clemente Museum.*

Figura 1.5. Camiseta y gorra de los Senadores de San Juan pertenecientes a Roberto Clemente, 1972. Esta fue la última camiseta que usó Clemente antes de su muerte el 31 de diciembre de 1972. *Cortesía del Museo Clemente.*

de San Juan. Playing in the winter leagues brought him home to Puerto Rico where he reconnected with family and the fans who supported him throughout his career.

When away from home, Momen relied on his family for support and guidance even as a major league star. He regularly sent newspaper clippings home that his siblings would read to their mother and father. When he fell into a hitting slump, he called home and asked Justino for advice.[4] The importance of family was on full display during the postgame celebration after the Pittsburgh Pirates won the 1971 World Series. Telecast live on NBC, Clemente interrupted announcer Bob Prince's interview and asked to address the audience directly. Clemente commenced to ask in Spanish for *la bendición* (the blessing) from his parents watching in Puerto Rico. His words replicated a Latino cultural practice that reminded countless Latinas/os of home and of family traditions. Perhaps more importantly, "*la bendición*" were the first words ever broadcast in Spanish via satellite on a national English language television network.[5]

Clemente, proud of being an Afro-Puerto Rican, insisted his culture and racial identity be respected. He was fully aware how the press racialized him and other Latinos. His sensitivity developed from the times some in the press presented his words phonetically, making him appear unintelligible. In one instance Clemente's explanation for a slow start was published as "I no play so gut yet. Me like hot weather, veree hot. I no run fast cold

Criollos de Caguas y los Senadores de San Juan. Participar en la Liga invernal significaba para él volver a Puerto Rico y reconectarse con su familia y los fanáticos que lo apoyaron a través de toda su carrera.

Aunque lejos de su hogar, Momen siempre buscaba en su familia apoyo y orientación, incluso cuando ya era estrella de las grandes ligas. Regularmente les enviaba recortes de periódico que sus hermanos les leían al papá y la mamá. Cuando tenía una mala racha de bateo, llamaba a la casa y pedía consejo a Justino.[4] La importancia de la familia se puso de relieve durante la celebración tras el juego en que los Piratas de Pittsburgh ganaron la serie mundial de 1971. En medio de la transmisión en vivo por la cadena NBC, Clemente interrumpió la entrevista con el locutor Bob Prince y pidió dirigirse al público directamente. Entonces comenzó por pedir "la bendición" en español a sus padres, que estaban viéndolo desde Puerto Rico. Sus palabras eran eco de una práctica cultural que traía a incontables latinas/os el recuerdo de sus hogares y sus tradiciones familiares. Pero quizás lo más importante sea que "la bendición" fueron entre las primeras palabras transmitidas en español vía satélite por una cadena nacional de televisión de habla inglesa.[5]

Clemente, orgulloso de ser afropuertorriqueño, insistía en que se respetara su cultura y su identidad racial. Era plenamente consciente de cómo la prensa lo racializaba a él y a otros latinos. Su sensibilidad se había agudizado

weather. No get warm in cold. No get warm, no play gut. You see." [6] An upset Clemente fired back, "Lots of times I have the feeling people want to take advantage of me, especially writers." [7] His insistence on respect for himself and fellow Latinos was driven by the "two lives" he lived. "In public life, I belong to the fans. That's why I should maintain myself in the best physical condition to do well on the field," he told Puerto Rican journalist Luis Rodríguez-Mayoral. His keen awareness of the scrutiny given to his action came from his other life: "I am Black and Puerto Rican. I have to behave well. Perhaps I have more responsibility than others." [8] This sense of responsibility guided Clemente's actions wherever he went, and it made him a sporting hero.

OF NOTE
Sounds of the Game

Clemente may be the only "Great One," but his legacy has inspired generations of Latina/o fans and baseball players in the barrios and big leagues to aspire to greatness. Fans celebrate local legends in a multitude of ways. One such example is using personal instruments that reflect a shared cultural heritage with a player, thus changing the sounds of the game in the process. Drums, cowbells, maracas, and *güiras* (metal scrapers used for percussion), are instruments that now appear in stadiums across the country. Used originally in Caribbean musical genres (like merengue, bachata, bolero, son cubano, and salsa), their celebratory sounds can now be heard at games in stadiums, parks, and local fields. They represent some of the ways that fans are changing how the game sounds while expressing cultural pride.

Figure 1.6. Cowbell, 1940s. This handmade cowbell was used by the Nuñez family at baseball games in Cuba, New York, and Florida to cheer on their favorite players and create sounds never heard before at American ballparks. In recent years, cowbells have become a staple at baseball games around the Unites States. *Gift of Milton Torres, National Museum of American History.*

Figura 1.6. Cencerro, años cuarenta. La familia Núñez tocaba este cencerro hecho a mano en Cuba, Nueva York y Florida para alentar a sus jugadores favoritos, creando sonidos nunca antes escuchados en los parques estadounidenses. En años recientes, los cencerros se han hecho muy comunes en los juegos de pelota a lo largo de Estados Unidos. *Donación de Milton Torres, Museo Nacional de Historia Americana.*

por causa de ciertos periodistas que citaban sus palabras fonéticamente, haciéndolo parecer incomprensible. En una ocasión explicó por qué había tenido un comienzo lento en la temporada, y esto fue lo que se publicó: "I no play so gut yet. Me like hot weather, veree hot. I no run fast cold weather. No get warm in cold. No get warm, no play gut. You see". [6] Indignado, Clemente replicó: "Muchas veces tengo la impresión de que la gente quiere aprovecharse de mí, sobre todo los escritores". [7] Esa insistencia en exigir respeto para sí y para sus compañeros latinos era reflejo de las "dos vidas" que llevaba. "En la vida pública tendría que compartir con los fanáticos, por lo tanto se me haría difícil producir en el terreno de juego. Mi responsabilidad mayor está en el béisbol... entre los meses de abril y octubre... por eso me tengo que mantener en condiciones... tengo que descansar, para poder hacer lo mejor", dijo en entrevistas recopiladas por el periodista puertorriqueño Luis Rodríguez-Mayoral para su libro *Roberto Clemente —Aún escucha las ovaciones.* La conciencia de que su conducta estaba sometida a escrutinio provenía de su otra vida: "Soy negro y soy puertorriqueño. Tengo que portarme bien pues tengo, tal vez, más responsabilidades que otros". [8] Este sentido de responsabilidad guiaba las actuaciones de Clemente dondequiera que iba, y lo convirtió en un héroe del deporte.

DIGNO DE MENCIÓN
Los sonidos del juego

Clemente será el único "astro boricua", pero su legado ha inspirado el deseo de superación en generaciones de fanáticos y jugadores latinos y latinas, en los barrios y en las grandes ligas. Los fanáticos celebran a sus leyendas locales de muchas formas. Por ejemplo, cuando asisten a los juegos suelen hacer música con instrumentos que reflejan la herencia cultural que comparten con un pelotero, y esto con el tiempo ha ido cambiando los sonidos típicos del béisbol. Ahora aparecen tambores, cencerros, maracas y güiros por los estadios de todo el país. Usados originalmente en la música caribeña (como el merengue, la bachata, el bolero, el son cubano y la salsa), sus sonidos festivos ahora se escuchan en estadios, parques y campos de pelota locales, evidenciando cómo los fanáticos están cambiando los sonidos del juego a la vez que expresan su orgullo cultural.

Figure 1.7. Dominicans from all over the United States came to Cooperstown, New York, for the 2015 National Baseball Hall of Fame induction ceremony for one of their own, Pedro Martínez. Dominican flags alongside American flags could be seen throughout the crowds. *Courtesy of Marilú López Fretts for La Casita Cultural Center collection, Syracuse, New York.*

Figura 1.7. Desde todo Estados Unidos llegaron los dominicanos a Cooperstown, Nueva York, en el 2015 para presenciar la exaltación de uno de los suyos, Pedro Martínez, al Salón de la Fama y Museo Nacional del Béisbol. Abundaban entre la muchedumbre las banderas dominicanas y estadounidenses. *Cortesía de Marilú López Fretts para la colección del Centro Cultural La Casita, Syracuse, Nueva York.*

Whether at the National Baseball Hall of Fame induction ceremonies in Cooperstown, New York, or on hometown fields, everyday people celebrate the accomplishments of the great ones in their communities and express cultural identities at the same time. The sights and sounds of the game captivate fans as much as the inspirational players. Everything from walk-up songs, maracas, and Spanish language chants in the stands to how fans celebrate and whom they celebrate reflects the very rhapsody and enchantment of baseball.

Ya sea en las ceremonias de ingreso al Salón de la Fama y Museo Nacional del Béisbol en Cooperstown, Nueva York, o en los parques de los pueblos, cada día la gente celebra los logros de los grandes en sus comunidades a la vez que expresan sus identidades culturales. Las imágenes y los sonidos del juego cautivan a los fanáticos tanto como a los jugadores que los inspiran. Desde los temas musicales que acompanan la entrada de cada jugador, las maracas y los coros en español hasta la manera en que se celebra y a quién se celebra, todas estas expresiones componen la rapsodia y el encanto del béisbol.

Figure 1.8. *Güira*, early 2000s. *Güiras*, which are made of metal and originated in the Dominican Republic, and other percussion instruments are now heard regularly at games in stadiums, parks, and community fields. *Gift of Milton Torres, National Museum of American History.*

Figura 1.8. Güira, hacia el 2000. Las güiras, fabricados de metal a diferencia del güiro y originales de la República Dominicana, y otros instrumentos de percusión ahora se escuchan regularmente en los estadios, parques y campos de pelota comunitarios. *Donación de Milton Torres, Museo Nacional de Historia Americana.*

VOICES FROM THE COMMUNITY

Margaret "Marge" Villa – A Beisbolista's Career in the AAGPBL

Sandra L. Uribe

"Goils Will Be Goils ... a dab of lipstick and an extra curl or two before doing anything – even playing a rip-roaring game of ball" read the *Kokomo Tribune* headline.[9] The All-American Girls Professional Baseball League (AAGPBL), a professional women's baseball league active from 1943 to 1954, scouted talented athletes with feminine appeal. Players were mandated to attend charm school and hired chaperones to protect the women's morals. The league's rules of conduct stressed feminine attire on and off the field, which resulted in satin shorts under a one-piece skirted flared tunic, knee high socks, and baseball cap for a uniform. Lipstick was required at all times, whereas smoking and drinking in public were banned.[10]

VOCES DE LA COMUNIDAD

Margaret "Marge" Villa – una beisbolista en la AAGPBL

Sandra L. Uribe

"Todas las chicas son iguales [...] un toque de lápiz labial y retocarse los rizos antes que nada, incluso antes de salir a jugar pelota ante un público estrepitoso", decía el titular del diario *Kokomo Tribune*.[9] La All-American Girls Professional Baseball League, liga femenina profesional activa desde 1943 hasta 1954, se dedicaba a buscar atletas talentosas que fueran atractivas. Las jugadoras estaban obligadas a asistir a cursos de buenos modales y a ir acompañadas de chaperonas que protegieran su moral. Las normas de conducta de la Liga enfatizaban el vestuario femenino dentro y fuera del terreno de juego, por lo cual diseñaron un uniforme de satén, compuesto de pantalones cortos y una túnica-falda acampanada, medias hasta las rodillas y gorra. El lápiz labial era requisito constante, mientras que fumar y beber en público estaba prohibido.[10]

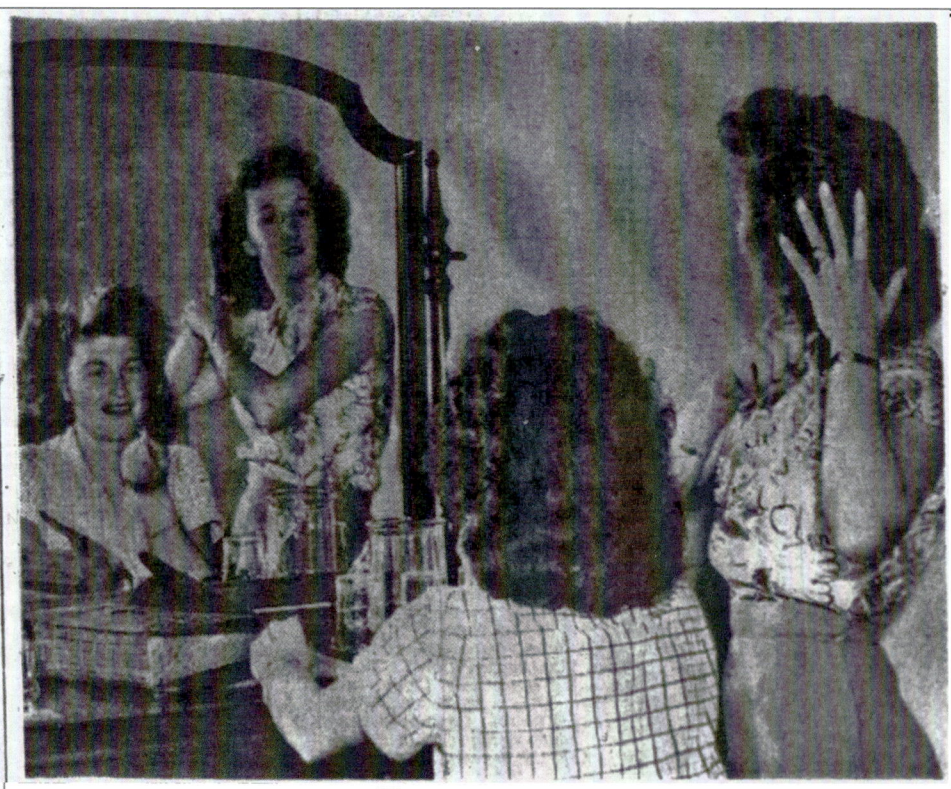

GOILS WILL BE GOILS — Marge Villa (left), plays shortstop for the Kenosha Comets of the All American Girls' Baseball league, and team-mate Dorothy Naum (right) is a catcher. But both are women and that means a dab of lipstick and an extra curl or two before doing anything — even playing a rip-roaring game of ball. Miss Villa of Montebello, Calif., and Miss Naum of Dearborn, Mich., will be in the Kenosha lineup next Monday and Tuesday nights as the Comets engage the Racine Belle in a two-game exhibition series of Highland Park.

Figure 1.9. Newspaper clipping, *Kokomo Tribune*, May 12, 1949. Marge Villa is featured with teammate Dorothy Naum, primping before a game. *Courtesy of* Kokomo Tribune.

Figura 1.9. Recorte de periódico, *Kokomo Tribune*, 12 de mayo de 1949. Marge Villa aparece con su compañera de equipo Dorothy Naum, acicalándose antes de un juego. *Cortesía del* Kokomo Tribune.

Philip K. Wrigley, Chicago Cubs owner and chewing gum mogul, began the AAGPBL at the onset of World War II. Wrigley, like other major league team owners, worried that the war draft would interfere with the ability of Major League Baseball to play their regular season schedule during the war. The formation of the AAGPBL, in which women filled roles formerly occupied by men, mirrored women's response to defense industry occupations that traditionally were held by men. The inaugural season began in 1943 with four teams, which later grew to 15. It employed over 600 women from across the United States, Canada, and Cuba. They earned weekly salaries ranging from $40 to $150 based on their skill set.[11] Once expected to stay home, women experienced radical shifts in work expectations and cultural norms as many now went to work in factories and on the baseball field.

Around 11 Latinas played for the AAGPBL, including Mexican American Margaret "Marge" Villa (later Cryan), from Montebello, California. Nine other players came from Cuba, and one came from Venice, California. Many of these fair-skinned Latinas blurred racial lines in an era of de facto segregation in everyday life and of color lines in organized sports. The blurring of lines was Villa's experience in sports. As a self-proclaimed tomboy, Villa grew up playing ball with her younger brother and had parental support in this pursuit, uncommon in many households at the time.

Philip K. Wrigley, dueño de los Cachorros de Chicago y magnate de la goma de mascar, formó la AAGPBL al inicio de la Segunda Guerra Mundial porque, al igual que otros dueños de equipos de grandes ligas, estaba preocupado por que el reclutamiento de hombres para la guerra afectara el itinerario de la temporada. La AAGPBL, donde las mujeres asumieron la función antes ocupada por los hombres, fue la contraparte de la participación femenina en otro campo, la industria de la defensa, donde también ocuparon puestos típicamente masculinos. La temporada inaugural comenzó en 1943 con cuatro equipos, que luego llegaron a 15 y emplearon a más de 600 mujeres de todo Estados Unidos, Canadá y Cuba. Las peloteras ganaban salarios semanales de entre $40 y $150, según sus destrezas.[11] Si bien hasta entonces se suponía que el lugar de las mujeres era el hogar, sus expectativas laborales y normas culturales cambiaron radicalmente a medida que muchas se integraron al trabajo en las fábricas y en los campos de béisbol.

Unas 11 latinas jugaron para la AAGPBL, incluida la mexicoamericana Margaret "Marge" Villa (luego Cryan), de Montebello, California. Otras nueve vinieron de Cuba, y una de Venice, California. Muchas de estas latinas de piel clara rebasaron las fronteras raciales en una era de segregación *de facto* en la vida cotidiana y segregación institucionalizada en los deportes organizados. El cruce de fronteras marcó toda la experiencia de Villa en los deportes. Ella misma ha

Figure 1.10. Marge Villa Cryan's Garvey Stars jersey and jacket, 1939. Margaret "Marge" Villa (later Cryan) played for the Garvey Stars softball team in East Los Angeles for at least one season in 1939. Little did she know, in the next few years she would be catapulted to play for the Orange Lionettes, where she would later be signed into the All-American Girls Professional Baseball League in 1946. *Gift of Marge Villa Cryan and Renée Soderquist, National Museum of American History.*

Figura 1.10. Camiseta y chaqueta de las Estrellas de Garvey perteneciente a Marge Villa Cryan, 1939. Margaret "Marge" Villa (luego Cryan) jugó con las Estrellas de Garvey, equipo de softbol del este de Los Ángeles, por lo menos una temporada en 1939. No imaginaba que en los próximos años se vería catapultada al equipo de las Leoncitas de Orange, donde en 1946 la contratarían para la AAGPBL. *Donación de Marge Villa Cryan y Renée Soderquist, Museo Nacional de Historia Americana.*

In 1939, when Villa was just 13 years old, she played for the Garvey Stars of East Los Angeles. Her burgundy satin uniform with a white Peter Pan collar and cap sleeve — now part of the Smithsonian's National Museum of American History's collection — highlighted the team's sponsor, Bordier's Nursery, in white arched lettering stitched across the back. Bordier's is an example of how local businesses, civic organizations, company towns, and religious organizations sponsored local baseball teams. At 14, Villa was scouted by the Orange Lionettes, a well-decorated semiprofessional team. She joined at 16 because her mother thought she was too young to play with adult women. The team won the Southern California girls' championship in Villa's rookie year, partly because of her talent for the game.

It was not long before Villa caught the eye of Wrigley's AAGPBL scouts. She played five seasons with the Kenosha Comets of Wisconsin from 1946 to 1950, playing over 500 games. Villa played second base and shortstop but mainly played catcher. In 1946, she set records for RBIs and total bases in a game.

dicho que siempre le gustaron los juegos de los varones, y creció jugando pelota con su hermano menor. Además, en su carrera contó con el apoyo de sus padres, algo inusual en los hogares estadounidenses de la época.

En 1939, a los 13 años de edad, Villa jugó con las Estrellas de Garvey, un equipo del este de Los Ángeles. Su uniforme de satén color vino con cuello blanco estilo Peter Pan y mangas cortas (ahora en la colección del Museo Nacional de Historia Americana del Smithsonian) destacaba al patrocinador del equipo, Bordier's Nursery, en letras blancas cosidas a la espalda en forma de arco. Bordier's es ejemplo del auspicio que ofrecían los negocios, las entidades cívicas, las colonias industriales y las organizaciones religiosas a los equipos de pelota locales. A los 14 años, Villa fue descubierta por el cazatalentos de las Leoncitas de Orange, un equipo semiprofesional de primera. Sin embargo, su madre la consideraba muy joven para jugar con mujeres adultas, así que no se sumó al equipo hasta cumplir 16 años. Las Leoncitas ganaron el campeonato femenino del sur de California el primer año en que Villa participó, y esto se debió en parte al talento de ella.

No pasó mucho tiempo sin que Villa captara la atención de un cazatalentos de Wrigley para la AAGPBL. Jugó cinco temporadas con las Cometas de Kenosha, Wisconsin, desde 1946 hasta 1950, participando en más de 500 partidos. Jugó la segunda base y el campo corto, pero sobre todo era receptor. En 1946 estableció récords de carreras impulsadas y bases totales en un partido.

Figure 1.11. Marge Villa and Garvey Stars team, 1939. Villa, pictured in the front row (center) wearing her Garvey Stars uniform, was just 13 years old when she played for the team until she was scouted by the semiprofessional Orange Lionettes at age 16. *Courtesy of Marge "Poncho" Villa.*

Figura 1.11. Marge Villa y el equipo de las Estrellas de Garvey, 1939. Villa, quien aparece en primera fila (centro) vistiendo el uniforme del equipo, tenía solo 13 años cuando jugó con las Garvey, antes de ser reclutada por el equipo semiprofesional de las Leoncitas de Orange a los 16 años. *Cortesía de Marge "Poncho" Villa.*

Figure 1.12. Marge Villa baseball card, issued 1995. This official AAGPBL baseball card details Villa's statistics for her five-year career in the league. As a rookie, Villa got a record 9 RBIs and 11 total bases in just one game. *Courtesy of National Museum of American History.*

Figura 1.12. Tarjeta de béisbol de Marge Villa, emitida en 1995. Esta tarjeta oficial de la AAGPBL detalla las estadísticas de Villa durante sus cinco temporadas en la Liga. Como novata, Villa estableció un récord de 9 carreras impulsadas y 11 bases totales en un solo partido. *Cortesía del Museo Nacional Historia Americana.*

By 1947, Villa was traveling the world, with spring training held in Havana, Cuba.[12] This was the first time she and many of her teammates left the country or even boarded an airplane. Their two weeks were divided into a practice week and a week full of exhibition games that drew huge crowds. By the time Villa got back from Cuba, she was known for her charisma and diplomacy—after all, she was the only American woman on her trip who could converse with the Cubans in Spanish. In 1948 and 1949, Marge was invited to a postseason tour across the Caribbean and South America, meeting local dignitaries and gentry. Marge later attested that this kind of travel gave her and her teammates a unique chance to see the world, as well as gain independence and confidence.

For a brief moment in American history, professional baseball was reimagined as a woman's domain through the AAGPBL. This league allowed some very talented women to assert their autonomy, cultural pride, and athleticism. It tested and reflected socially constructed notions of femininity. Participation on the diamond mirrored social, cultural, political, and economic patterns across the United States, particularly when it came to Latina participation. For Marge Villa and her 10 Latina counterparts, baseball became a tool that allowed them to transcend multiple barriers on and off the field.

Para 1947 Villa ya estaba viajando al extranjero, pues el entrenamiento de primavera se realizó en La Habana, Cuba.[12] Esa fue la primera vez que ella y muchas de sus compañeras salieron de su país o incluso abordaron un avión. Las dos semanas de entrenamiento se dividían entre una de práctica y una de juegos de exhibición que atraían grandes multitudes. Al regresar de Cuba, Villa ya se distinguía por su carisma y diplomacia. Después de todo, era la única norteamericana del viaje que había podido conversar con los cubanos en español. En 1948 y 1949, Marge fue invitada a una gira postemporada por el Caribe y América del Sur, donde conoció a dignatarios y miembros de las élites locales. Luego comentaría que, gracias a estos viajes, ella y sus compañeras tuvieron una oportunidad única de ver el mundo y adquirir independencia y confianza en sí mismas.

Por un instante en la historia de Estados Unidos, el béisbol profesional cambió la imagen del juego femenino gracias a la AAGPBL. Esta liga permitió a una serie de mujeres talentosas reafirmar su autonomía, su orgullo cultural y su atletismo. Con ella se pusieron a prueba las nociones de femineidad construidas por la sociedad hasta el momento. La participación en el terreno de juego reflejaba los patrones sociales, culturales, políticos y económicos de Estados Unidos, sobre todo en lo que concernía a las latinas. Para Marge Villa y sus 10 colegas latinas, el béisbol se convirtió en una herramienta que les permitió trascender múltiples barreras, dentro y fuera del cuadrángulo.

NOTES

1. The number of Latinos in Major League Baseball hovers near 30% but does not usually include U.S.-born Latinos. For example, in 2016, foreign-born Latino players constituted 28.5% of MLB, and in 2018, the number rose slightly to 29.5%. For a more in-depth look at the racial and gender makeup of Major League Baseball, see Richard Lapchick, The 2019 Racial and Gender Report Card: Major League Baseball (Orlando, Fla.: The Institute for Diversity and Ethics in Sport, 2019), 6, https://www.tidesport.org/ (accessed 21 May 2019). The Society for American Baseball Research has slightly different numbers that account for the Latino presence during the unfolding of baseball's racial integration, which can be referenced on their website; see Mark Armour and Dan Leavitt, "Baseball Demographics, 1947–2012," Society for American Baseball Research, https://sabr.org/bioproj/topic/baseball-demographics-1947-2012 (accessed 8 February 2019).

2. Richard Lapchick, David Zimmerman, Meaghan Coleman, Brittany Barber, Nate Harvey, Will Thomas, and Daniel Martin, The 2019 Racial and Gender Report Card, 6.

3. Adrian Burgos Jr., "Justino Clemente's History Lesson," *La Vida Baseball*, 1 October 2018, https://www.lavidabaseball.com/justino-clemente-hof-visit/ (accessed 1 October 2018).

4. Adrian Burgos Jr., "Matino Clemente Helped Guide the Great One," *La Vida Baseball*, 13 March 2019, https://www.lavidabaseball.com/matino-clemente-big-brother/ (accessed 13 March 2019).

5. Adrian Burgos Jr., "Roberto Clemente and the World Series Blessing Heard around the World," *La Vida Baseball*, 26 October 2018, https://www.lavidabaseball.com/world-series-moment-roberto-clemente/ (accessed 26 October 2018).

6. Samuel O. Regalado, *Viva Baseball: Latin Major Leaguers and Their Special Hunger*, (Urbana: University of Illinois Press, 1998), 122–123.

7. Regalado, *Viva Baseball*, 123.

8. Luis Rodríguez-Mayoral, "El Hombre — The Man: Roberto Clemente," Roberto Clemente Player File, National Baseball Library and Archive, Cooperstown, N.Y.; also, Luis Rodríguez-Mayoral's book, *Roberto Clemente–Aún Escucha Las Ovaciones* (Ramallo Brothers Printing, Hato Rey, Puerto Rico, 1987), 60–61.

9. "Goils Will Be Goils," *Kokomo Tribune* (Kokomo, Ind.), 12 May 1949, 19.

10. All-American Girls Professional Baseball League Players Association, "Rules of Conduct," https://www.aagpbl.org/history/rules-of-conduct (accessed 2 August 2018).

11. Merrie A. Fiddler, *The Origins and History of the All-American Girls Professional Baseball League* (Jefferson, N.C.: McFarland, 2006), 199.

12. "Girls League Will Train at Havana, Cuba," *Daily Chronicle* (DeKalb, Ill.), 27 November 1947, 8.

NOTAS

1. El número de latinos en las grandes ligas ronda el 30 %, pero no incluye a los latinos nacidos en EE. UU. Por ejemplo, en el 2016, los peloteros latinos nacidos en el extranjero constituían el 28.5 % de MLB, y en el 2018 el número subió levemente a 29.5 %. Para una mirada de fondo a la composición racial y de género en MLB, ver Richard Lapchick, "The 2019 Racial and Gender Report Card: Major League Baseball" (Orlando, Fla.: Institute for Diversity and Ethics in Sport, 2019), 6, https://www.tidesport.org/ (consultado el 21 de mayo del 2019). La Sociedad para la Investigación del Béisbol Estadounidense (SABR por su siglas en inglés) ofrece en su sitio web unas cifras ligeramente distintas, que toman en cuenta la presencia latina mientras se desarrollaba el proceso de integración racial en el béisbol; ver Mark Armour y Dan Leavitt, "Baseball Demographics, 1947–2012", Society for American Baseball Research, https://sabr.org/bioproj/baseball-demographics-1947-2012 (consultado el 8 de febrero del 2019).

2. Richard Lapchick, David Zimmerman, Meaghan Coleman, Brittany Barber, Nate Harvey, Will Thomas y Daniel Martin, "The 2019 Racial and Gender Report Card", 6.

3. Adrian Burgos Jr., "Justino Clemente's History Lesson", *La Vida Baseball*, 1 de octubre del 2018, https://www.lavidabaseball.com/justino-clemente-hof-visit/ (consultado el 1 de octubre del 2018).

4. Adrian Burgos Jr., "Matino Clemente Helped Guide the Great One", *La Vida Baseball*, 13 de marzo del 2019, https://www.lavidabaseball.com/matino-clemente-big-brother/ (consultado el 13 de marzo del 2019).

5. Adrian Burgos Jr., "Roberto Clemente and the World Series Blessing Heard around the World", *La Vida Baseball*, 26 de octubre del 2018, https://www.lavidabaseball.com/world-series-moment-roberto-clemente/ (consultado el 26 de octubre del 2018).

6. Samuel O. Regalado, *Viva Baseball: Latin Major Leaguers and Their Special Hunger* (Urbana: University of Illinois Press, 1998), 122–123.

7. Regalado, *Viva Baseball*, 123.

8. Luis Rodríguez-Mayoral, "El Hombre — The Man: Roberto Clemente", expediente de Roberto Clemente en la Biblioteca y Archivo Nacional del Béisbol, Cooperstown, N.Y. y Luis Rodríguez-Mayoral, *Roberto Clemente–Aún Escucha Las Ovaciones* (Ramallo Brothers Printing, Hato Rey, Puerto Rico, 1987), 60–61.

9. "Goils Will Be Goils", *Kokomo Tribune* (Kokomo, Ind.), 12 de mayo de 1949, 19.

10. Normas de conducta de la All-American Girls Professional Baseball League, https://www.aagpbl.org/history/rules-of-conduct (consultado el 2 de agosto del 2018).

11. Merrie A. Fiddler, *The Origins and History of the All-American Girls Professional Baseball League* (Jefferson, N.C.: McFarland, 2006), 199.

12. "Girls League Will Train at Havana, Cuba", *Daily Chronicle* (DeKalb, Ill.), 27 de noviembre de 1947, 8.

2
Leaving Our Mark
Dejando nuestra huella

(RE)CLAIMING SPACE: LATINAS/OS IN BASEBALL

Baseball has allowed people to come together and feel connected to something bigger than themselves. Wherever Latinas/os played, they created and, in some cases, reclaimed spaces. In doing so they left a mark on how we see, hear, and play baseball. Leaving one's mark on the game is part of a long tradition. Since at least the 1860s, Latinas/os began playing in barrios, on college teams, and in semi-professional and professional leagues throughout the United States. Racism and discrimination created barriers

(RE)CONQUISTANDO ESPACIOS: LATINAS/OS EN EL BÉISBOL

El béisbol ha permitido a las personas reunirse y sentirse conectados con algo en común, más grande que ellos mismos. Dondequiera que jugaban, los latinos y latinas creaban y, en ciertos casos, reconquistaban espacios. Es así como dejaron su huella en nuestra manera de ver, escuchar y jugar el béisbol. Dejar una huella en el juego es parte de una larga tradición. Desde la década de 1860, si no antes, los latinas/os comenzaron a jugar en los barrios, en equipos universitarios y en ligas semiprofesionales y profesionales a lo largo de Estados Unidos. El racismo y la discriminación crearon barreras que impidieron a muchos jugar en las grandes ligas. En el diamante y por medio del juego, los hombres y mujeres latinos, afrolatinos y afroamericanos lucharon por una mayor representación y mejores condiciones laborales, y por combatir los problemas del

Figure 2.1. Ball signed by Fernando Valenzuela, 1991. Valenzuela hailed from rural Mexico and became the first player ever to win Rookie of the Year and Cy Young awards in the same season. His meteoric rise to an unparalleled place in American civic and sports history drew thousands of ethnic Mexicans and Latinas/os to major league stadiums. *Gift of Randall Martinez, National Museum of American History.*

Figura 2.1. Pelota firmada por Fernando Valenzuela, 1991. Valenzuela se crio en un área rural de México y fue el primer jugador que ganó los premios Novato del Año y Cy Young en la misma temporada. Su meteórico ascenso a una posición sin igual en la historia cultural y deportiva de Estados Unidos atrajo a miles de mexicanos y latinos a los estadios de grandes ligas. *Donación de Randall Martínez, Museo Nacional de Historia Americana.*

Figure 2.2. *Sobadores*, traditional massage therapists in the inland region of Southern California, attend to players around 1930s. This was one of the ways workers helped each other build support networks through the game. Sitting on the bench, left to right, are Delfino Anguiano, Chevo Hernandez, and Tony Lujan. *Courtesy of the Alejo L. Vasquez family.*

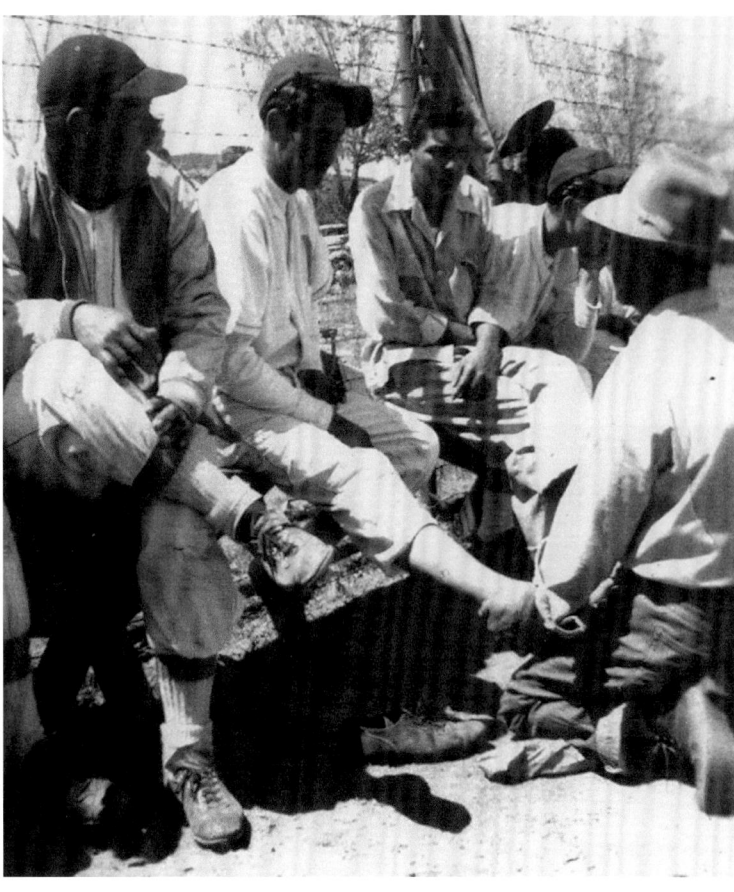

Figura 2.2. Los "sobadores", masajistas tradicionales de la región interior del sur de California, atienden a los jugadores hacia 1930. Esta era una de las formas en que los trabajadores se ayudaban mutuamente a construir redes de apoyo por medio del juego. Sentados en el banco, desde la izquierda: Delfino Anguiano, Chevo Hernández y Tony Luján. *Cortesía de la familia Alejo L. Vásquez.*

keeping many Latinos from playing in the major leagues. On the baseball field and through the game, Latinas/os, Afro-Latinos, and African Americans agitated for greater representation and better labor conditions and to address concerns about racism and discrimination. Latinas/os in particular had to claim space to play the game in communities across the country because finding fields that could be used without injury was often a struggle. Customizing uniforms to reflect pride in cultural heritage later became an important way to announce the Latina/o presence and excellence in America's pastime.

Work in the lemon groves around Corona, California, often involved difficult conditions that left Mexican American workers weary and looking for spaces for rest and recreation. During weekend baseball games, citrus industry workers would pool their resources to hire local *sobadores* (traditional massage therapists) to attend to minor injuries, thus ensuring players could return to work during the week and support their families. Agriculture industry workers politicized leisure spaces — like baseball games — to build important support networks and create political unity. It was a tradition that Latina/o players, owners, fans, and teams had built since the late nineteenth century. José M. Alamillo's *Making Lemonade out of Lemons* documents how Latinos used baseball to claim spaces for themselves in the late nineteenth and early twentieth centuries. Alamillo demonstrated how Mexican Ameri-

racismo y la discriminación. Especialmente, los latinas/os tuvieron que reclamar espacios para jugar en sus comunidades a lo largo del país porque no era fácil encontrar terrenos donde pudieran jugar de manera segura, sin sufrir lesiones. Más adelante, diseñaron uniformes que reflejaban su orgullo por su herencia cultural, y esto se convirtió en una forma importante de anunciar la presencia y la excelencia latinas en el pasatiempo nacional estadounidense.

El trabajo en los limonares alrededor de Corona, California, a menudo implicaba condiciones difíciles que dejaban a los trabajadores mexicoamericanos agotados y deseosos de encontrar espacios para el descanso y la recreación. En los juegos de pelota del fin de semana, los trabajadores de la industria de cítricos aunaban sus recursos y contrataban "sobadores" (masajistas tradicionales) locales para tratar lesiones menores, de modo que los peloteros pudieran regresar al trabajo de la semana y continuar manteniendo a sus familias. Los obreros agrícolas politizaron los espacios de ocio, incluidos los partidos de béisbol, para construir importantes redes de apoyo y crear unidad política. Esta era una tradición que habían desarrollado desde el siglo XIX los jugadores, dueños, fanáticos y equipos latinos. *Making Lemonade out of Lemons* (Si la vida te da limones, haz limonada), de José M. Alamillo, documenta cómo los latinos usaron la pelota para conquistar espacios hacia fines del siglo XIX y principios

can workers in the citrus industry in Corona were given "lemons" — low pay for backbreaking work, segregated schools, inadequate housing, and perpetual racial discrimination. But these Mexican men and women made "lemonade" by using baseball games to create political and social networks that would prove fundamental to their success and survival.[1]

From the citrus groves in California to "Spanish" *colonias* in the high mountain plains and to urban barrios in New York or Florida, baseball provided a material field where Latinas/os could push and eventually breakdown elusive barriers created by the dominant culture, society, and the economy in the United States. In some cases, baseball meant inclusion and existence. It was a socially acceptable way for people to find community in a new place, and it was a way to get involved in the neighborhood. San Antonio community member Deseree Santiago described belonging to baseball clubs as on par with religion. "It was either church or baseball. And sometimes your church sponsored your baseball team so they both were connected. ... And you were as committed to baseball as to going to church on Sundays." Life was hard in the barrios and "double hard without the networks" provided by organized community activities like baseball.[2]

Open grounds transformed into baseball fields — spaces that Latinas/os could call their own. Latinas/os were often not permitted to play in public parks or school fields because of racial segregation, forcing them to play games in vacant lots around their neighborhoods. From the 1840s through the 1940s, when redlining and discrimination meant many Latinos could not own property in most places in Southern California, Mexican immigrants and Mexican Americans made space for themselves in an area of Los Angeles that came to be called Chavez Ravine. By

del XX. Alamillo expone que los trabajadores mexicoamericanos de la industria de cítricos en Corona "recibían limones": paga ínfima por un trabajo arduo, escuelas segregadas, vivienda inadecuada y perpetua discriminación racial. Pero estos hombres y mujeres mexicanos "hacían limonada" al emplear el béisbol para crear redes políticas y sociales que resultarían fundamentales para su bienestar y su supervivencia.[1]

Desde los huertos cítricos de California y las "colonias españolas" de los grandes llanos del país hasta los barrios urbanos de Nueva York o Florida, el béisbol ofrecía un espacio físico donde los latinas/os podrían combatir y finalmente derrumbar las elusivas barreras creadas por la sociedad, la cultura y la economía dominantes en Estados Unidos. En algunos casos, el béisbol significaba inclusión y existencia. Era una forma socialmente aceptable de encontrar comunidad en un sitio nuevo, y una forma de participar en la vida del vecindario. Deseree Santiago, miembro de la comunidad de San Antonio, describió la participación en los clubes de béisbol como algo a la par con la religión. "Era la iglesia o el béisbol. Y a veces tu iglesia auspiciaba a tu equipo de béisbol, así que los dos estaban conectados. [...] Y tú tenías el mismo compromiso con el juego que con la iglesia los domingos". La vida era dura en los barrios y "doblemente dura sin las redes" que facilitaban las actividades comunitarias organizadas, como el béisbol.[2]

Los terrenos abiertos se convirtieron en campos de béisbol, espacios que los latinas/os podían considerar suyos. A veces no se les permitía jugar en los parques públicos o en los campos escolares debido a la segregación racial, lo cual los obligaba a jugar en los solares vacíos de sus vecindarios. Entre las décadas de 1840 y 1940, cuando muchos latinos no podían ser dueños de

Figure 2.3. A decommissioned army truck drags a train rail to clear a rocky baseball field before a game, 1947. Trucks like this one were also used to bring people to the same field for union meetings and other political organizing that took place alongside the games. *Courtesy of the Alejo L. Vasquez family.*

Figura 2.3. Un camión militar retirado de servicio arrastra un riel de ferrocarril para despejar un campo de béisbol pedregoso antes de un juego, 1947. Camiones como este se usaban también para transportar personas a las reuniones de los sindicatos y otras actividades políticas que tenían lugar durante los partidos. *Cortesía de la familia Alejo L. Vásquez.*

Figure 2.4. Palo Verde neighborhood of Chavez Ravine, 1940s. Members of the Molano family, pictured here, lived at 1740 Reposa Street in Palo Verde. Esther Molano stands with children from her family, including nieces Annie Huitron (standing top right) and Della Huitron (bottom right). For children, the hills of their close-knit community on the edges of downtown Los Angeles offered fun and freedom. *Courtesy of Patsy Hinojosa in honor of her mother, Esther Molano Romero.*

Figura 2.4. El barrio Chavez Ravine en Palo Verde, los años cuarenta. Los miembros de la familia Molano, captados en esta foto, vivían en la calle Reposa número 1740 en Palo Verde. Aquí vemos a Esther Molano con algunos niños de su familia, entre ellos sus sobrinas Annie Huitron (de pie, arriba a la derecha) y Della Huitron (debajo a la derecha). Para los niños, las colinas de esta comunidad estrechamente unida en las afueras de Los Ángeles ofrecían diversión y libertad. *Cortesía de Patsy Hinojosa en honor a su madre, Esther Molano Romero.*

1950, the space covered about 315 acres, with its own grocery store, church, elementary school, and baseball team.

As Priscilla Leiva documents later in this chapter, Los Angeles officials used eminent domain and other political maneuvers to wrest the Chavez Ravine land away from homeowners who refused to sell their properties with the promise to build more affordable housing. When the Dodgers agreed to leave Brooklyn, New York, for the West Coast in 1957, Chavez Ravine was where they built their new stadium. But for this baseball-loving community, the game came to represent physical displacement as they were forced to move and make way for Dodger Stadium. This dark chapter in Los Angeles history is one important layer of the past often buried by subsequent accretion.

Soon after the communities of Chavez Ravine were displaced, legendary Spanish language sports broadcaster Jaime Jarrín brought Dodger games into Latino homes. Many Mexican American community members listened to Jarrín's calls of the games that Fernando Valenzuela pitched in the 1980s. The Latino community in Los Angeles embraced Jarrín as their Vin Scully.[3] In the words of Cruz Angeles, director of *ESPN 30 for 30: Fernando Nation*, Valenzuela "gave us a sense of belonging and permission to participate as fans in the most American of pastimes –

propiedades en el sur de California debido a prácticas discriminatorias, los inmigrantes mexicanos y sus descendientes mexicoamericanos crearon un espacio propio en un área de Los Ángeles que vino a conocerse con el nombre de Chavez Ravine. Para 1950, el espacio abarcaba alrededor de 315 acres, con su propia tienda de comestibles, iglesia, escuela primaria y equipo de béisbol.

Como lo documenta Priscilla Leiva más adelante en este capítulo, los funcionarios de Los Ángeles utilizaron el derecho de expropiación y otras maniobras políticas para quitarles la tierra a los propietarios de Chavez Ravine que se negaban a vender, prometiéndoles construir viviendas más económicas. Cuando los Dodgers decidieron trasladarse de Brooklyn, Nueva York, a la costa oeste en 1957, fue en Chavez Ravine donde construyeron su nuevo estadio. Pero para esta comunidad amante del béisbol, el juego se convirtió en símbolo de desplazamiento, ya que los desalojaron de sus casas para dejar los terrenos al Dodger Stadium. Este es un capítulo oscuro de la historia de Los Ángeles, un momento importante del pasado que a menudo queda sepultado entre sucesos posteriores.

Poco después de que fueran desplazadas las comunidades de Chavez Ravine, el legendario locutor deportivo en idioma español, Jaime Jarrín, llevó los partidos de los Dodgers a los hogares latinos. Muchos en la comunidad mexicoamericana lo escucharon narrar los juegos en que Fernando Valenzuela lanzó en los años ochenta. La comunidad latina de Los Ángeles acogió a Jarrín como su Vin Scully.[3] En palabras de Cruz Ángeles, director de *ESPN 30 for 30: Fernando Nation*, Valenzuela "nos dio sentido de pertenencia y la libertad de participar como fanáticos en el más americano de los pasatiempos: el béisbol". Para algunos, Jarrín y Valenzuela llegaron a simbolizar la reconquista de un espacio latino en Los Ángeles cuando habían perdido tanto.

Los peloteros latinos de Major League Baseball solían acoger positivamente a los locutores y periodistas de habla hispana como Jarrín. Sabían que esos periodistas como mínimo estaban familiarizados con las culturas latinas. No se podía decir lo mismo de las interacciones de los jugadores latinos con los anunciantes, compañías y medios de habla inglesa. Los latinos tenían que insistir

Figure 2.5. Aerial view of Dodger Stadium during the final stages of its construction in Los Angeles, ca. 1961. From 1959 to 1962, construction workers leveled the hills of Chavez Ravine to build a modernist stadium. The remains of the neighborhoods are buried beneath it. *Courtesy of Security Pacific National Bank Photo Collection/Los Angeles Public Library.*

Figura 2.5. Vista aérea del Dodger Stadium en las fases finales de construcción en Los Ángeles, hacia 1961. Entre 1959 y 1962, los obreros arrasaron las colinas de Chavez Ravine para levantar un estadio moderno. Los restos de los barrios están enterrados debajo de él. *Cortesía de la Colección de Fotos del Security Pacific National Bank/Biblioteca Pública de Los Ángeles.*

baseball." For some, Jarrín and Valenzuela came to symbolize a reclamation of Latino space in Los Angeles when so much had been taken away.

Latino players in the MLB often welcomed the presence of Spanish-speaking broadcasters and journalists like Jarrín. The players knew that at minimum these journalists had familiarity with Latino cultures. The same could not be said about the Latino players' interactions with English language media, advertisers, and companies. Latinos often had to insist on respect for their individual and collective identities — as Latinos and sometimes as Afro-Latinos. There are numerous examples of media outlets and companies that attempted to anglicize Latino players' names. The Topps baseball card company changed Roberto Clemente's name to "Bob" in their yearly issues of Clemente's card from 1957 until 1970 — this after his first two cards issued in 1955 and 1956 had printed his name as "Roberto."[4]

con frecuencia en que se respetara su identidad individual y colectiva, como latinos y a veces afrolatinos. Hay muchos ejemplos de compañías y medios de comunicación que intentaron adaptar al inglés los nombres de los jugadores latinos. Topps, la compañía de tarjetas y artículos coleccionables, cambió el nombre de Roberto Clemente a "Bob" en las ediciones anuales de sus tarjetas de béisbol desde 1957 hasta 1970, aunque las dos primeras, emitidas en 1955 y 1956, mostraban su nombre como "Roberto".[4] Más recientemente, la iniciativa "Ponle

Figure 2.6. Jaime Jarrín's Foreign Language Sports Broadcaster of the Year award, 2009. This microphone award was given to Jarrín, whose voice has been the sound of the Dodgers for generations of Latino households in California and Mexico. He is the longest-standing Spanish language broadcaster and a Ford C. Frick Award winner honored in the National Baseball Hall of Fame in Cooperstown, New York. *Gift of Jaime Jarrín, National Museum of American History.*

Figura 2.6. Premio en forma de micrófono entregado a Jaime Jarrín como Locutor Deportivo en Lengua Extranjera del Año en el 2009. Jarrín, la voz de los Dodgers para varias generaciones latinas en California y México, es el locutor en español de más larga trayectoria y ganador del Premio Ford C. Frick del Salón de la Fama y Museo Nacional del Béisbol en Cooperstown, Nueva York. *Donación de Jaime Jarrín, Museo Nacional de Historia Americana.*

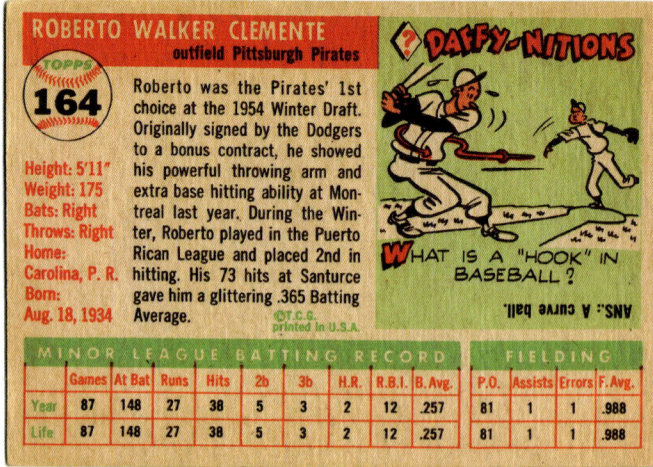

Figure 2.7. Roberto Clemente baseball card, 1955. This Topps card is from Clemente's first year with the Pittsburgh Pirates. The card includes Clemente's mother's maiden name, Walker, as his second last name. The Topps Company recognized the star as "Roberto," but several other cards identified him as "Bob." Fiercely proud of his heritage, Clemente objected to the Americanization of his name and insisted on being called Roberto. *Courtesy of the Ronald S. Korda Collection, Archives Center, National Museum of American History, Smithsonian Institution.*

Figura 2.7. Tarjeta de béisbol de Roberto Clemente, 1955. La tarjeta Topps mostrada aquí es del 1955, el primer año de Clemente con los Piratas de Pittsburgh. La tarjeta incluye el apellido materno de Clemente, Walker. Topps reconoció al astro como "Roberto", pero varias otras lo identifican como "Bob". Intensamente orgulloso de su herencia hispana, Clemente objetaba a la anglicanización de su nombre e insistía en que lo llamaran Roberto. *Cortesía de la Colección Ronald S. Korda, Centro de Archivos, Museo Nacional de Historia Americana, Institución Smithsonian.*

The more recent "Ponle Acento" initiative highlights the importance of the Spanish language and Spanish language accuracy to Latinas/os, many of whom are native speakers or simply desire to honor their cultural heritage.

Whether using the baseball field as a site for political autonomy or insisting on correctly writing and pronouncing Spanish language surnames, for many Latinas/os, baseball clearly allows them to claim space and leave a mark for the next generation.

Acento" subraya la importancia del español y la fidelidad en su uso para los latinos y latinas, muchos de los cuales lo hablan como lengua materna o simplemente quieren honrar su herencia cultural.

Ya sea que utilicen el campo de juego como lugar donde cimentar la autonomía política o que insistan en escribir y pronunciar correctamente los apellidos hispanos, es obvio que el béisbol permite a muchos latinas/os conquistar su espacio propio y dejar su huella para la generación siguiente.

OF NOTE
The Way the Game Looks

DIGNO DE MENCIÓN
La fisonomía del juego

Latinas/os not only changed the sights and sounds of the game; they also created unique Latina/o styles for baseball and softball. The customization of logos, team names, and uniforms to reflect a shared history and highlight common heritage became another way to claim space. Jerseys emblazoned with the name Aztecas on the front and a Latino surname on the back proliferated across the nation. By the middle of the twentieth century, women's community teams like the Señoritas or Los Tomboys created a space for themselves in a male-dominated field. Their colorful one-piece bodysuit jerseys would stay tucked into silky shorts even after a double play, reflecting a desire for style and function. These players all

Los latinas/os no solo cambiaron las imágenes y los sonidos del juego, sino que también crearon estilos latinos únicos para el béisbol y el softbol. La personalización de logotipos, nombres de equipos y uniformes para destacar una historia compartida y una herencia común fue otra manera de conquistar espacios. A lo largo de la nación proliferaron camisetas con el nombre Aztecas por el frente y un apellido hispano en la espalda. Para mediados del siglo XX, los equipos comunitarios femeninos como Las Señoritas o Los Tomboys, crearon un espacio propio en un campo dominado por los hombres. Sus llamativas camisetas estilo leotardo no se les salían de los pantalones cortos ni siquiera después de una doble matanza, mues-

showed that claiming a space included creating baseball uniforms that would be easily recognizable while highlighting their cultural heritage at the same time.

tra de su preocupación por combinar estilo y función. Todos estos jugadores, hombres y mujeres, demostraron que conquistar espacios implicó también crear uniformes que fueran fácilmente reconocibles y que a la vez destacaran su herencia cultural.

Figure 2.8. Aztecas jersey and pants, 1979. Mexican Americans have established baseball and softball leagues in their communities in almost every state in the nation. Many of these leagues have a team called the Aztecas, symbolizing the significance of indigenous cultural heritage to Mexican identity. This jersey is from the Aztecas fast-pitch softball team in Kansas City, Kansas and Missouri. *Gift of John David Ortega, National Museum of American History.*

Figura 2.8. Camiseta y pantalones de los Aztecas, 1979. Los mexicoamericanos han establecido ligas de béisbol y softbol en sus comunidades en casi todos los estados de la nación. Muchas de estas ligas tienen un equipo llamado Aztecas, lo que demuestra la importancia de la herencia cultural indígena para la identidad mexicana. Esta camiseta pertenece al equipo Aztecas de softbol de picheo rápido de Kansas City, Kansas y Misuri. *Donación de John David Ortega, Museo Nacional de Historia Americana.*

Figure 2.9. Los Boricuas jersey, Chicago, Illinois, 1997. Baseball holds a prominent position in Puerto Rico as one of the island's most popular sports. This jersey is from a league in Chicago, which renamed the teams each year in honor of different towns in Puerto Rico. Indigenous Puerto Rican pride is reflected in the Los Boricuas name and the team's mascot, the native coquí frog, whose calls are heard across the island. *Gift of José Jusino, National Museum of American History.*

Figura 2.9. Camiseta de Los Boricuas, Chicago, Illinois, 1997. La pelota ocupa un lugar prominente en Puerto Rico como uno de los deportes más populares de la isla. Esta camiseta pertenece a una liga de Chicago que cambiaba el nombre de los equipos cada año en honor a diferentes pueblos de Puerto Rico. El orgullo patrio de los puertorriqueños se refleja en el nombre Los Boricuas y en la mascota del equipo, la ranita nativa llamada coquí, cuyo canto se escucha en toda la isla. *Donación de José Jusino, Museo Nacional de Historia Americana.*

Figure 2.10. Ponle Acento T-shirt, 2016. This Chicago Cubs shirt features Major League Baseball's logo for their Ponle Acento initiative, which encourages players and fans to embrace Latino cultural heritage through language. Adding the accent above the MLB logo and tilde or accent above Latino last names on the backs of jerseys shows respect for the Spanish language and highlights the contributions of Latinos to baseball. *Courtesy of National Museum of American History.*

Figura 2.10. Camiseta de Ponle Acento, 2016. Esta camiseta de los Cachorros de Chicago muestra el logotipo de la iniciativa Ponle Acento de MLB, la cual exhorta a los jugadores y fanáticos a celebrar la herencia cultural latina a través del lenguaje. El añadir el acento al logotipo de MLB y a los apellidos hispanos en la espalda de las camisetas demuestra respeto por el idioma español y destaca las contribuciones de los latinos al béisbol. *Cortesía de Museo Nacional de Historia Americana.*

VOICES FROM THE COMMUNITY

Layers of History – Chavez Ravine and the Los Angeles Dodgers

Priscilla Leiva

Since the 1970s, Los Desterrados (The Uprooted) have annually reconvened at their childhood stomping grounds right outside of Dodger Stadium's gates in Los Angeles. These reunions are an opportunity for families to reminisce about the old neighborhood – comprising the communities of Palo Verde, La Loma, and Bishop – that today is referred to as Chavez Ravine. Their families moved to the area in the 1910s when restrictive housing covenants prevented Mexicans from living elsewhere in the city. They created a self-sufficient community with stores, a school, a church, and salon. By 1950, the three established neighborhoods of Chavez Ravine enjoyed a vibrant community life that included fiestas and parades. Desterrados board member Alfred Zepeda remembers having three cultures:

> We had the Mexican culture that our parents brought to us from Mexico, and we spoke Spanish at home and things like that. We would go outside out in the neighborhood where we would gather with the guys, and it was a Chicano culture, which was different. They spoke half Spanish, half English and, you know, the music was rock n' roll and rhythm and blues and stuff like that. And then we walked a mile or two miles down, and then we were in the American culture. Everything would change, and we would go into a different world.[5]

Today, Los Desterrados meet outside Dodger Stadium, because their homes and community are now buried underneath it. Before their neighborhoods were flattened to make way for Dodger Stadium, Mexican American youth roamed the hills of Chavez Ravine and spent their days playing games, including baseball.

Seventy years ago, the nearly 1,100 families of Chavez Ravine received a notice from the Housing Authority of Los Angeles that their homes would be torn down for the construction of a public housing project. The city had designated their neighborhoods as "blighted," a term used most often to condemn areas predominantly occupied by racial and ethnic minorities. When residents organized and resisted, the city of Los Angeles invoked eminent domain against them, allowing the city to seize private property for public use. Shortly after, the city scrapped the housing project, and in 1957, the city negotiated a deal with the Los Angeles Dodgers to build a modern concrete stadium in Chavez Ravine

VOCES DE LA COMUNIDAD

Historias entrelazadas – Chavez Ravine y los Dodgers de Los Ángeles

Priscilla Leiva

Desde los años setenta, Los Desterrados se han reunido cada año en el lugar de su niñez, cerca de la entrada al estadio de los Dodgers en Los Ángeles. Estas reuniones ofrecen a las familias una oportunidad para compartir sus recuerdos del antiguo vecindario (que incluía las comunidades de Palo Verde, La Loma y Bishop), conocido hoy como Chavez Ravine. Sus familias se mudaron a esta área en la década de 1910, época en que las prácticas de vivienda restrictivas impedían a los mexicanos residir en otras partes de la ciudad. Allí crearon una comunidad autosuficiente con tiendas, una escuela, una iglesia y un salón de belleza. Para 1950, los tres vecindarios de Chavez Ravine tenían una dinámica vida comunitaria que incluía fiestas y desfiles. Alfred Zepeda, miembro de la junta directiva de Los Desterrados, recuerda haber vivido tres culturas:

> Teníamos la cultura mexicana que nuestros padres nos trajeron de México, y en casa hablábamos español y cosas por el estilo. Después salíamos por el barrio a reunirnos con los chamacos y era pura cultura chicana, que era diferente. Hablaban mitad español, mitad inglés y, ya sabes, la música era el rock and roll y rhythm and blues, y cosas así. Y si caminábamos una milla o dos más lejos, estábamos en la cultura americana. Todo cambiaba y entrábamos a un mundo diferente.[5]

Hoy día, Los Desterrados se reúnen en las afueras del Dodger Stadium porque sus hogares y sus comunidades están sepultados debajo de él. Antes de que sus barrios fueran arrasados para dejar el sitio al estadio, los jóvenes latinos andaban por las colinas de Chavez Ravine y pasaban su tiempo libre practicando béisbol y otros juegos.

Hace 70 años, las casi 1,100 familias de Chavez Ravine recibieron una notificación de la Autoridad de la Vivienda de Los Ángeles donde les informaban que sus casas iban a ser demolidas a fin de construir un proyecto de vivienda pública. La ciudad había designado sus barrios como "deteriorados", término usado casi siempre para clausurar áreas ocupadas principalmente por minorías raciales y étnicas. Cuando los residentes se organizaron y resistieron, la ciudad de Los Ángeles invocó contra ellos el derecho de expropiación, que le permitía adueñarse de la propiedad privada para uso público. Poco después, la ciudad abandonó el plan de edificar viviendas y en 1957 negoció un acuerdo con los Dodgers de Los Ángeles para construir un moderno estadio de concreto en Chavez Ravine, muy

Figure 2.11. Palo Verde–Paducah School *Chavez Ravine Round-Up,* May 1950. Los Desterrados today associate Palo Verde Elementary School with many fond memories of family and community events. Yet some recall witnessing construction workers remove the roof of their beloved school and fill it with dirt as their community was leveled to make way for Dodger Stadium. *Courtesy of Sonia Rodriguez Flores in honor of Robert A. Rodriguez.*

Figura 2.11. *Chavez Ravine Round-Up,* publicación de la Escuela de Palo Verde–Paducah, mayo 1950. Los Desterrados asocian hoy a la escuela primaria de Palo Verde con muchos gratos recuerdos de actividades de la familia y la comunidad. Pero también algunos recuerdan haber visto cómo los obreros de la construcción le quitaron el techo a su querida escuela y la llenaron de tierra cuando estaban arrasando el terreno de su comunidad para construir el Dodger Stadium. *Cortesía de Sonia Rodríguez Flores en honor a Robert A. Rodríguez.*

Figure 2.12. Baseball letterman jacket from Richard Martinez, former Chavez Ravine resident, around 1950s. After leaving the neighborhood, Richard Martinez kept playing baseball and lettered in the sport for Lincoln High School. *Gift of Nadine Angele in honor of Richard Martinez, National Museum of American History.*

Figura 2.12. Chaqueta de béisbol escolar de Richard Martínez, antiguo residente de Chavez Ravine, hacia los años cincuenta. Después de mudarse del área, Richard Martínez siguió jugando béisbol y se distinguió en el equipo de la escuela superior de Lincoln. *Donación de Nadine Angele en honor a Richard Martínez, Museo Nacional de Historia Americana.*

Figure 2.13. The forced removal of the Arechiga family, 1959. In a melee that lasted two hours, Los Angeles sheriff's deputies carried Aurora Vargas from the home as the children wailed and Avrana Arechiga, the matriarch of the family, threw stones in resistance. *Courtesy of the* Los Angeles Herald Examiner *Photo Collection/Los Angeles Public Library.*

Figura 2.13. El desalojo forzoso de la familia Aréchiga, 1959. En una confrontación que duró dos horas, los ayudantes del sheriff terminaron cargando a Aurora Vargas para sacarla de su hogar mientras los niños lloraban y Avrana Aréchiga, la matriarca de la familia, se resistía tirando piedras. *Cortesía de la Colección de Fotos del* Los Angeles Herald Examiner/*Biblioteca Pública de Los Ángeles.*

right on the edge of downtown Los Angeles.[6] In 1959, a few months before the Los Angeles Dodgers broke ground in Chavez Ravine, the removal by Los Angeles sheriff's deputies of one specific family, the Arechigas, was broadcast across the nation. In a shocking scene, sheriffs carried Aurora Vargas out of her home against her will, reopening deep wounds of racism for some residents that have reverberated through the decades to impact Latina/o communities today.

cerca del centro de Los Ángeles.[6] En 1959, pocos meses antes de que los Dodgers inauguraran la construcción en Chavez Ravine, los medios de comunicación transmitieron a la nación el desalojo forzoso de la familia Aréchiga por los ayudantes del sheriff de Los Ángeles. En una escena estremecedora, los guardias cargaron a Aurora Vargas para sacarla de su casa en contra de su voluntad. Esto abrió de nuevo entre los residentes las profundas heridas del racismo, que han reverberado durante décadas para impactar a las comunidades latinas de hoy.

Figure 2.14. Announcer Jaime Jarrín (facing camera) in the Los Angeles Coliseum broadcast booth during the Dodgers' inaugural season, 1959. As the Spanish language voice of the Dodgers, Jarrín has touched multiple generations of Latino families. *Courtesy of the Los Angeles Dodgers.*

Figura 2.14. El locutor Jaime Jarrín (mirando a la cámara) en la cabina de transmisión del Coliseo de Los Ángeles durante la temporada inaugural de los Dodgers, 1959. Como la voz en español de los Dodgers, Jarrín ha impactado a múltiples generaciones de familias latinas. *Cortesía de los Dodgers de Los Ángeles.*

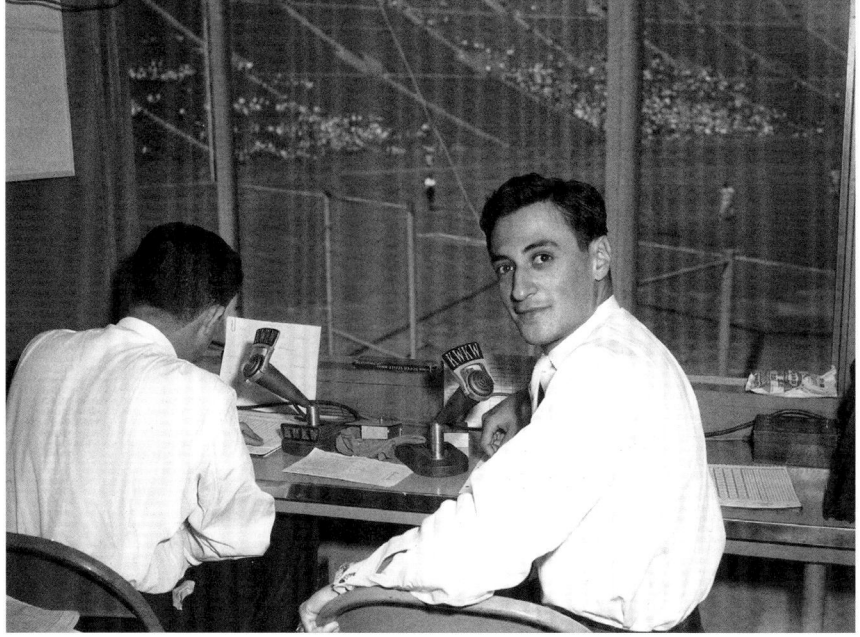

Figure 2.15. Dodgers pitcher Fernando Valenzuela of "Fernandomania" fame, Los Angeles, California, 1985. Everywhere Valenzuela went, pandemonium engulfed the beloved pitcher. *Courtesy of Richard Mackson/*Sports Illustrated *via Getty Images.*

Figura 2.15. Fernando Valenzuela, lanzador de los Dodgers que dio lugar a la "Fernandomanía", Los Ángeles, California, 1985. Dondequiera que iba Valenzuela, la gente se amotinaba alrededor del admirado lanzador. *Cortesía de Richard Mackson/*Sports Illustrated *via Getty Images.*

As displaced residents worked to rebuild their lives, the Dodgers began courting Latina/o fans. In 1959, the team became the first to radio broadcast their games in Spanish when Ecuadorian Jaime Jarrín was hired as radio announcer. Jarrín's broadcasts brought the game into Latina/o homes throughout Southern California and northern Mexico, and his voice narrated every pivotal moment in Los Angeles Dodgers history. In 1970, Jarrín became the first Latino to win the Golden Mic Award, and in 2018 he was inducted into the Ring of Honor at Dodger Stadium.

Also of particular importance to Latina/o communities is the meteoric rise of Fernando Valenzuela, a left-handed pitcher from the rural town of Etchohuaquila in Sonora, Mexico. Valenzuela took the mound on opening day in 1981 and caught the nation by surprise. He shut out the then defending division champions Houston Astros with his signature screwball pitch, taught to him by his Mexican American teammate Bobby Castillo. Valenzuela won his first eight starts. He showed that an unknown immigrant could dominate the game, inspiring the Latinas/os who represented 27% of the Los Angeles County population. They hung on radio announcer Jarrín's every word and called their team "Los Doyers."[7] "Fernandomania" and Doyer fans highlighted a Los Angeles apart from Hollywood and white middle-class suburbia.

Mientras los residentes desplazados luchaban por reconstruir sus vidas, los Dodgers comenzaron sus esfuerzos para atraer a los fanáticos latinos. En 1959, al contratar al ecuatoriano Jaime Jarrín como comentarista de radio, se convirtieron en el primer equipo que emitió sus partidos en español. Las transmisiones de Jarrín llevaron el juego a los hogares latinos por todo el sur de California y el norte de México, y su voz narró cada momento crucial en la historia de los Dodgers. En 1970, Jarrín se convirtió en el primer latino que ganó el Premio Micrófono de Oro, y en el 2018 fue exaltado al Anillo de Honor del Dodger Stadium.

También de especial importancia para las comunidades latinas es el ascenso meteórico de Fernando Valenzuela, lanzador zurdo nacido en el poblado rural de Etchohuaquila en Sonora, México. Valenzuela subió al montículo en el partido de apertura de la temporada 1981 y tomó a la nación por sorpresa. Con su típico lanzamiento tirabuzón, que le había enseñado su compañero de equipo mexicoamericano Bobby Castillo, le dio una blanqueada a los campeones de división, los Astros de Houston. Valenzuela ganó sus primeras ochos salidas. Demostró que un inmigrante desconocido podía dominar el juego, inspirando a los latinas/os, que representaban el 27 % de la población del Condado de Los Ángeles. Los fanáticos escuchaban con fervor al comentarista Jarrín y llamaban a su equipo "Los Doyers".[7] La "Fernandomanía" y los seguidores de "Los Doyers" le dieron a Los Ángeles un carácter diferente de Hollywood y las áreas residenciales de la clase media blanca.

No one could have predicted Fernandomania. Latinos, including some children of Desterrados, went to the stadium in droves to witness someone like them achieve greatness. According to Jaime Jarrín, only 8% to 10% of fans at Dodger Stadium were Latino before Valenzuela took the mound. Fernandomania changed the face of the stadium for decades to come. Through Valenzuela, they all won. Together, Valenzuela and Jarrín transformed Latinos into Dodgers fans, and by 2015, 2.1 million of the 3.9 million fans who attended Dodger games were Latino.[8]

The stories of Los Desterrados and of Los Doyers have produced a spectrum of feelings toward the Dodgers and their stadium that continue to this day. These layered histories have made Chavez Ravine a central site of Latina/o life across the region where Latinas/os have fought for the pride, dignity, and space they justly deserved long before the Dodgers moved west.

Nadie hubiera podido predecir la Fernandomanía. Los latinos, incluso los hijos de Los Desterrados, acudían en multitudes al estadio a ver cómo uno de los suyos alcanzaba el triunfo. Según Jaime Jarrín, en el estadio de los Dodgers solo entre un 8 % y un 10 % del público era latino antes de Valenzuela. La Fernandomanía cambió la faz del estadio en las décadas siguientes. Gracias a Valenzuela, todos ganaban. Valenzuela y Jarrín, juntos, transformaron a los latinos en fanáticos de los Dodgers. Para el 2015, de los 3.9 millones que asistían a los juegos de los Dodgers, 2.1 millones eran latinos.[8]

Las historias de Los Desterrados y de Los Doyers han producido toda una gama de sentimientos hacia los Dodgers y su estadio, sentimientos que continúan hasta hoy. Estas historias entrelazadas han hecho de Chavez Ravine un lugar central en la vida de los latinas/os a lo largo de la región, donde estos han luchado por el orgullo, la dignidad y el espacio que en justicia merecían mucho antes de que los Dodgers mudaran su sede al oeste del país.

NOTES

1. José M. Alamillo, *Making Lemonade out of Lemons*: *Mexican American Labor and Leisure in a California Town, 1880–1960* (Urbana: University of Illinois Press, 2006).

2. Deseree Santiago, interview by Margaret Salazar-Porzio, Institute of Texan Cultures, San Antonio, Tex., 25 October 2017.

3. Vin Scully is the legendary announcer who began his career with the Brooklyn Dodgers in 1950 and moved with the club to Los Angeles in 1958.

4. In 1971 and 1972 Clemente's card was issued with "Roberto" as his first name. Interestingly, his 1959 Topps card featured a facsimile "Roberto Clemente" signature while the printed card had "Bob Clemente" as the player's name.

5. Alfred Zepeda, interview by Priscilla Leiva, Los Angeles, Calif., 22 June 2016.

6. See Eric Avila, *Popular Culture in the Age of White Flight: Fear and Fantasy in Suburban Los Angeles* (Berkeley: University of California Press, 2006); Dana Cuff, *The Provisional City: Los Angeles Stories of Architecture and Urbanism* (Cambridge, Mass.: MIT Press, 2000.

7. "Los Doyers" became the unofficial Spanglish nickname for the Los Angeles Dodgers among many Latinos in Southern California and beyond. "Fernandomania" was what the news media dubbed the national excitement around Fernando Valenzuela's talent and popularity.

8. Gretchen Gardner, "The LA Dodgers and What It Means to Be Latino in Los Angeles," *Portada*, 2 March 2016, https://www.portada-online.com/2016/03/02/the-la-dodgers-and-the-fabric-of-what-it-means-to-be-a-latino-in-los-angeles/ (accessed 5 March 2019).

NOTAS

1. José M. Alamillo, *Making Lemonade out of Lemons*: *Mexican American Labor and Leisure in a California Town, 1880–1960* (Urbana: University of Illinois Press, 2006).

2. Deseree Santiago, entrevista con Margaret Salazar-Porzio, Instituto de Culturas de Texas, San Antonio, Tex., 25 de octubre del 2017.

3. Vin Scully es el locutor legendario que comenzó su carrera con los Dodgers de Brooklyn en 1950 y se trasladó con el club a Los Ángeles en 1958.

4. En 1971 y 1972, la tarjeta de Clemente mostraba el nombre "Roberto". Curiosamente, su tarjeta Topps de 1959 tenía un facsímil de la firma "Roberto Clemente", pero el nombre en letra de imprenta decía "Bob Clemente".

5. Alfred Zepeda, entrevista con Priscilla Leiva, Los Ángeles, Calif., 22 de junio del 2016.

6. Ver Eric Ávila, *Popular Culture in the Age of White Flight: Fear and Fantasy in Suburban Los Angeles* (Berkeley: University of California Press, 2006); Dana Cuff, *The Provisional City: Los Angeles Stories of Architecture and Urbanism* (Cambridge, Mass.: MIT Press, 2000).

7. "Los Doyers" se convirtió en el nombre extraoficial en espanglish de los Dodgers de Los Ángeles entre muchos latinos del sur de California y más allá. "Fernandomanía" fue el nombre que dio la prensa nacional al entusiasmo provocado por el talento y la popularidad de Fernando Valenzuela.

8. Gretchen Gardner, "The LA Dodgers and What It Means to Be Latino in Los Angeles", *Portada*, 2 de marzo del 2016, https://www.portada-online.com/2016/03/02/the-la-dodgers-and-the-fabric-of-what-it-means-to-be-a-latino-in-los-angeles/ (consultado el 5 de marzo del 2019).

3

Women Make Their Mark
Las mujeres se imponen

TRAILBLAZER: FIRST LATINA/O OWNER IN MAJOR LEAGUE BASEBALL

ABRIENDO CAMINO: PRIMERA LATINA DUEÑA DE UN EQUIPO DE GRANDES LIGAS

Linda Alvarado is a trailblazer as the first Latina/o to own a major league team – the Colorado Rockies.[1] She is also part of an often-unrecognized tradition of Latinas in baseball. Latinas have tirelessly given their time, talent, and resources in support of the game and their communities. They have played important roles in making the games happen and ensuring that the game thrived in their communities. As players, coaches, fans, mothers, daughters, wives, and sisters, women formed their own teams and leagues. They sewed patches onto uniforms, cared for children while cooking and selling concessions, and often designed and created the uniforms teams wore. More recently, one can see the presence of Latinas in different roles in Major League Baseball, from public address announcer to the broadcast booth and team's front office to team owner. In these roles we continue to see how Latinas are making their mark in baseball.

Linda Alvarado ha abierto caminos como la primera dueña latina de un equipo de grandes ligas, los Rockies de Colorado.[1] También forma parte de una tradición poco reconocida de mujeres en la pelota. Las latinas han dedicado incansablemente su tiempo, talento y recursos a apoyar el deporte y sus comunidades, realizando una labor de gran importancia para que el béisbol se arraigara y prosperara dentro de estas. Como jugadoras, entrenadoras, fanáticas, madres, hijas, esposas y hermanas, las mujeres formaron sus propios equipos y ligas. Cosían insignias en los uniformes, cuidaban a los niños, cocinaban y vendían comida en los juegos, y a menudo hasta diseñaban y confeccionaban los uniformes. Más recientemente, hemos podido ver la presencia de latinas en distintos papeles dentro de las grandes ligas, desde presentadoras en el parque y comentaristas en la cabina de transmisión hasta ejecutivas o propietarias. En todas estas funciones, vemos cómo las latinas se imponen en la pelota.

Figure 3.1. Linda Alvarado's championship ring, 2007. It was presented to Alvarado when her team, the Colorado Rockies, defeated the Arizona Diamondbacks to become National League Champions in 2007. *Courtesy of Linda Alvarado.*

Figura 3.1. Anillo de campeonato de Linda Alvarado, 2007. Lo recibió cuando su equipo, los Rockies de Colorado, derrotó a los Diamondbacks de Arizona para conquistar el título de la Liga Nacional en el 2007. *Cortesía de Linda Alvarado.*

Figure 3.2. Linda Alvarado with framed *Rocky Mountain News* articles, Coors Field, Denver, Colorado, 2020. Alvarado brought the articles–one disparaging and one proclaiming her courage—with her from Denver, Colorado, on her visit to the Smithsonian's National Museum of American History. *National Museum of American History, photo by Jaclyn Nash.*

Figura 3.2. Linda Alvarado con los artículos enmarcados del diario *Rocky Mountain News*, Coors Field, Denver, Colorado, 2020. Alvarado llevó consigo desde Denver, Colorado, los artículos (uno que la menospreciaba y otro que elogiaba su valentía) cuando visitó el Museo Nacional de Historia Americana del Smithsonian. *Museo Nacional de Historia Americana, foto por Jaclyn Nash.*

On her office wall in easy sight of her desk, Linda Alvarado has a frame of two newspaper articles from the *Rocky Mountain News*. "Adding Woman Investor to Group Won't Sway Vote of Reds' Schott" is one of the headlines that details the controversial musings of Marge Schott, the first woman to own and operate a major league team, the Cincinnati Reds.[2] In the article, Schott disparages Alvarado, who just risked investment in a new Major League Baseball team, the Colorado Rockies. Alvarado was no stranger to risky investments or negative comments. Her highly successful business, Alvarado Construction Inc., was originally seen as high risk – with a woman owner in a primarily male industry. However, undaunted by construction site harassment in the past, Alvarado was not to be deterred at this historic moment either.

The second article's headline declares Alvarado's unflappable courage, "Businesswoman Named Partner in Big-League Ownership Group."[3] This marked the first time a woman was in a bid for ownership of a major league franchise. Despite Marge Schott's negative comments, Alvarado was determined to participate in the sport she loved – the sport she grew up with and in which she would make history.

Linda Alvarado holds a truly unique position in the history of American business and the sport of baseball. Her emergence as a successful businesswoman in construction, her family life, and her love of baseball illustrate both a new era and an exceptional Latina experience in the United States. Alvarado's story breaks gender barriers in two industries known for being primarily male: construction and baseball.

En la pared de su oficina, visibles desde su escritorio, Linda Alvarado tiene enmarcados dos artículos del diario *Rocky Mountain News*. "Añadir una mujer al grupo de inversionistas no cambiará el voto de Schott, [dueña] de los Rojos", dice el titular de uno de ellos, que describe las controvertidas reflexiones de Marge Schott, primera mujer dueña y operadora de un club de grandes ligas, los Rojos de Cincinnati.[2] En el artículo, Schott menosprecia a Alvarado, quien acababa de arriesgarse a invertir en un equipo entonces nuevo en Major League Baseball, los Rockies de Colorado. Alvarado no era ajena a las inversiones riesgosas, ni a los comentarios negativos. Su exitosa empresa, Alvarado Construction Inc., al principio también pareció un riesgo considerable, sobre todo con una mujer dueña en una industria mayormente de hombres. Sin embargo, Alvarado no se dejó amedrentar en el pasado por el acoso en la construcción, y tampoco iba a echarse atrás en este momento histórico.

El titular del segundo artículo proclama la valentía imperturbable de Alvarado: "Empresaria nombrada socia de grupo propietario en las mayores".[3] Esta fue la primera vez que una mujer participó en una oferta para comprar un club de grandes ligas. A pesar de los comentarios negativos de Marge Schott, Alvarado estaba decidida a participar en el deporte que amaba, el deporte con el que creció y en el cual haría historia.

Linda Alvarado ostenta un lugar único en la historia empresarial de Estados Unidos y en el deporte. Su trayectoria exitosa como mujer de negocios en el ámbito de la construcción, su vida familiar y su amor por la pelota simbolizan una nueva era y a la vez una experiencia latina excepcional en este país. Su historia ha roto las barreras de género en dos industrias conocidas por ser terreno esencialmente de hombres: la construcción y el béisbol.

Born in Albuquerque, New Mexico, Alvarado grew up with modest means in a family of six children. She worked her way through college by earning money as a laborer in a landscape firm; she later took courses in computerized scheduling that led to employment as a contract administrator on construction projects.

In 1976, she started her own construction business. It was a difficult path to be sure. At the time, there were no programs geared toward increasing the access and success of women or minority-owned businesses. Instead, banks viewed a "woman contractor" as a high-risk liability. Her parents mortgaged their small home and lent her $2,500. With that loan, Alvarado set out to launch what would become one of the most successful construction firms in the country.

Still, no one wanted to hire a woman-owned construction business when she first started. Alvarado took her mother's advice, "*empieza pequeño pero piensa muy grande*" (start small, but think big), and kept her business afloat with small projects like concrete sidewalks and bus stop shelters. Little by little, she literally built her way up to constructing schools, aquariums, hotels, stadiums, convention centers, and high-rise buildings.[4]

She explained in an interview with Smithsonian curators in 2004 that "although Hispanics have always been on construction sites, we were viewed as laborers and craftsmen, not as company owners. And if women were on construction sites at all, it was as secretaries in the job-site trailers. So, it's important not how other people see us, but how we perceive ourselves in achieving our goals."[5] She used this same philosophy when it came time to invest in the Colorado Rockies, ignoring the Schotts of the world every step of the way.

Alvarado made history on multiple levels. She is a minority share owner and partner in the Colorado Rockies Baseball Club and the first Latina owner (male or female) of a Major League Baseball team. Whereas Marge Schott was eventually forced out of baseball in part because she

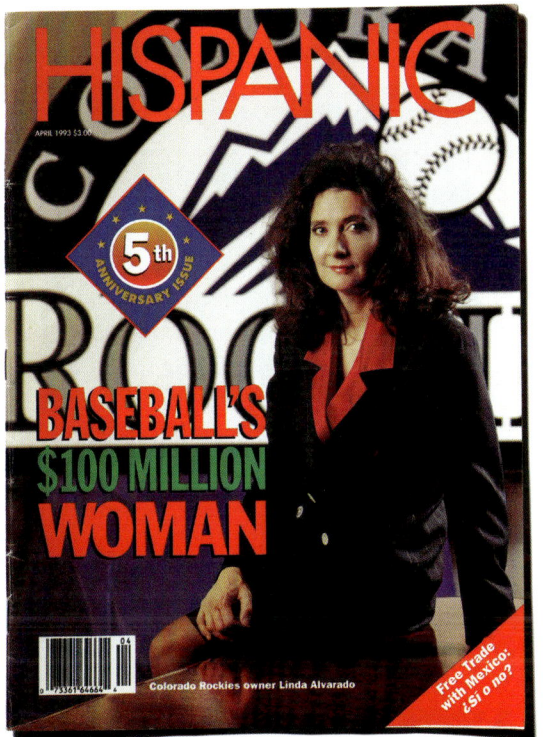

Figure 3.3. Linda Alvarado on the cover of *Hispanic* magazine, 1993. She made history in 1991 as Major League Baseball's first Latina team owner. She was already a successful businesswoman as the owner of her own construction company, Alvarado Construction Inc. *Gift of Linda Alvarado, National Museum of American History.*

Figura 3.3. Linda Alvarado en la portada de la revista *Hispanic*, 1993. Alvarado marcó un hito en 1991 como la primera latina propietaria de un equipo de grandes ligas. Para entonces ya era una empresaria exitosa, dueña de una compañía de construcción, Alvarado Construction Inc. *Donación de Linda Alvarado, Museo Nacional de Historia Americana.*

Nacida en Albuquerque, Nuevo México, Alvarado creció en una familia modesta de seis hijos. Para sostenerse en la universidad, trabajó de obrera en una empresa paisajista; luego tomó cursos de sistemas de planificación computarizada, lo cual le permitió encontrar empleo como administradora de contratos en proyectos de construcción.

En 1976 inició su propio negocio de construcción. Obviamente, no fue una ruta fácil. En ese tiempo no existían programas que fomentaran el acceso y progreso de los negocios de mujeres o de minorías. Por el contrario, los bancos consideraban que una "mujer contratista" era un riesgo muy elevado. Los padres de Linda hipotecaron su pequeña casa y prestaron a su hija $2,500. Con ese dinero, Alvarado se lanzó a desarrollar la que sería una de las empresas de construcción más exitosas del país.

Cuando comenzó, nadie quería contratar a una compañía de construcción cuya dueña era una mujer. Pero siguió el consejo de su mamá, "empieza pequeño pero piensa muy grande", y así mantuvo su negocio a flote con proyectos pequeños como aceras de concreto y casetas para paradas de autobuses. Poco a poco, literalmente se fue construyendo su camino hacia proyectos como escuelas, acuarios, hoteles, estadios, centros de convenciones y rascacielos.[4]

En una entrevista en el 2004 con los curadores del Smithsonian, Alvarado explicó que "aunque los hispanos siempre han estado presentes en la construcción, nos veían como obreros y artesanos, no como dueños de una compañía. Y si había alguna mujer en una obra, era como secretaria en el tráiler. Así que lo importante no es cómo nos ven los demás, sino como nos percibimos nosotros mismos para lograr nuestras metas".[5] Esa fue también su filosofía a la hora de invertir en los Rockies de Colorado, ignorando en cada paso a las Schott del mundo.

Alvarado dejó huella en múltiples niveles. Es accionista minoritaria y socia en el Club de Béisbol de los Rockies de Colorado y la primera persona entre latinos (hombres o mujeres) que es dueña de un equipo de grandes ligas. Mientras que Marge Schott terminó por ser expulsada del

Figure 3.4. Linda Alvarado's Colorado Rockies owner's jacket (1993) and baseball cap (early 2000s). On the jacket's back is a purple and black baseball field with the Rockies logo emblazoned in the center. The autographed hat was often worn by Alvarado at Rockies games. *Gift of Linda Alvarado, National Museum of American History.*

Figura 3.4. Chaqueta (1993) y gorra (hacia el 2000) de Linda Alvarado como dueña de los Rockies de Colorado. La espalda de la chaqueta lleva un campo de béisbol en morado y negro con el logotipo de los Rockies estampado en el centro. Alvarado usaba la gorra autografiada con frecuencia en los juegos de los Rockies. *Donación de Linda Alvarado, Museo Nacional de Historia Americana.*

embarrassed fellow owners with her use of offensive racial and ethnic slurs, Alvarado has continued to invest in community-minded activities, served on boards, supported young women and Latina/o entrepreneurs, and given inspirational speeches throughout the country. She also appreciated her Colorado Rockies players. Rain or shine and whenever she had the chance, Alvarado would spend time and talk with players during warm-ups and batting practice at Coors Field.

Alvarado said, "Whether we're called Hispanos or Mexicanos or Puertorriqueños, Cubanos, or Latinos, we are a family connected to a community of very talented people from very different backgrounds who are doing amazing things that our parents did not have the opportunity to do."[6] In an interview in 2018 at the National Museum of American History, while viewing the framed newspaper articles that she had brought with her to Washington, D.C., she stated plainly, "Latinos have changed baseball. Period."[7]

béisbol, en parte por avergonzar a sus compañeros propietarios con sus insultos de índole racial y étnico, Alvarado ha continuado invirtiendo en actividades de alcance comunitario, pertenecido a juntas directivas, apoyado a jóvenes empresarios latinas/os, y ofreciendo charlas inspiradoras por todo el país. También ha demostrado su aprecio por sus jugadores de los Rockies. Lloviera o tronara, cada vez que tenía la oportunidad, iba a conversar con los peloteros durante los calentamientos y las prácticas de bateo en el Coors Field.

Alvarado ha dicho: "Lo mismo si nos llaman hispanos que mexicanos o puertorriqueños, cubanos o latinos, somos una familia conectada a una comunidad de gente muy talentosa, de orígenes muy distintos, que estamos haciendo cosas maravillosas que nuestros padres nunca tuvieron oportunidad de hacer".[6] En el 2018, durante una entrevista en el Museo Nacional de Historia Americana, mirando los artículos de prensa enmarcados que había traído a Washington D.C., afirmó sin rodeos: "Los latinos han cambiado el béisbol. Punto".[7]

Figure 3.5. Colorado Rockies owner Linda Alvarado with first baseman Andrés Galarraga, Coors Field, Denver, Colorado, mid-1990s. *Gift of Linda Alvarado, National Museum of American History.*

Figura 3.5. Linda Alvarado, dueña de los Rockies de Colorado, con el primera base Andrés Galarraga, Coors Field, Denver, Colorado, mediados años noventa. *Donación de Linda Alvarado, Museo Nacional de Historia Americana.*

OF NOTE

Sports Broadcasting

Sports broadcasters help create the sound reel of our baseball memories. Their voices provide a direct connection to the game, past and present. Their words describe the sights around the ballpark and the action on the field. They provide their audience access to the personalities of players, managers, and others inside the game. Eloy "Buck" Canel, Rafael "Felo" Ramírez, René Cárdenas, and Jaime Jarrín were among the early Latino voices broadcasting games in Spanish to audiences across the United States and Latin America. Participation of Latinas/os now extends to Spanish and English game broadcasts. Viewers can catch retired players such as Alex Rodriguez, Eduardo Pérez, and Jessica Mendoza, as well as journalists, including Marly Rivera, Alanna Rizzo, and Pedro Gomez, sharing their insights on air. Their work provides another way Latinas/os transform how audiences can engage with the game.

Jessica Mendoza's career has been particularly groundbreaking, not only as a broadcaster but as an Olympic athlete as well. She was part of Team USA when they defeated Australia to win the gold medal in softball during the 2004 Summer Olympics in Athens, Greece. Team USA held their opponents to only one

DIGNO DE MENCIÓN

Las transmisiones deportivas

Los locutores deportivos contribuyen a crear la banda sonora de nuestros recuerdos del béisbol. Sus voces activan una conexión directa con el juego, pasado y presente. Sus palabras describen las vistas en el parque de pelota y la acción dentro del diamante. Por medio de ellos, el público conoce las personalidades de los peloteros, los dirigentes y otros personajes del juego. Eloy "Buck" Canel, Rafael "Felo" Ramírez, René Cárdenas y Jaime Jarrín estuvieron entre las primeras voces latinas que narraron los partidos en español para el público en Estados Unidos y América Latina. La participación de los latinas/os ahora se extiende tanto a las transmisiones en español como en inglés. Los espectadores pueden escuchar a jugadores retirados como Alex Rodríguez, Eduardo Pérez y Jessica Mendoza, lo mismo que a periodistas como Marly Rivera, Alanna Rizzo y Pedro Gómez, mientras comparten sus perspectivas durante las transmisiones. La labor de estas figuras les ofrece a los latinas/os otra manera para seguir transformando la conexión del público con el juego.

La carrera de Jessica Mendoza ha sido particularmente revolucionaria, no solo como locutora sino como atleta olímpica, pues formó parte del equipo de EE. UU. que venció a Australia para ganar la medalla de oro en el softbol durante los Juegos Olímpicos del 2004 en Atenas, Grecia.

Figure 3.6. Jessica Mendoza and Team USA on the cover of Sports Illustrated, 2004. Team USA defeated Australia to win the gold medal in softball during the 2004 Summer Olympics in Athens, Greece. Mendoza is in the second row, second from left. *Courtesy of National Museum of American History.*

Figura 3.6. Jessica Mendoza y Team USA en la portada del semanario *Sports Illustrated*, 2004. La selección estadounidense derrotó a Australia para ganar oro en el softbol durante los Juegos Olímpicos del 2004 en Atenas, Grecia. Mendoza aparece en la segunda fila, segunda desde la izquierda. *Cortesía del Museo Nacional de Historia Americana.*

run scored. A starting outfielder for Team USA, she also scored five runs and had five RBIs during the games. In addition to the gold medal, she was also awarded an Olympic champions ring. Mendoza was also an advisor in the Mets' organization and has a prolific broadcasting career, calling games for the College World Series and Major League Baseball. In August 2015, she became the first woman to serve as commentator for MLB on ESPN, and later that year she became the first woman in MLB history to call a postseason game.

La selección estadounidense permitió una sola carrera durante todo el torneo. Una de las titulares en los jardines, Mendoza aportó cinco carreras anotadas y cinco impulsadas. Además de la medalla de oro, recibió un anillo de campeonato olímpico. Hasta el 2020, Mendoza fue también asesora de la organización de los Mets y mantiene tras de sí una prolífica trayectoria como locutora, comentando tanto la serie mundial universitaria como los partidos de grandes ligas. En agosto del 2015 se convirtió en la primera mujer comentarista de MLB en la cadena ESPN, y ese mismo año fue la primera mujer en la historia que narró un juego de postemporada.

Figure 3.7. Jessica Mendoza's Olympic Champions ring, 2004. *Courtesy of Jessica Mendoza.*

Figura 3.7. Anillo de campeonato olímpico de Jessica Mendoza, 2004. *Cortesía de Jessica Mendoza.*

Figure 3.8. Jessica Mendoza's ESPN media credentials, 2015. *Gift of Jessica Mendoza, National Museum of American History.*

Figura 3.8. Credencial periodística de Jessica Mendoza para ESPN, 2015. *Donación de Jessica Mendoza, Museo Nacional de Historia Americana.*

VOICES FROM THE COMMUNITY

Women's Barrio Teams – Carmen Lujan and the Colton Mercury Señoritas

Mark Ocegueda

Carmen "Carmie" Lujan knew she had to be in attendance when there was a community collecting initiative event in 2010 for the Latino Baseball History Project at California State University, San Bernardino.[8] Lujan had a story to share. It wasn't about her being a spectator at a game. It was her own story of playing in Mexican American barrios as a youth and as an adult. What she had to share would further illuminate Mexican American women's participation in sports from their barrios and across California.

Lujan's life encompasses various familiar narratives of the Mexican and Mexican American experience during the interwar years leading into World War II. Lujan grew up in a segregated barrio in the inland Southern California town of Colton. Her family labored in agricultural fields, primarily picking oranges in the region's booming citrus industry. She represented one of the hundreds of thousands of Mexican Americans who contributed to the war effort. However, her participation in Mexican American women's softball teams reveals a history less often recognized by the general public.[9]

During the 1930s, Mexicans found themselves segregated in schools, work, and neighborhoods and in sports and recreation. Rising anti-Mexican sentiment during the Great Depression also gave way to mass deportation campaigns and further reinforced segregationist practices. As a result, Mexican people carved out their own spaces to play baseball and softball, giving rise to barrio teams that played on makeshift community diamonds every weekend. These teams particularly flourished in California, where they played against nearby barrios and formed vibrant networks for sports and Mexican American solidarity. Churches and small businesses sponsored barrio teams, and this community support served as a crucial element in maintaining baseball and softball, as well as making it possible for women to participate.[10]

VOCES DE LA COMUNIDAD

Equipos femeninos de barrio – Carmen Luján y las Señoritas Mercury de Colton

Mark Ocegueda

Carmen "Carmie" Luján sabía que tenía que estar presente cuando se organizó un evento de acopio de material entre la comunidad para el Proyecto de Historia del Béisbol Latino en la Universidad Estatal de California en San Bernardino en el 2010.[8] Luján tenía una historia que contar. Y no era desde el punto de vista de una espectadora. Era su propia historia de haber jugado en los barrios mexicoamericanos de joven y de adulta. Lo que compartió arrojaría más luz sobre la participación de las mexicoamericanas en los deportes desde su barrios hasta toda California.

La vida de Luján abarca varias narrativas familiares de la experiencia mexicana y mexicoamericana durante el período de entreguerras antes de la Segunda Guerra Mundial. Luján creció en un barrio segregado del pueblo de Colton, en la zona interior del sur de California. Su familia trabajaba en los campos agrícolas, mayormente recogiendo naranjas para la floreciente industria de cítricos de la región. Fue uno de los cientos de miles de mexicoamericanos que contribuyeron al esfuerzo de la guerra. Sin embargo, su participación en los equipos de softbol femeninos mexicoamericanos revela una historia que suele ser menos conocida por el público general.[9]

Durante los años treinta, los mexicanos se vieron segregados en las escuelas, el trabajo, los vecindarios, los deportes y la recreación. El creciente sentimiento antimexicano durante la Gran Depresión también dio paso a campañas de deportación masiva y reforzó las prácticas segregacionistas. Como resultado, los mexicanos se forjaron sus propios espacios para jugar béisbol y softbol, formando equipos de barrio que competían los fines de semana en campos improvisados de la comunidad. Estos equipos florecieron sobre todo en California, donde jugaban entre barrios y formaron redes activas que fomentaron el deporte y la solidaridad mexicoamericana. Las iglesias y los pequeños negocias auspiciaban a los equipos de los barrios y este apoyo comunitario fue un elemento crucial para sostener el béisbol y el softbol, posibilitando asimismo la participación de las mujeres.[10]

Figure 3.9. Carmen Lujan's uniform from the Colton Mercury Señoritas, 1936. The Colton Mercury Señoritas were sponsored by Norman's Bakery, a local small business. The red, green, and white of the uniform reflect the colors of the Mexican flag. *Gift of Mel Salazar and Virginia Alanis, National Museum of American History.*

Figura 3.9. Uniforme de las Señoritas Mercury de Colton perteneciente a Carmen Luján, 1936. Las Señoritas Mercury de Colton eran auspiciadas por la repostería Norman, un pequeño negocio local. Los colores rojo, verde y blanco del uniforme evocan los colores de la bandera mexicana. *Donación de Mel Salazar y Virginia Alanis, Museo Nacional de Historia Americana.*

Figure 3.10. Carmen "Carmie" Lujan, La Paloma barrio in Colton, California, 1936. Lujan is shown here in her Mercury Señoritas uniform and practicing her fielding stance. *Courtesy of the Salazar family.*

Figura 3.10. Carmen "Carmie" Luján, barrio La Paloma en Colton, California, 1936. Luján lleva el uniforme de las Señoritas Mercury mientras practica sus posturas de fildeo. *Cortesía de la familia Salazar.*

Figure 3.11. Collage of the Señoritas, Colton, California, 2014. The Colton Mercury Señoritas played from 1936 to 1941, but today, there are no known existing team photos. Art Gomez created this collage of the women in 2014 when the Señoritas team was inducted into the city of Colton Sports Hall of Fame. The collage displays how Mexican American communities often document and preserve their histories through grassroots efforts. The team included Mary Rivas, Ramona Aranda, Linda Arredondo, Luz Arredondo, Lucy "Chita" García, Estela Pimentel, Mary Rosales, Connie Sotelo, and Mary Soto. *Courtesy of the Salazar family.*

Figura 3.11. Collage de las Señoritas, Colton, California, 2014. Las Señoritas Mercury de Colton jugaron desde 1936 hasta 1941, pero hoy se ignora si existen fotos del equipo como tal. Art Gómez creó este collage de las integrantes en el 2014, cuando el equipo de las Señoritas fue iniciado en el Salón de la Fama del Deporte en la ciudad Colton. El collage demuestra el esfuerzo de las comunidades mexicoamericanas por documentar y preservar sus historias. También formaron parte del equipo Mary Rivas, Ramona Aranda, Linda Arredondo, Luz Arredondo, Lucy "Chita" García, Estela Pimentel, Mary Rosales, Connie Sotelo y Mary Soto. *Cortesía de la familia Salazar.*

In 1936, at the age of 12 or 13, Lujan began playing for her Colton La Paloma barrio softball team known as the Mercury Señoritas. The team represented a public venue for young *mexicanas* to assert autonomy, athleticism, and cultural and ethnic pride while also challenging socially constructed notions of gender and femininity. For five years, she played second base for the Señoritas as they traveled to play other women's barrio teams.

When the United States entered World War II in 1941, the Señoritas stopped playing regularly as Americans focused their energy on the war effort. During these years, Lujan worked as a Rosie the Riveter at San Bernardino's Norton Air Force Base and her husband, Manuel, joined the Army. Tragically, Manuel died of rheumatic fever a few days before the war ended in 1945 while serving in Fort Lewis, Washington.

En 1936, a la edad de 12 o 13 años, Luján empezó con el equipo de su barrio La Paloma en Colton, conocido como las Señoritas Mercury. El equipo ofrecía a las jóvenes mexicoamericanas un espacio público donde reafirmar su autonomía, su atletismo y su orgullo cultural y étnico, a la vez que desafiaban las nociones sociales establecidas de género y feminidad. Durante cinco años, Luján jugó la segunda base para las Señoritas y viajó con ellas para medirse contra otros equipos femeninos de barrio.

Cuando Estados Unidos ingresó en la Segunda Guerra Mundial en 1941, las Señoritas dejaron de jugar regularmente mientras el pueblo estadounidense concentraba su energía en el esfuerzo de la guerra. Durante esos años, Luján trabajó como una especie de Rosie, la Remachadora en la base aérea Norton en San Bernardino mientras que su esposo Manuel se alistó en el ejército. Tristemente, Manuel murió de fiebre reumática mientras servía en Fort Lewis, Washington, pocos días antes de terminar la guerra en 1945.

Figure 3.12. San Bernardino Cherokees, 1950s. After World War II, Carmen Lujan (top row, second from right) returned to playing softball again with the Cherokees, an all-women Mexican American team. *Courtesy of the Salazar family.*

Figura 3.12. Las Cheroquis de San Bernardino, los años cincuenta. Después de la Segunda Guerra Mundial, Carmen Luján (fila superior, segunda desde la derecha) volvió a jugar softbol con las Cheroquis, equipo integrado por mexicoamericanas. *Cortesía de la familia Salazar.*

Figure 3.13. Carmen Lujan, 2010. She proudly displays her 1930s Mercury Señoritas uniform at California State University, San Bernardino. *Courtesy of the Salazar family.*

Figura 3.13. Carmen Luján, 2010. Aquí muestra con orgullo su uniforme de las Señoritas Mercury de los años treinta en la Universidad Estatal de California en San Bernardino. *Cortesía de la familia Salazar.*

In 1946, Lujan found joy in the game once again as she returned to playing with former Señorita teammates Chita García and Emma Galvan on a team dubbed "The Cherokees." This team featured all Mexican American women.

Much of the history surrounding Lujan's life stayed in the shadows until 2010 when she and her son, Manuel "Mel" Salazar Jr., showed up at the community collecting initiative event in San Bernardino. Lujan donated rare images to the special collections project, and she proudly displayed her Señoritas uniform from the 1930s. Lujan passed away in 2016 at the age of 91; however, her life story illuminates an important aspect in the annals of American sports history and the role that Mexican American women played in that story.

NOTES

1. Linda Alvarado owns a minority share of the Colorado Rockies team.

2. "Adding Woman Investor to Group Won't Sway Vote of Reds' Schott," Rocky Mountain News (Denver), 8 May 1991, Sports.

3. "Businesswoman Named Partner in Big-League Ownership Group," Rocky Mountain News (Denver), 8 May 1991.

4. Interview with Linda Alvarado by Margaret Salazar-Porzio, National Museum of American History, Washington, D.C., 23 October 2018.

5. Interview with Linda Alvarado by Henry Estrada, Denver, Colorado, n.d., 2004.

6. Interview with Linda Alvarado by Henry Estrada, Denver, Colorado, n.d., 2004.

7. Interview with Linda Alvarado by Margaret Salazar-Porzio, National Museum of American History, Washington, D.C., 23 October 2018

8. The Latino Baseball History Project, a special collections archive at California State University, San Bernardino, has extensively collected oral histories and artifacts related to Mexican American baseball history. For more on the project, see https://www.csusb.edu/special-collections/collections/latino-baseball-history-project (accessed 2 January 2020).

9. For more on the history of Southern California's citrus industry, see, for instance, José M. Alamillo, Making Lemonade out of Lemons: Mexican American Labor and Leisure in a California Town, 1880–1960 (Urbana: University of Illinois Press, 2006); Matt Garcia, A World of Its Own: Race, Labor, and Citrus in the Making of Greater Los Angeles, 1900–1970 (Chapel Hill: University of North Carolina Press, 2001).

10. For more on Mexican American baseball history, see José M. Alamillo, "Peloteros in Paradise: Mexican American Baseball and Oppositional Politics in Southern California, 1930–1950," Western Historical Quarterly, 34, no. 2 (Summer 2003): 191–211; Richard A. Santillán, "Mexican American Baseball Teams in the Midwest, 1916–1965: The Politics of Cultural Survival and Civil Rights," Perspectives in Mexican American Studies, 7 (2000): 132–151.

En 1946, Luján encontró de nuevo el placer en el juego y se reencontró con sus antiguas compañeras de las Señoritas, Chita García y Emma Galván, en un equipo llamado "Las Cheroquis", integrado totalmente por mexicoamericanas.

Gran parte de la historia de Luján quedó en sombras hasta el 2010, cuando ella y su hijo, Manuel "Mel" Salazar Jr., asistieron al evento de acopio de material comunitario en San Bernardino. Luján donó imágenes únicas al proyecto de colección y mostró con orgullo su uniforme de las Señoritas de los años treinta. Luján falleció en el 2016 a los 91 años, pero el relato de su vida arroja luz sobre un aspecto importante en los anales de la historia del deporte estadounidense y el papel que tuvieron en ella las mujeres mexicoamericanas.

NOTAS

1. Linda Alvarado es accionista minoritaria del los Rockies de Colorado.

2. "Adding Woman Investor to Group Won't Sway Vote of Reds' Schott", Rocky Mountain News (Denver), 8 de mayo de 1991, Deportes.

3. "Businesswoman Named Partner in Big-League Ownership Group", Rocky Mountain News (Denver), 8 de mayo de 1991.

4. Entrevista con Linda Alvarado por Margaret Salazar-Porzio, Museo Nacional de Historia Americana, Washington, D.C., 23 de octubre del 2018.

5. Entrevista con Linda Alvarado por Henry Estrada, Denver, Colorado, s.f., 2004.

6. Entrevista con Linda Alvarado por Henry Estrada, Denver, Colorado, s.f., 2004.

7. Entrevista con Linda Alvarado por Margaret Salazar-Porzio, Museo Nacional de Historia Americana, Washington, D.C., 23 de octubre del 2018.

8. El Proyecto de Historia del Béisbol Latino es un archivo de colecciones especiales en la Universidad Estatal de California en San Bernardino. Ha recopilado gran cantidad de historias orales y artefactos relacionados con la historia del béisbol mexicoamericano. Más información sobre el proyecto en https://www.csusb.edu/special-collections/collections/latino-baseball-history-project (consultado el 2 de enero del 2020).

9. Para más información sobre la historia de la industria de los cítricos en el sur de California, ver, por ejemplo, José M. Alamillo, Making Lemonade out of Lemons: Mexican American Labor and Leisure in a California Town, 1880–1960 (Urbana: University of Illinois Press, 2006); Matt García, A World of Its Own: Race, Labor, and Citrus in the Making of Greater Los Angeles, 1900–1970 (Chapel Hill: University of North Carolina Press, 2001).

10. Para más información sobre la historia del béisbol mexicoamericano, ver José M. Alamillo, "Peloteros in Paradise: Mexican American Baseball and Oppositional Politics in Southern California, 1930–1950", Western Historical Quarterly, 34, núm. 2 (verano del 2003): 191–211; Richard A. Santillán, "Mexican American Baseball Teams in the Midwest, 1916–1965: The Politics of Cultural Survival and Civil Rights", Perspectives in Mexican American Studies, 7 (2000): 132–151.

4

Field of Dreams
Campo de sueños

FREEDOM ON THE FIELD: IDENTITY AND AUTONOMY

LIBERTAD EN EL TERRENO: IDENTIDAD Y AUTONOMÍA

Baseball has been an exhilarating metaphor for America since the nineteenth century, full of so much promise and opportunity. The sport has long served as a path to understanding American values, represented a shared American identity, and highlighted differences and racial hierarchies. Essentially, the game has provided a mirror of America that reflects national identities, anxieties, and the United States' role in the world. In the United States and Latin America, baseball and softball provide a field for people to reach for a better future. Workers in agriculture and industry in the United States used baseball as a means to make ends meet and as a socially acceptable space to find community and organize for rights and justice. Other Latina/o entrepreneurs have created small and large businesses related to different aspects of the game. In many ways, these baseball stories are fundamentally about seizing opportunities. Many Latinas/os in the major leagues have seen just how much playing the game has transformed their lives.

Lleno de promesas y oportunidades, el béisbol ha sido una energizante metáfora de Estados Unidos desde el siglo XIX. Por largo tiempo ha ofrecido una vía para comprender los valores estadounidenses, representar una identidad nacional compartida y poner de relieve diferencias y jerarquías raciales. En esencia, el juego ha sido un espejo que refleja las identidades y ansiedades nacionales, así como el papel de Estados Unidos en el mundo. Tanto en este país como en América Latina, el béisbol y el softbol proporcionan un campo para aspirar a un futuro mejor. En la agricultura y la industria norteamericanas, los trabajadores utilizaron el béisbol para ganarse la vida y también como espacio socialmente aceptable para forjar comunidad y organizarse en pro de los derechos y la justicia. Empresarios latinas/os han creado negocios pequeños y grandes relacionados con diferentes matices del juego. En muchos aspectos, estas historias del béisbol son fundamentalmente acerca de aprovechar oportunidades. Muchos latinas/os en las grandes ligas han visto cómo el juego ha transformado sus vidas.

Figure 4.1. Baret bat, 2018. Juan Baret, an immigrant from the Dominican Republic, grew up playing baseball within sight of Yankee Stadium in the Bronx, New York, and continued to play in clubs throughout his life. In 2013, after a military career, Baret decided to get involved with baseball in a different way by starting his own business producing custom, handmade bats. Baret created this bat in his workshop in Woodbridge, Virginia. This handcrafted bat represents his love for baseball, and the desert camouflage design honors his time in the Air Force on tours in Saudi Arabia, Kuwait, and Afghanistan. *Gift of Juan Baret, National Museum of American History.*

Figura 4.1. Bate Baret, 2018. Juan Baret, inmigrante de la República Dominicana, creció jugando béisbol cerca del Yankee Stadium en el Bronx, Nueva York, y siguió jugando con varios clubes durante su vida. En el 2013, luego de una carrera militar, Baret decidió relacionarse con el deporte de otra manera y empezó un negocio para fabricar bates personalizados, hechos a mano. Baret obró este bate artesanal en su taller de Woodbridge, Virginia. En él representa su amor por la pelota y el diseño de camuflaje del desierto rinde homenaje a sus periodos de servicio en la fuerza aérea en Arabia Saudita, Kuwait y Afganistán. *Donación de Juan Baret, Museo Nacional de Historia Americana.*

Baseball and softball provided Latina/o ballplayers a space to dream and a place to be free. Latina/o baseball leagues developed in the context of segregation and discrimination.[1] Latinas/os pushed boundaries in Major League Baseball and in community leagues by agitating for greater representation, better labor conditions, and addressing concerns about immigration, race, class, language, and gender. Their actions and participation in the Negro Leagues changed forever in 1947 when Jackie Robinson officially broke the color line. Clearly, struggles for freedom have shaped baseball, one of the most quintessential American activities. But finding freedom on the field was more nuanced than a simple march toward progress in Major League Baseball.

Wherever they lived, Latinas/os persisted in making the baseball diamond their place to play and enjoy their freedoms. Gene Chavez's essay in this chapter details some of the history relating to Mexican immigrants and Mexican Americans in Kansas City, Kansas and Missouri. When these Latinos returned after serving the United States on the front lines of the World War II, they found themselves unwelcome in their local American Legion post. Yet they made their own way, created their own post, and established their own baseball field.

In the 1970s in Dinuba, California, women worked for the Giannini Packing Corporation, packing grapes and stone fruit. They also played for the company-sponsored team. Baseball provided a social network and gave them a break from discrimination in the larger world. In playing the game, they also established a rebellious style defined by donning handkerchiefs as headbands, wearing sunglasses in the outfield, and posing defiantly to reflect the team's confidence. They expressed the freedom they felt on the field through their style and flair for the game.

El béisbol y el softbol han ofrecido a los latinas/os un espacio para soñar y un lugar donde ser libres. Las ligas latinas de béisbol se desarrollaron en un contexto de segregación y discriminación.[1] Los latinas/os rompieron barreras en las grandes ligas y en las ligas comunitarias, luchando por mayor representación y mejores condiciones laborales, a la vez que afrontaban problemas de inmigración, raza, clase, idioma y género. Su actuación y su participación en las ligas negras cambiaron para siempre en 1947, cuando Jackie Robinson rompió oficialmente la barrera racial. Con toda certeza, la lucha por las libertades ha influido el desarrollo del béisbol, una de las actividades estadounidenses más emblemáticas. Pero lograr la libertad en el terreno de juego ha implicado más que un simple paso hacia el progreso en Major League Baseball.

Dondequiera que vivieran, los latinas/os persistieron en hacer del diamante de béisbol su sitio para jugar y disfrutar sus derechos. El ensayo de Gene Chávez en este capítulo da detalles sobre la historia de los inmigrantes mexicanos y los mexicoamericanos en Kansas City, Kansas y Misuri. Cuando estos latinos regresaron de pelear por Estados Unidos en los frentes de la Segunda Guerra Mundial, descubrieron que no eran bienvenidos en su puesto local de la Legión Estadounidense. Sin embargo, encontraron su propio camino, crearon su propio local y establecieron su propio campo de béisbol.

En los años setenta en Dinuba, California, la Giannini Packing Corporation empleaba mujeres para empaquetar uvas y otras frutas. Estas mujeres también jugaban en el equipo patrocinado por la compañía. La pelota les proveía una red social y un respiro de la discriminación que sufrían en el mundo circundante. Jugando este deporte también establecieron un estilo rebelde, con bandanas en la cabeza, gafas de sol en los jardines y poses desafiantes para proyectar la confianza del equipo. Expresaban la libertad que sentían en el campo a través de su estilo y desenvoltura en el juego.

Figure 4.2. Azteca jacket, 1956. Bernie Porras wore this Azteca Championship jacket for years after the Kansas City Azteca team won their softball championship in 1956. Porras was a star pitcher for the Aztecas, but he also played for other Mexican American teams in Kansas City over the years. Leather sleeves became stiff and were removed so the jacket could be worn as a vest. *Gift of the Porras family in honor of Bernie Porras, National Museum of American History.*

Figura 4.2. Chaqueta Azteca, 1956. Bernie Porras usó por años esta chaqueta de campeones después de que el equipo de los Aztecas de Kansas City ganara el título de softbol en 1956. Porras fue lanzador estrella de los Aztecas, pero también jugó con otros equipos mexicoamericanos de Kansas City a lo largo de los años. Las mangas de cuero se pusieron rígidas y se quitaron para que la chaqueta se pudiera usar como chaleco. *Donación de la familia Porras en honor a Bernie Porras, Museo Nacional de Historia Americana.*

Figure 4.3. Giannini women's softball team, 1970s. Women who played softball for the Giannini Packing Corporation enjoyed regular games at the Tortilla Flat Ballpark in the Chinatown barrio of Dinuba, California. The park has since been renamed Felix Delgado Park, in honor of a major supporter of ball playing in Dinuba's Chicano community. *Courtesy of John Delgado.*

Figura 4.3. El equipo femenino de softbol de Giannini, los años setenta. Las jugadoras softbol de la Giannini Packing Corporation jugaban regularmente en el Tortilla Flat Ballpark del barrio Chinatown de Dinuba, California. Luego el parque fue rebautizado como Felix Delgado Park, en honor a un gran patrocinador del deporte en la comunidad chicana de Dinuba. *Cortesía de John Delgado.*

Famed artist Ester Hernandez described some of the joys of the baseball diamond in Dinuba. "When we were out there we played with language too, making up puns in Spanglish or calling out nicknames used at home." Hernandez also mentioned the way the game made these women feel, "like we were dancing.... We were free to move our bodies and test our athleticism." Like dance, many of these women used the baseball diamond for fitness and competition and sometimes to find a partner. "Men sat in the stands and they would look to see how we behaved on the field.... Just as we would check out the men when they played.... Would they make good partners? Did they lose their tempers? How do they interact with their teammates?" Hernandez recalled, "Baseball was a way to find solidarity ... [and] to reach for your future."[2] Women played on their local teams for many seasons.

For some families, like the Martinez clan from La Puente in Southern California, freedom was in finding new ways to play the game. They were a working-class, baseball-loving family of four boys, three girls, a mother, and father who lived and breathed baseball. Their baseball tradition started with the family patriarch, Leopoldo "Polín" Martinez, who was an amateur ballplayer in Texas, Mexico, and Southern California for about 30 years. In the 1940s, prior to becoming a U.S. citizen, Polín played shortstop for the Mexican National Baseball Team. In addition to the fundamentals of the sport, he taught his children how to solve problems on and off the field.

"There wasn't a lot of money in the house with seven kids, so you had to take care of the stuff you had," recalled Howard Martinez (the second to youngest son) in 2016.[3] In 1978, during shop class and with help from his father, Howard made a small wooden bat that he and his brothers called the "Peace Keeper." It was given this name because whoever held the bat had the final say in any disagreements on the field. The family found ways to innovate everything from figuring out how to avoid disputes to repurposing scraps into new equipment.

La conocida artista Ester Hernández describió algunos placeres del juego en Dinuba: "Cuando estábamos allá afuera jugábamos también con el lenguaje, haciendo juegos de palabras o llamándonos con los apodos que usábamos en casa". Hernández también mencionó que el juego las hacía sentir "como si estuviéramos bailando. [...] Teníamos la libertad de mover el cuerpo y poner a prueba nuestra habilidad atlética". Como el baile, el diamante de béisbol valió a muchas de estas mujeres para ejercitarse, competir y a veces también encontrar pareja. "Los hombres se sentaban en las tribunas y miraban cómo nos comportábamos en el terreno. [...] Lo mismo que nosotras los chequeábamos cuando ellos jugaban. [...] ¿Serían buenos como pareja? ¿Tenían mal genio? ¿Cómo trataban a sus compañeros de equipo?". Hernández recuerda que "el béisbol era un medio de encontrar solidaridad [...y] mirar hacia el futuro".[2] Las mujeres jugaban en sus equipos locales por muchas razones.

Para algunas familias, como el clan Martínez radicado en La Puente, en el sur de California, la libertad significaba hallar nuevas formas de jugar el deporte. Esta era una familia de clase obrera, amantes del béisbol, con cuatro hijos, tres hijas, una madre y un padre que vivían para la pelota. Su tradición en el deporte comenzó con el patriarca de la familia, Leopoldo "Polín" Martínez, que había sido jugador amateur en Texas, México y el sur de California durante unos 30 años. En los años cuarenta, antes de hacerse ciudadano estadounidense, Polín fue campo corto para la selección nacional mexicana. Además de los fundamentos del deporte, enseñó a sus hijos cómo resolver problemas dentro y fuera del terreno de juego.

"Con siete hijos, no había mucho dinero en la casa, así que había que cuidar lo que se tenía", recordó Howard Martínez (el segundo más joven de los hijos) en el 2016.[3] En 1978, en una clase de taller y con ayuda de su papá, Howard fabricó un pequeño bate de madera que él y sus hermanos llamaron el "Guardián de la paz". Le dieron ese nombre porque quien tuviera el bate tenía la última palabra en cualquier desacuerdo que surgiera en el campo. La familia buscaba formas de innovar en todo, desde cómo evitar disputas hasta cómo hacer equipo nuevo con material desechado.

Eddie Martinez, the oldest of the brothers, was a baseball star who played ambidextrously through high school and in clubs throughout his life. He later made a living as a metal worker, and when he came across an 8-pound (3.6 kg) rod marked for disposal, he instead made it into a practice bat. It was far from standard, and umpires in his fast-pitch softball league took notice. They prohibited warm-up equipment without an imprint indicating "warmup for softball use only." Eddie went home and stamped the phrase on the rod – along with his name. Clearly, Eddie and his brothers used a hands-on approach to the game. Their actual fabrication of equipment afforded them a certain kind of freedom and autonomy while reflecting their deep appreciation for the game.[4]

Baseball evolved over the course of the twentieth century, particularly in how it was played and who played it. The sport became more and more popular with Spanish-speaking youth in barrios and rural areas across the nation. Latina/o ballplayers brought about new understandings of community, race, gender, national identity, and civil rights while transforming America's pastime. They forged a kind of freedom on the field.

Eddie Martínez, el mayor de los hermanos, fue un pelotero estrella ambidextro en la escuela superior y con varios clubes a lo largo de su vida. Más tarde se ganó la vida como obrero metalúrgico. Un día se encontró una barra de metal de 8 libras (3.6 kg) que iba a ser desechada, y la convirtió en bate de práctica. No era un bate nada típico, y los árbitros de su liga de softbol de picheo rápido lo notaron. Prohibieron todo equipo de práctica que no tuviera el sello "solo para calentamiento en el softbol". Eddie se fue a la casa y estampó la frase en la barra, junto con su nombre. Claramente, Eddie y sus hermanos tenían un enfoque muy práctico en el juego. El fabricar su propio equipo les daba una cierta autonomía a la vez que reflejaba su profundo amor por el deporte.[4]

El béisbol evolucionó en el curso del siglo XX, sobre todo en cómo se jugaba y quién lo jugaba. El deporte se hizo cada vez más popular entre los jóvenes de habla hispana en barrios y áreas rurales a lo largo del país. Los latinas/os aportaron nuevas perspectivas de comunidad, raza, género, identidad nacional y derechos civiles a la vez que transformaban el pasatiempo nacional estadounidense. Forjaron un tipo especial de libertad en el campo de juego.

Figure 4.4. The "Peace Keeper," La Puente, California, 1978. Howard Martinez made this baseball bat with help from his father, Leopoldo "Polín" Martinez, in 1978. The tortoise shell design is from carefully blowtorching darkened patterns on the bat. When it broke, Howard and his brothers hammered and glued it back together again. At 22 inches (~56 cm) long, the bat is quite a bit shorter than average. It helped keep the game close when playing in the neighborhood. *Gift of Howard and Randall Martinez, National Museum of American History.*

Figura 4.4. El "Guardián de la paz", La Puente, California, 1978. Howard Martínez fabricó este bate con ayuda de su padre, Leopoldo "Polín" Martínez, en 1978. El efecto de carey se logró empleando un soplete para trazar con cuidado las áreas más oscuras. Cuando el bate se rompió, Howard y sus hermanos martillaron y pegaron las piezas otra vez. Con 22 pulgadas (~56 cm) de largo, el bate es bastante más corto de lo normal. Ayudaba a mantener el balance cuando jugaban en el vecindario. *Donación de Howard y Randall Martínez, Museo Nacional de Historia Americana.*

Figure 4.5. Metal practice bat, Covina, California, 1977. This 8-pound (3.6 kg) rod was found by Eddie Martinez and made into a practice bat with electrical tape and a stamp that indicated it was to be used for softball warm-ups. He used this warm-up bat for almost 20 years with various teams that he played on. A closer look reveals where he handstamped the bat with his name and the words "warm up only." *Gift of Eddie Martinez, National Museum of American History.*

Figura 4.5. Bate de práctica en metal, Covina, California, 1977. Eddie Martínez encontró esta barra de 8 libras (3.6 kg) y la convirtió en bate de práctica con cinta aislante y un sello que indicaba su uso específico para calentamiento en el softbol. Eddie usó este bate para practicar durante casi 20 años con los equipos con que jugó. Al mirar de cerca se nota dónde estampó el bate con su nombre y la frase "solo para calentamiento". *Donación de Eddie Martínez, Museo Nacional de Historia Americana.*

OF NOTE
Making it Work

Many Latinas/os had to use what they had on hand to play baseball, softball, or stickball because resources were slim in their communities. This common experience has led to interesting and exciting innovations in baseball and softball that demonstrate resilience and tenacity in greater struggles for self-determination and finding freedom on the field.

DIGNO DE MENCIÓN
Ingeniándoselas para jugar

Muchos latinas/os tuvieron que utilizar lo que tenían a mano para jugar béisbol, softbol o stickball porque los recursos eran escasos en sus comunidades. Esta experiencia compartida produjo interesantes innovaciones deportivas que reflejan la resiliencia y la tenacidad demostradas en luchas más fundamentales por la autodeterminación y la libertad en el terreno de juego.

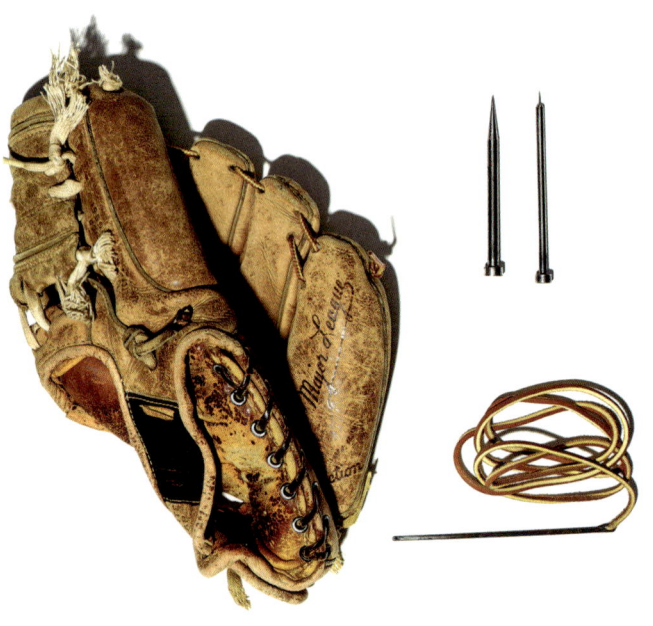

Figure 4.7. Sand weight, Houston, Texas, around 2007. Major League Baseball player Anthony Rendon and his brother, David, used this weight in their baseball training and workouts. Their father, Rene Rendon, fashioned this weight by filling an old tennis ball can with sand. His sons used it for bicep curls and to strengthen their forearms for throwing and pitching. *Gift of Rene and Bridget Rendon, National Museum of American History.*

Figura 4.7. Pesa de arena, Houston, Texas, hacia el 2007. El pelotero de grandes ligas Anthony Rendón y su hermano, David, usaban esta pesa en sus rutinas de ejercicios y entrenamiento. Su padre, René Rendón, hizo la pesa llenando con arena una vieja lata de pelotas de tenis. Sus hijos la utilizaban para hacer flexión de bíceps y fortalecer los antebrazos para lanzar la pelota. *Donación de René y Bridget Rendón, Museo Nacional de Historia Americana.*

Figure 4.6. Restitched glove, La Puente, California, 1965. The Martinez family from La Puente, California, stretched the lives of their equipment when necessary. Ernie Martinez restitched this glove three different times so that the family could continue to use it instead of buying new equipment. The different laces provide a kind of archive of his years of baseball and the care he took to restore his equipment. *Gift of Ernie Martinez, National Museum of American History.*

Figura 4.6. Guante remendado, La Puente, California, 1965. La familia Martínez, radicada en La Puente, California, estiraba al máximo la vida de sus artículos de juego cuando era necesario. Ernie Martínez remendó este guante tres veces para que la familia pudiera seguir usándolo en vez de comprar uno nuevo. Los diferentes cordones proveen una especie de archivo de sus años en el béisbol y del cuidado que ponía en restaurar su equipamiento. *Donación de Ernie Martínez, Museo Nacional de Historia Americana.*

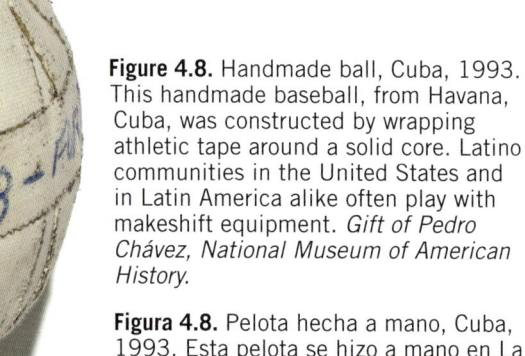

Figure 4.8. Handmade ball, Cuba, 1993. This handmade baseball, from Havana, Cuba, was constructed by wrapping athletic tape around a solid core. Latino communities in the United States and in Latin America alike often play with makeshift equipment. *Gift of Pedro Chávez, National Museum of American History.*

Figura 4.8. Pelota hecha a mano, Cuba, 1993. Esta pelota se hizo a mano en La Habana, Cuba, con esparadrapo deportivo envuelto alrededor de un centro sólido. Las comunidades latinas, tanto en Estados Unidos como en América Latina, juegan a menudo con equipo improvisado. *Donación de Pedro Chávez, Museo Nacional de Historia Americana.*

VOICES FROM THE COMMUNITY
Making Do for the Game They Love

Genovevo Teodoro "Gene T." Chávez Ortíz

The Kansas City region began drawing Mexican immigrants in large numbers in the early 1900s. By 1921, at the end of the Mexican Revolution, there were Mexican immigrant families living on both sides of the Kansas and Missouri state lines. These immigrants brought the love of baseball in all its forms. Early team names reflected Mexican cultural heritage and were a way to maintain a sense of identity and dignity in the face of segregation and discrimination. Some of their team names included Kansas City Azteca's, Unión Cultural Mexicana Wild Cats, Stateline Locos, Los Padres, and The Lady Aztecas, just to name a few. These teams soon came together and formed leagues with other Mexican communities in railroad towns across Kansas, Missouri, Nebraska, and Iowa to compete in the game they loved.

Decades later, second-generation Mexican Americans from the various barrios in the Kansas City region served in World War II with honor. When they returned home from the war, they found much of the same discrimination that their immigrant parents had encountered, but they also found unity and camaraderie in baseball. Like many other GIs across the nation, they turned to fast-pitch softball to accommodate their love of the game and aging bodies.

VOCES DE LA COMUNIDAD
Por el amor al deporte

Genovevo Teodoro "Gene T." Chávez Ortíz

La región de Kansas City empezó a atraer grandes números de inmigrantes mexicanos en los primeros años del siglo XX. Para 1921, al final de la Revolución Mexicana, había familias mexicanas viviendo a ambos lados de la frontera estatal entre Kansas y Misuri. Estos inmigrantes trajeron consigo el amor al béisbol en todas sus formas. Los nombres de los primeros equipos reflejaban la herencia cultural mexicana y fueron una manera de mantener un sentido de identidad y dignidad frente a la segregación y la discriminación. Entre estos nombres estaban los Aztecas de Kansas City, los Gatos Salvajes de la Unión Cultural Mexicana, los Locos de Stateline, Los Padres y las Damas Aztecas, para mencionar solo unos pocos. Estos equipos pronto se unieron y formaron ligas con otras comunidades mexicanas en poblados ferroviarios a lo largo de Kansas, Misuri, Nebraska y Iowa a fin de competir en el deporte que amaban.

Décadas más tarde, los mexicoamericanos de segunda generación criados en barrios de la región de Kansas City sirvieron con honor en la Segunda Guerra Mundial. Cuando regresaron, encontraron prácticamente la misma discriminación que sus padres inmigrantes habían sufrido, pero también encontraron unidad y camaradería en la pelota. Como muchos otros soldados a lo largo del país, se dedicaron al softbol de picheo rápido para seguir practicando el deporte que amaban, con cuerpos no tan jóvenes.

Figure 4.9. Game-worn cleats, Kansas City, Kansas, 1980s. Chris González got these cleats when they were donated to the local Mexican American softball league by a Kansas City Royals equipment manager. González wore them for the rest of his fast-pitch softball career, despite them being two sizes too small. *Gift of Chris González, National Museum of American History.*

Figura 4.9. Ganchos de béisbol usados en los juegos, Kansas City, Kansas, los años ochenta. Chris González recibió estos ganchos cuando fueron donados a la liga mexicoamericana de softbol local por el encargado de equipamiento de los Reales de Kansas City. González los usó durante el resto de su carrera en el softbol de picheo rápido, aunque eran dos números menos que el suyo. *Donación de Chris González, Museo Nacional de Historia Americana.*

Figure 4.10. Chris González at bat, Eagles Nest Field, 1973. González played with Kansas City Mexican American fast-pitch softball league teams from 1973 to 2002. *Courtesy of the González family.*

Figura 4.10. Chris González al bate, Eagles Nest Field, 1973. González jugó con los equipos de las ligas mexicoamericana de softbol de picheo rápido de Kansas City de 1973 al 2002. *Cortesía de la familia González.*

This camaraderie was most poignantly reflected on a corner of 26th Street, behind the train tracks in the mostly Mexican Argentine neighborhood of Kansas City, Kansas. This is where American Legion Post 213 sits, rich with history and community. Also known as the Eagles Nest, Post 213 was started by a group of Mexican American GIs who were not allowed to join American Legion Post 111 when the post commander declared that Mexicans were not welcome. The former soldiers would not be deterred. They gained a charter and established their own organization.

By 1957, when Christopher John González was born, many second- and third-generation Mexican American kids in the Argentine barrio were playing baseball throughout their youth on the Eagles Nest field.

Although baseball was mostly practiced by men, Chris's introduction to the sport was different. His mother, Irene Morales González, was his role model on the field.[5] Irene excelled as a player. She started her softball career in 1945 at six years old. From that time on, she played softball every year for almost 40 years. Even when she got married and later had Chris, she still played competitive softball and took care of her son at the same time:

> I got married in 1956 and had a baby boy. With the help of my mother I continued playing— she would take care of the baby while I played center field. When it was time to feed my baby, my mom would flag me down by waving a diaper to let me know to come and breastfeed my baby. The coach of the team would let me go and then come back out on the field. I was so grateful and happy that my coach was okay with it—you know that a mother has to do what she can to keep her baby happy.[6]

Esta camaradería se reflejó de forma conmovedora en una esquina de la calle 26, detrás de las vías férreas en el barrio Argentine de Kansas City, Kansas, que era mayormente mexicano. Es ahí donde se encuentra el Puesto 213 de la Legión Estadounidense, parte importante de la historia y la vida de la comunidad. Conocido también como el Nido de Águilas, el Puesto 213 fue fundado por un grupo de soldados mexicoamericanos rechazados por el Puesto 111, cuyo comandante declaró que los mexicanos no eran bienvenidos. Los veteranos no se desanimaron. Obtuvieron una carta de autorización y establecieron su propia organización.

Para 1957, año en que nació Christopher John González, muchos mexicoamericanos de segunda y tercera generación en el barrio Argentine pasaban su niñez y adolescencia jugando béisbol en el campo del Nido de Águilas.

Aunque eran sobre todo los hombres quienes jugaban béisbol, la introducción de Chris al deporte fue diferente. Su madre, Irene Morales González, fue su ejemplo en el terreno de juego.[5] Irene era una jugadora excelente. Comenzó su carrera de softbol en 1945, a la edad de seis años. A partir de ese momento jugó cada año durante casi 40. Incluso después de casarse y tener a Chris, todavía jugó softbol a nivel competitivo a la vez que criaba a su hijo:

> Me casé en 1956 y tuve un hijo. Con ayuda de mi madre seguí jugando; ella cuidaba al niño mientras yo jugaba en el jardín central. Cuando era hora de alimentar al bebé, mi mamá me hacía señas agitando un pañal para que yo viniera a amamantarlo. El coach me dejaba ir y regresar otra vez al terreno. Yo estaba tan agradecida y contenta de que mi coach lo aceptara, tú sabes, que una madre tiene que hacer todo lo que pueda para tener contento a su bebé.[6]

Figure 4.11. Irene Morales González poses at an all-star game at Reagan Field in Kansas City, Kansas, 1975. Her team came in second place that year. *Courtesy of the González family.*

Figura 4.11. Irene Morales González posa en un juego de estrellas en el Reagan Field, Kansas City, Kansas, 1975. Su equipo quedó en segundo lugar ese año. *Cortesía de la familia González.*

Clearly, Irene made sure baseball was an important part of Chris's life from the very beginning. He had an incredible career that spanned from 1965 to 2002, when he played his last season for the Kansas City Azteca's.[7] He was inducted into the local Guadalupe Center Hall of Fame in 2006 and the Newton Mexican American Athletic Club Hall of Fame in 2016.

Chris's love for baseball went beyond his own experiences. In 2016, seeing the beloved Eagles Nest baseball field falling into disrepair, Chris spearheaded a complete renovation of the space. The original Post 111 is long gone, but Post 213 continues to this day. The newly renovated field is a testament to both its legacy and the power of baseball in a local community.

Está claro que Irene se encargó de que la pelota fuera parte importante de la vida de Chris desde el principio. Chris tuvo una carrera increíble que se extendió desde 1965 hasta el 2002, su última temporada con los Aztecas de Kansas City.[7] Fue ingresado al Salón de la Fama del Centro Guadalupe local en el 2006 y al Salón de la Fama del Club Atlético Mexicoamericano de Newton en el 2016.

El amor de Chris por el béisbol iba más allá de su experiencia personal. En el 2016, al ver que su querido campo del Nido de Águilas se había deteriorado, Chris encabezó una renovación completa. El Puesto 111 de la Legión Estadounidense dejó de existir hace tiempo, pero el Puesto 213 continúa hasta hoy. El campo renovado es testimonio del legado del Nido de Águilas y del poder del béisbol en una comunidad local.

Figure 4.12. The newly renovated Eagles Nest baseball field in Kansas City, 2017. *Courtesy of the González family.*

Figura 4.12. El recién renovado campo de béisbol del Nido de Águilas en Kansas City, 2017. *Cortesía de la familia González.*

NOTES

1. See Adrian Burgos Jr., *Playing America's Game: Baseball, Latinos, and the Color Line* (Berkeley: University of California Press, 2007); see also Amy Essington, *The Integration of the Pacific Coast League: Race and Baseball on the West Coast* (Lincoln: University of Nebraska Press, 2018).

2. Ester Hernandez, interview by Margaret Salazar-Porzio, San Francisco, Calif., 24 September 2018.

3. Howard Martinez, interview by Margaret Salazar-Porzio, National Museum of American History, Washington, D.C., 12 November 2016.

4. Eddie Martinez, interview by Margaret Salazar-Porzio, Cordoba Corporation, Los Angeles, Calif., 1 February 2017.

5. Chris's father, Lupe M. González, had lost his left eye as a child. Although he did not play the game, he was an avid fan of baseball, especially when his wife and children were on the field.

6. Irene Morales González shared this account in a conversation with Genovevo Teodoro Chávez Ortíz on 4 October 2018.

7. When the team created their uniforms, an apostrophe was accidentally included. So even though they meant for the team name to be "Aztecas" – sans apostrophe – the Azteca's team made their debut and kept the apostrophe for good luck for many seasons.

NOTAS

1. Ver Adrian Burgos Jr., *Playing America's Game: Baseball, Latinos, and the Color Line* (Berkeley: University of California Press, 2007); ver también Amy Essington, *The Integration of the Pacific Coast League: Race and Baseball on the West Coast* (Lincoln: University of Nebraska Press, 2018).

2. Ester Hernández, entrevista con Margaret Salazar-Porzio, San Francisco, Calif., 24 de septiembre del 2018.

3. Howard Martínez, entrevista con Margaret Salazar-Porzio, Museo Nacional de Historia Americana, Washington, D.C., 12 de noviembre del 2016.

4. Eddie Martínez, entrevista con Margaret Salazar-Porzio, Cordoba Corporation, Los Ángeles, Calif., 1 de febrero del 2017.

5. El padre de Chris, Lupe M. González, había perdido el ojo izquierdo de niño. Aunque no jugaba, era un ávido seguidor de la pelota, especialmente cuando su esposa e hijos estaban en el campo.

6. Irene Morales González compartió este recuento en conversación con Genovevo Teodoro Chávez Ortiz el 4 de octubre del 2018.

7. Cuando el equipo diseñó su uniforme, se añadió accidentalmente un apóstrofo (Azteca's). Aunque su intención era que el nombre fuera "Aztecas", sin el apóstrofo, el equipo debutó con el signo ortográfico y lo mantuvo por muchas temporadas como amuleto de buena suerte.

5

Playing the Game Pays
El béisbol paga

EARNING THEIR KEEP: LATINOS IN PROFESSIONAL BASEBALL

Major league stars such as Anthony Rendon, Nolan Arenado, and Miguel Cabrera earn yearly salaries that approach $35 million. These salaries are far higher than what ballplayers earned a generation or two ago and have risen along with revenues major league teams receive from broadcast rights, corporate partnerships, and merchandise sales. Playing the game paid at a much different scale in the early to mid-twentieth century, especially at the local, semiprofessional, and minor league levels. The earnings players received from playing baseball after work on weeknights or over the weekend supplemented what they made from their regular employment. The game thus provided entertainment for spectators and extra income for the household. Occasionally, the acclaim a player received would get a scout's attention and resulted in the player moving to a higher-level league with better pay.

Major League Baseball starts its international signing period each year on 2 July. Exceptionally talented baseball prospects as young as 16 years old from the Dominican Republic, Venezuela, Cuba, and other countries outside of the United States, Canada, and Puerto Rico can then sign with major league organizations. Signing day is the prospect's first big payday. The highest-regarded prospects obtain signing bonuses that reach seven figures, although the majority receive much less — in the low five figures. The signing bonuses, which they receive immediately, can potentially change the lives of Latino families. Some prospects are able to buy homes and help their parents and siblings with this money.

LAS RECOMPENSAS DEL JUEGO: LOS LATINOS EN EL BÉISBOL PROFESIONAL

Astros de grandes ligas como Anthony Rendón, Nolan Arenado y Miguel Cabrera reciben salarios anuales que llegan a $35 millones. Estos salarios son mucho más altos que los que ganaban los peloteros hace una o dos generaciones, y han aumentado a la par que los ingresos de los equipos por los derechos de transmisión, patrocinio y venta de mercancía. En la primera mitad del siglo XX, el béisbol pagaba a una escala muy distinta, sobre todo al nivel de las ligas menores, semiprofesionales y locales. El dinero que recibían los peloteros por jugar en la noche después del trabajo o en el fin de semana suplementaba lo que cobraban en su empleo normal. Así, los partidos proporcionaban entretenimiento para los espectadores y un ingreso adicional para la familia. Ocasionalmente, el aclamo que recibía un pelotero atraía la atención de algún cazatalentos y el jugador avanzaba a una liga de nivel más alto con mejor paga.

Major League Baseball comienza su período de contratación internacional el 2 de julio cada año. Prospectos de talento excepcional de la República Dominicana, Venezuela, Cuba y otros países fuera de Estados Unidos, Canadá y Puerto Rico que hayan cumplido 16 años pueden entonces fichar con las organizaciones de grandes ligas. El mismo día de la firma suele ser el primer pago grande en la carrera del jugador. Los prospectos más cotizados reciben primas que alcanzan siete cifras, aunque la mayoría recibe mucho menos: apenas cinco cifras. Esta bonificación por firmar, que el jugador recibe inmediatamente, puede cambiar la vida de una familia latina. Algunos prospectos pueden comprar casa y ayudar a sus padres y hermanos con ese dinero.

Figure 5.1. Freddy Rodríguez, *A-Rod Six of Thirteen*, 2007. In 2007, Alex "A-Rod" Rodriguez of the New York Yankees signed what was at the time the largest free agent contract in MLB history: $275 million. In this portrait, artist Freddy Rodríguez depicts A-Rod's iconic silhouette with a gold background, symbolizing his status as one of the most successful and highest-paid baseball players of all time. *Courtesy of National Portrait Gallery, Smithsonian Institution.* © *2007 Freddy Rodríguez.*

Figura 5.1. Freddy Rodríguez, *A-Rod, seis de trece*, 2007. En el 2007, Alex "A-Rod" Rodríguez, de los Yankees de Nueva York, firmó lo que era entonces el contrato más lucrativo para un agente libre en la historia de MLB: $275 millones. En este retrato, el artista Freddy Rodríguez presenta la silueta icónica de A-Rod sobre un fondo dorado, simbolizando su posición como uno de los peloteros más exitosos y mejor pagados de todos los tiempos. *Cortesía de la Galería Nacional de Retratos, Institución Smithsonian.* © *2007 Freddy Rodríguez.*

Very few of the signed prospects will ever see a day in the major leagues. Instead, most will play three or four seasons in the minor leagues and be released by the organization that originally signed them. A release places a player's future in question. Finding a second organization willing to sign him is a released player's biggest challenge — there is a steady supply of 16-year-old prospects ready to take a released player's place in the minors.

Pay in the minors is extremely low. Although labor conditions can be hard and unforgiving, low pay is the most pressing issue in several lawsuits against minor league baseball and MLB organizations. The average salary in the rookie and short-season leagues is about $1,100 per month — and players are paid only in season, from about April through August. A central issue in the lawsuits is that salaries often fall below federal minimum wage when one

Muy pocos de los prospectos contratados juegan siquiera un día en las grandes ligas. Muchos militan tres o cuatro temporadas en las ligas menores y luego son dejados libres por la organización que los contrató. Esto pone en peligro el futuro del pelotero. Encontrar una segunda organización es el mayor reto de un jugador sin contrato: hay un flujo continuo de candidatos de 16 años listos para tomar su puesto en las ligas menores.

La paga es sumamente baja en las ligas menores. Aunque las condiciones laborales pueden ser difíciles e inflexibles, los bajos salarios son el tema más urgente en varias demandas contra organizaciones de las ligas menores y MLB. El salario promedio en las ligas de novatos y de temporada corta es alrededor de $1,100 al mes, y los jugadores reciben pagos solo durante la campaña: aproximadamente desde abril hasta fines de agosto. Un asunto central en las demandas es que la remuneración a menudo no llega al

Figure 5.2. Cangrejeros de Santurce away jersey, 1980s–1990s. Many professional ballplayers played during the off-season in winter leagues throughout Latin America to earn extra money. This jersey is from the Cangrejeros de Santurce, a Puerto Rican winter league team, which included Latino greats Roberto Clemente, Orlando Cepeda, and Tony Pérez, among others. *Gift of the Paniagua Family, National Museum of American History.*

Figura 5.2. Camiseta de los Cangrejeros de Santurce, los años ochenta y noventa. Fuera de la temporada, muchos peloteros jugaban en ligas invernales de América Latina para ganar dinero adicional. Esta camiseta es de los Cangrejeros de Santurce, equipo de la Liga puertorriqueña que ha incluido a estrellas latinas como Roberto Clemente, Orlando Cepeda y Tony Pérez, entre otros. *Donación de la familia Paniagua, Museo Nacional de Historia Americana.*

calculates the hours that players are required for practice, training, travel, and games. In 2018, federal minimum wage was $7.25 per hour, equaling $15,080 a year for a 40-hour workweek.[1] This pay disparity disproportionately affects Latinos because they represent nearly 50% of minor leaguers in the lower levels, many of whom send monthly remittances back home to help their families.

Major League Baseball's interest in acquiring young Latino prospects is driven by two main factors: locating good talent and doing so as cheaply as possible. For decades, pursuit of Latin American talent has been driven by what former major league executive Dick Balderson labeled a "boatload mentality," which meant signing as many Latino prospects from the Dominican Republic or Venezuela for as little cost as possible. This is done with the hope that in signing four prospects for bonuses of $25,000 each, one or two of those prospects become major leaguers of impact. This approach was in contrast to spending $100,000 or more on just one American prospect and hoping he fulfills his promise.[2]

Salaries in professional baseball changed with the advent of free agency in 1976. Previously, a reserve clause bound a player to a major league organization at the team's discretion. Free agency allowed players to negotiate a better contract with any team after having played a set number of years with their original organization. A major league career became increasingly lucrative in the ensuing decades. In the 2000s, Alex Rodriguez, Albert Pujols, and Miguel Cabrera signed what stood among the most lucrative contracts in baseball history.

Latinas/os found avenues to make a living while playing baseball long before free agency hit professional baseball. For the very talented, it was by playing baseball professionally. More often, it was by incorporating baseball into the work place or into their work lives. Playing on company teams or leagues sponsored by community organizations allowed these individuals to increase their household's earnings. The support from the community, in the forms of team sponsorships and funded leagues, enabled local teams to expand their reach and build a wider reputation. Doing so could lead to more opportunities and possibly better pay. In addition, local stores and national companies that sponsored teams and leagues helped communities continue to express their passion for baseball from the barrios to the big leagues.

salario mínimo federal si se calculan las horas requeridas de los peloteros, entre práctica, entrenamiento, viajes y juegos. En el 2018, el salario mínimo federal era $7.25 por hora, lo cual equivale a $15,080 al año calculando 40 horas de trabajo a la semana.[1] Esta disparidad afecta desmesuradamente a los latinos porque estos representan casi el 50 % de los peloteros de ligas menores en los niveles más bajos y muchos de ellos ayudan a su familia con envíos mensuales de dinero.

El interés de MLB en contratar a prospectos latinos jóvenes se basa en dos factores principales: encontrar jugadores con talento y hacerlo con el menor gasto posible. Durante décadas, la búsqueda de talento latinoamericano se ha basado en lo que el antiguo ejecutivo de grandes ligas Dick Balderson llamó una "mentalidad de compra a granel", es decir, contratar al menor costo posible el mayor número de candidatos de la República Dominicana o de Venezuela. Esto lo hacen con la esperanza de que si contratan a cuatro prospectos con primas de $25,000 cada uno, quizás uno o dos de ellos se conviertan en peloteros de impacto en las grandes ligas. La alternativa sería invertir $100,000 o más en un solo candidato estadounidense y esperar que dé resultado.[2]

Los salarios del béisbol profesional cambiaron en 1976 cuando se estableció el concepto de agentes libres. Antes había una cláusula de reserva que ataba al pelotero a una organización de grandes ligas a discreción del club. Como agentes libres, los jugadores podían negociar mejores contratos con cualquier equipo después de haber cumplido un número determinado de años con su organización original. En las décadas siguientes se hizo cada vez más lucrativa una carrera en las grandes ligas. En los años 2000, Alex Rodríguez, Albert Pujols y Miguel Cabrera firmaron contratos que se encontraban entre los más lucrativos de la historia del béisbol.

Los latinas/os encontraron formas de ganarse la vida jugando pelota mucho antes de la llegada de agentes libres al béisbol profesional. Para los de mucho talento, el medio era jugar profesionalmente. Pero lo más común era incorporar la pelota al lugar de trabajo o a la vida laboral. Jugando con los equipos de las compañías o las ligas patrocinadas por organizaciones de la comunidad, podían aumentar los ingresos de su familia. El apoyo de la comunidad, por medio del patrocinio o ligas subvencionadas, permitía a los equipos locales extender su alcance y desarrollar una reputación más amplia. Esto podía redundar en mayores oportunidades y quizás mejor paga. Además, los negocios locales y las compañías nacionales que auspiciaban equipos y ligas ayudaban a la comunidad a continuar expresando su pasión por el béisbol, desde los barrios hasta las grandes ligas.

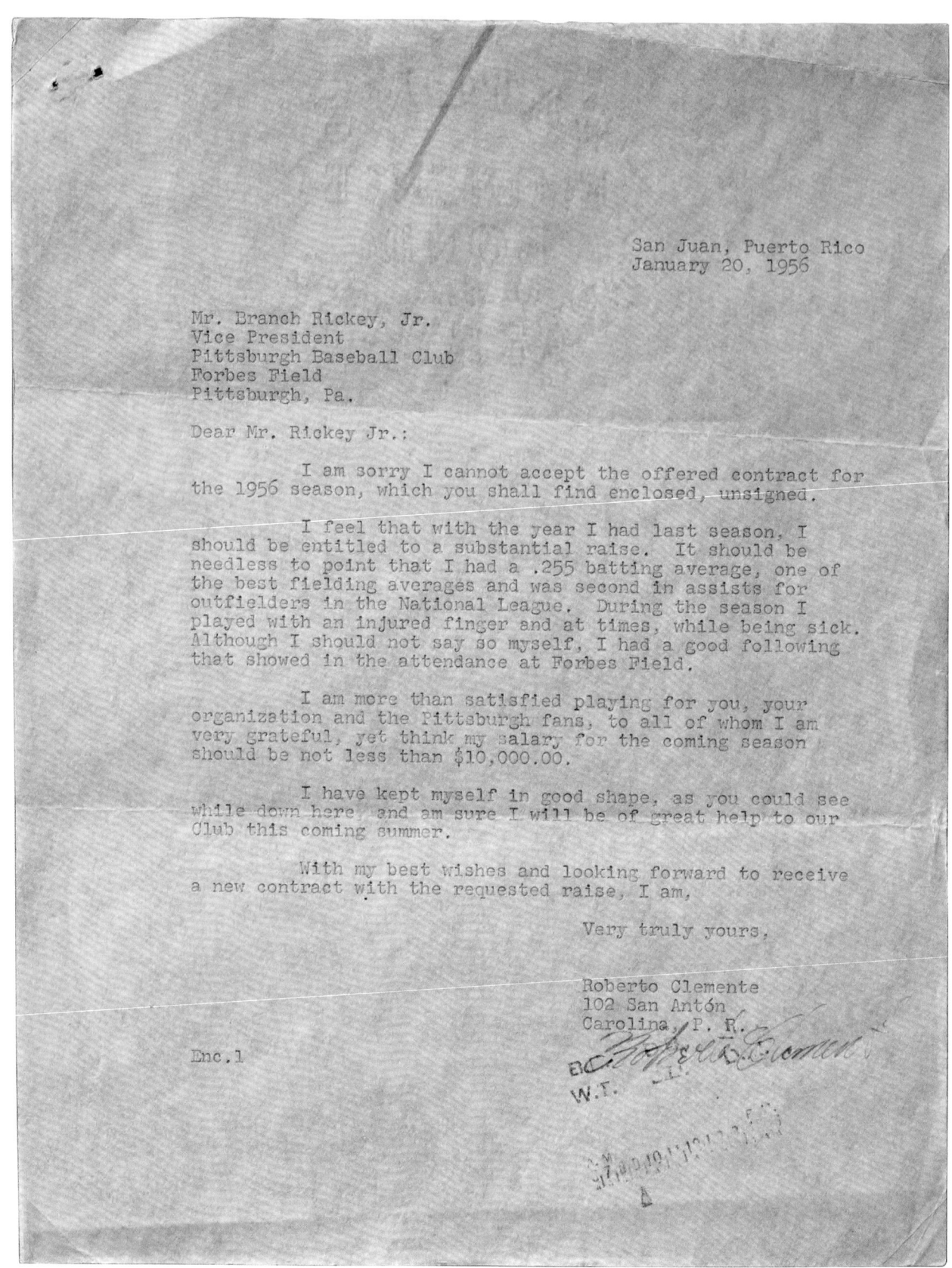

San Juan, Puerto Rico
January 20, 1956

Mr. Branch Rickey, Jr.
Vice President
Pittsburgh Baseball Club
Forbes Field
Pittsburgh, Pa.

Dear Mr. Rickey Jr.:

      I am sorry I cannot accept the offered contract for the 1956 season, which you shall find enclosed, unsigned.

      I feel that with the year I had last season, I should be entitled to a substantial raise. It should be needless to point that I had a .255 batting average, one of the best fielding averages and was second in assists for outfielders in the National League. During the season I played with an injured finger and at times, while being sick. Although I should not say so myself, I had a good following that showed in the attendance at Forbes Field.

      I am more than satisfied playing for you, your organization and the Pittsburgh fans, to all of whom I am very grateful, yet think my salary for the coming season should be not less than $10,000.00.

      I have kept myself in good shape, as you could see while down here, and am sure I will be of great help to our Club this coming summer.

      With my best wishes and looking forward to receive a new contract with the requested raise, I am,

Very truly yours,

Roberto Clemente
102 San Antón
Carolina, P. R.

Enc.1

Figure 5.3. Roberto Clemente's negotiation letter, 1956. After receiving a lowball offer of $7,000 for the 1956 season, Roberto Clemente wrote to Pittsburgh Pirates vice president Branch Rickey Jr. demanding no less than $10,000. During this time, it was highly unusual for Latino players to have any negotiating power. *Courtesy of the Clemente Museum.*

Figura 5.3. Carta de negociación de Roberto Clemente, 1956. Luego de recibir una oferta baja de $7,000 para la temporada de 1956, Roberto Clemente le escribió al vicepresidente de los Piratas de Pittsburgh, Branch Rickey Jr., exigiendo $10,000 como mínimo. En ese tiempo era muy raro que un pelotero latino tuviera el poder de negociación. *Cortesía del Museo Clemente.*

Figure 5.4. Albert Pujols, St. Louis Cardinals first baseman, late 2000s. Prior to the 2012 season, Albert Pujols signed a 10-year, $240 million free agent contract with the Los Angeles Angels. At that time, it was one of only three contracts over $200 million ever signed in MLB history, with the first two signed by Alex Rodriguez. *Photo by Jean Fruth/La Vida Baseball.*

Figura 5.4. Albert Pujols, primera base de los Cardenales de St. Louis, fines de los años 2000. Antes de la temporada del 2012, Albert Pujols firmó como agente libre un contrato de 10 años por $240 millones con los Angelinos de Los Ángeles. En ese momento, este era uno de solo tres contratos de más de $200 millones en la historia de MLB, los primeros dos firmados por Alex Rodríguez. *Foto por Jean Fruth/La Vida Baseball.*

OF NOTE
Making A Living

From Goya Foods in New Jersey to the Southern Pacific Railroad in California, local restaurants and both small and large business sponsors supported community baseball teams across the country throughout the twentieth century. Teams often depended on community support to survive, and many local Latino-owned businesses partially or fully funded baseball clubs. Business sponsors provided funds for uniforms, field maintenance, equipment, and travel and allowed employees and local ballplayers to fit baseball into their work lives in various ways. These instances became part of a long tradition of baseball clubs that bubbled up from blue collar and agricultural industries across the country. Baseball clubs provided a sense of camaraderie and freedom on the field, even if one's everyday work experiences were oppressive.

DIGNO DE MENCIÓN
Ganándose la vida

Desde Goya Foods en Nueva Jersey hasta el Ferrocarril Southern Pacific en California, los restaurantes locales y los negocios grandes y pequeños patrocinaron equipos de pelota comunitarios a lo largo del país durante todo el siglo XX. Con frecuencia los equipos sobrevivían solo gracias al apoyo económico de la comunidad, y muchos negocios latinos subvencionaron clubes de béisbol, ya fuera de manera total o parcial. Los patrocinadores comerciales proveían fondos para uniformes, cuidado del terreno de juego, equipamiento y gastos de viaje, y además hacían posible que los empleados y jugadores locales tuvieran diversas opciones de incorporar la pelota a su vida laboral. Estos ejemplos se volvieron parte de una larga tradición de clubes de béisbol nacidos de las industrias agrícolas y manufactureras de todo el país. Los clubes ofrecían un sentido de camaradería y libertad en el terreno de juego, incluso si las experiencias del trabajo cotidiano eran agobiantes.

Figure 5.5. Goya-sponsored team, New York, New York, 1961. Goya Foods Inc. sponsored adult and youth baseball leagues in New York and New Jersey throughout the second half of the twentieth century. They even sponsored exchange programs to send teams to play in Puerto Rico and to have Puerto Rican teams come to play in New York. *Courtesy of Goya Foods, Incorporated, Collection, Archives Center, National Museum of American History.*

Figura 5.5. Equipo patrocinado por Goya, Nueva York, 1961. Goya Foods Inc. auspició ligas de béisbol adultas y juveniles en Nueva York y Nueva Jersey durante la segunda mitad del siglo XX. Incluso patrocinaron programas de intercambio para enviar equipos a jugar en Puerto Rico y traer equipos puertorriqueños a jugar en Nueva York. *Cortesía de la Colección Goya Foods, Incorporated, Centro de Archivos, Museo Nacional de Historia Americana.*

Figure 5.6. Churrera (churro maker), 1960s–1980s. While at baseball games, Latinas/os would sell homemade concessions to make extra money. This churrera was used by Rosa María Vásquez at home to make churros for her son. He requested that she start selling them at his baseball games in Chicago, which she ended up doing for over 20 years. *Gift of Milton Torres, National Museum of American History.*

Figura 5.6. Churrera, los años sesenta a ochenta. Los latinas/os vendían productos caseros durante los juegos para ganar algún dinero extra. Esta churrera la usaba Rosa María Vásquez en su casa para hacerle churros a su hijo. Él le pidió que los vendiera en sus partidos de béisbol en Chicago, y así lo hizo por más de 20 años. *Donación de Milton Torres, Museo Nacional de Historia Americana.*

Figure 5.7. Pacific Railroad baseball team trophy, 1955. Leopoldo "Polín" Martinez emigrated from Mexico and made a life in the United States. He was a talented baseball player who had the opportunity to play for the major leagues but chose to stay with his family rather than make his wife a "baseball widow." They had seven children, and Leopoldo, like other immigrant laborers, found work on the Pacific Railroad. He continued playing baseball for the Mexican League and clubs in Texas and California, but he never made it a career. Instead, he built it into his work life and played for the Pacific Railroad team. *Gift of Eddie, Ernie, Howard, and Randall Martinez, National Museum of American History.*

Figura 5.7. Trofeo del equipo de béisbol de Ferrocarril Pacific, 1955. Leopoldo "Polín" Martínez emigró de México e hizo su vida en Estados Unidos. Fue un pelotero talentoso que tuvo la oportunidad de jugar en las grandes ligas, pero decidió quedarse con su familia en vez convertir a su esposa en una "viuda del béisbol". Tuvieron siete hijos, y Leopoldo, como otros obreros inmigrantes, consiguió empleo en el Ferrocarril Pacific. Siguió jugando béisbol para la Liga Mexicana de Béisbol y para clubes en Texas y California, pero nunca se dedicó al deporte como carrera. En cambio, lo incorporó a su vida laboral y jugó con el equipo del Ferrocarril Pacific. *Donación de Eddie, Ernie, Howard y Randall Martínez, Museo Nacional de Historia Americana.*

VOICES FROM THE COMMUNITY

From Sugar Beet Fields to Fields of Dreams

Gabriel A. Lopez and Jody L. Lopez

In 1919, the Great Western Sugar Company, a producer of a quarter of the nation's sugar, began recruiting mostly Mexican workers as beet field laborers.[3] To reduce the cost and to retain skilled workers, Great Western and other sugar companies promised these workers homes and permanent employment. Many workers left their homes in the southwestern states — Arizona, New Mexico, southern Colorado, and Texas — and Mexico for this promise of permanent employment. Over the course of close to four years, from 1924 to 1927, the sugar companies provided the raw materials for recruited laborers to construct their own homes in the colonies, which were often near factories or beet dumps, where sugar beets were deposited until they were taken to the sugar processing plant. Over 100 colonies, or *las colonias*, were established to build a local

VOCES DE LA COMUNIDAD

De los campos de remolacha a los campos de sueños

Gabriel A. López y Jody L. López

En 1919, la Great Western Sugar Company, productora de un cuarto del azúcar del país, comenzó a reclutar principalmente a mexicanos para trabajar en sus campos de remolacha.[3] A fin de reducir costos y retener a la mano de obra diestra, la Great Western y otras compañías azucareras prometían vivienda y empleo permanente a estos trabajadores. Muchos dejaron sus hogares en los estados del suroeste estadounidense (Arizona, Nuevo México, el sur de Colorado y Texas) y en México, atraídos por esta promesa de empleo permanente. Durante casi cuatro años, de 1924 a 1927, las compañías azucareras suministraron los materiales para que los trabajadores reclutados construyeran sus propias casas en colonias obreras, a menudo cerca de las fábricas o los sitios donde se depositaban las remolachas hasta que se llevaban a la planta

Figure 5.8. Sugar beet knife, 1940s–1950s. This handmade knife, owned by the De la Fuente family, was used to take the tops off sugar beets on the farm where they worked in Brush, Colorado, before the beets went to the factory for sugar extraction. Beet laborers would state that the motion used to chop the tops off the beets would hone their pitching arm for baseball. *Gift of Gabriel and Jody Lopez in honor of Art and Helen De La Fuente, National Museum of American History.*

Figura 5.8. Cuchillo de remolacha azucarera, los años cuarenta y cincuenta. Este cuchillo hecho a mano, propiedad de la familia De la Fuente, lo usaban en la finca donde trabajaban en Brush, Colorado, para quitar las hojas a las remolachas antes de enviarlas a la fábrica donde extraían el azúcar. Según los trabajadores, el movimiento que usaban para descabezar las remolachas les fortalecía el brazo para lanzar en el béisbol. *Donación de Gabriel y Jody López en honor de Art y Helen De La Fuente, Museo Nacional de Historia Americana.*

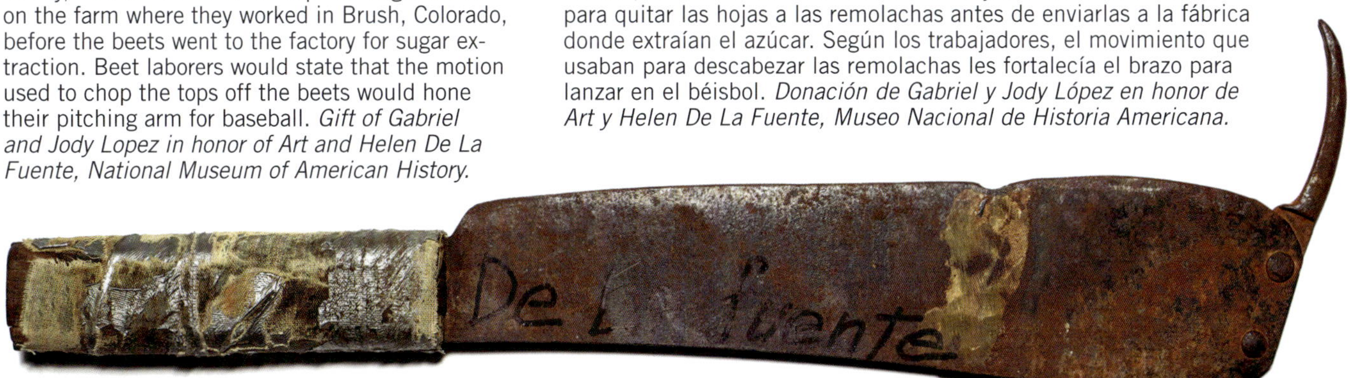

Figure 5.9. Spanish Colony, Greeley, Colorado, 1949. This aerial photo of the Greeley Spanish Colony shows the little houses built alongside fields. *Courtesy of Alvin Garcia, Gabriel and Jody Lopez Collection.*

Figura 5.9. Colonia española, Greeley, Colorado, 1949. Esta foto aérea de la "colonia española" de Greeley muestra las casitas construidas a la orilla de los campos. *Cortesía de Alvin García y la Colección Gabriel y Jody López.*

Figure 5.10. Greeley Grays game, 1963. Car horns could often be heard in the background of games as fans cheered on their family members and favorite players. *Courtesy of the Gabriel and Jody Lopez Collection.*

Figura 5.10. Partido de los Grises de Greeley, 1963. Las bocinas de los autos solían servir de fondo a los juegos cuando los fanáticos animaban a sus familiares y jugadores favoritos. *Cortesía de la Colección Gabriel y Jody López.*

labor supply and to keep workers from being drawn away by other opportunities.[4] In addition, newly recruited beet workers' families settled in nearby cities and in the neighborhoods and homes vacated by previous beet workers.

The Greeley Spanish Colony was established in 1924 and was one of 13 in northeastern Colorado. Despite the many hardships of a life in the fields – sweltering days, backbreaking work, and long hours for very little pay – the recruited laborers stayed. Their survival depended on it. "We worked hard; we had to, or we starved," said Moses Espinosa, a sugar beet laborer in the Greeley Spanish Colony.[5] Kate Lopez also described how starting at a young age, she and other laborers in the colonies worked hard and did their best in the most difficult conditions: "When I was ten, I used to cry every time we had to work in the field. But once there, we did our best to finish the day."[6] Greeley's economy grew because of their hard work in agriculture, even if their pay rarely reflected it. As Tito Garcia Jr. remembers, "We were poor, but we didn't know that. We were happy."[7]

Work in the beet fields was arduous, and the men and boys of las colonias found recreation and relief from beet work in baseball. Local teams soon formed, and they traveled to neighboring towns and other colonias to play. Families and friends consistently supported the teams in what became the Rocky Mountain League of the National Semi-Pro Baseball Congress. Frank Lopez, born and raised in Greeley's Spanish Colony, said, "When the [Greeley] Grays played, there was no one to be found in the Colony"; everyone was at the game.[8]

Spectators honked car horns and screamed loudly at the players and umpires, creating good-natured rivalries among teams and their fans. This support cultivated enthusiasm for baseball year-round. Often, players, their families, and fans would gather after games to share meals and swap stories about the games. Friendships were established between players in the various colonias and other towns, many lasting lifetimes.

Few remnants of the Spanish Colony in Greeley can be found, but the memories of the inhabitants are strong and preserved for future generations. The Greeley Grays baseball players were superb and became one large family in their hearts. In 1969, the original Greeley Grays team played their final season. Decades later, in 2005 and in the tradition of the colonies themselves, one of the 1952 Greeley Grays players honored the name by reestablishing a new Greeley Grays semipro team. The new Greeley Grays have gone on to win championships in honor of the earlier generations of baseball players in the region.

procesadora. Se establecieron más de 100 colonias para crear una fuente de mano de obra local y para evitar que los trabajadores se fueran en busca de otras oportunidades.[4] Además, las familias de los trabajadores nuevos se establecían en ciudades vecinas y en los barrios y casas que dejaban libres los trabajadores anteriores.

La "colonia española" de Greeley se estableció en 1924 y fue una de 13 que hubo en el noreste de Colorado. A pesar de la vida ardua en los campos de remolacha – días sofocantes y largas horas de trabajo agotador por una paga mísera – los trabajadores reclutados permanecían en la compañía. Su supervivencia dependía de ello. "Trabajábamos duro; era eso o morirnos de hambre", dijo Moses Espinosa, trabajador de la remolacha en la "colonia española" de Greeley.[5] Kate López también describió cómo desde temprana edad ella y otros residentes de las colonias trabajaban duro y hacían lo mejor que podían en las condiciones más difíciles: "Cuando tenía 10 años, lloraba cada vez que teníamos que trabajar en el campo. Pero después que estaba allí hacíamos todo lo que podíamos para terminar el día".[6] La economía de Greeley creció gracias a la ardua labor de estos inmigrantes en la agricultura, aunque su paga rara vez lo reflejaba. Como recuerda Tito García Jr.: "Éramos pobres, pero no lo sabíamos. Éramos felices".[7]

El trabajo en los campos de remolacha era agotador y el béisbol ofrecía respiro y diversión a los hombres y niños de las colonias. Pronto se formaron equipos locales que viajaban a los pueblos vecinos y a otras colonias para jugar. Las familias y los amigos apoyaban fielmente a los equipos de la que sería la Liga Rocky Mountain del Congreso Nacional de Béisbol Semiprofesional. Frank López, nacido y criado en la "colonia española" de Greeley, dijo que "cuando jugaban los Grises [de Greeley], no quedaba nadie en la colonia", todo el mundo estaba en el partido.[8]

Los espectadores tocaban las bocinas de sus autos y gritaban a los peloteros y a los árbitros, creando rivalidades amistosas entre los equipos y sus fanáticos. Este apoyo cultivaba el entusiasmo por el béisbol el año entero. A menudo, los peloteros, sus familias y los fanáticos se reunían después del encuentro para comer y contar historias de los partidos. Así se crearon amistades entre los jugadores de las distintas colonias y otros pueblos, muchas de las cuales duraron toda la vida.

Poco queda de la "colonia española" de Greeley, pero los recuerdos de sus habitantes son fuertes y quedan preservados para generaciones futuras. Los Grises de Greeley eran excelentes peloteros y formaron una gran familia en sus corazones. El equipo original de los Grises jugó su temporada final en 1969. Décadas más tarde, en el 2005, y siguiendo la tradición de las colonias, un jugador del equipo Grises de Greeley de 1952 rindió homenaje al nombre estableciendo un nuevo equipo Grises de Greeley en la clasificación semiprofesional. Los nuevos Grises han ganado campeonatos, honrando así a las generaciones anteriores de peloteros de la región.

Figure 5.11. Greeley Grays jersey, Greeley, Colorado, 1963. This jersey has two Rocky Mountain League championship patches on its sleeves. Teams would sometimes travel over 100 miles (~ 160 km) to play the Grays. *Gift of Gabriel and Jody Lopez in honor of Richard "Rick" Sullivan and family, National Museum of American History.*

Figura 5.11. Camiseta de los Grises de Greeley, Greeley, Colorado, 1963. Esta camiseta tiene en las mangas dos insignias de campeones de la Liga Rocky Mountain. Algunos equipos viajaban más de 100 millas (~ 160 km) para jugar contra los Grises. *Donación de Gabriel y Jody López en honor de Richard "Rick" Sullivan y familia, Museo Nacional de Historia Americana.*

NOTES

1. Bill Brink, "Minor Leaguers Keep Pinching Pennies as Wage Lawsuit Continues," *Pittsburgh Post-Gazette,* 9 July 2018, https://www.post-gazette.com/sports/pirates/2018/07/09/minor-league-wages-lawsuit-mlb-pirates-altoona-curve/stories/201807050008 (accessed 11 July 2019).

2. Marcos Bretón, "Field of Broken Dreams," Color Lines, 20 April 2000, https://www.colorlines.com/articles/fields-broken-dreams-latinos-and-baseball (accessed 11 July 2019).

3. In 1830, sugar beets were introduced into the United States. Decades later, when Congress passed the 1897 Dingley Tariff Act, which placed a duty tax of 78% on imported sugar, farmers decided to try sugar beet production locally rather than to import cane sugar. The three major sugar companies were Great Western, Holly, and American Sugar. During this time, the northern Great Plains states (Colorado, Wyoming, Nebraska, Kansas, and Montana) were where most of the sugar beet production took place.

4. It has been our privilege to preserve the memories and stories of both the sugar beet workers' lives and their love for baseball. For more information about these and many other stories about the Spanish colonies and Latino baseball, see Gabriel Lopez and Jody Lopez, *White Gold Laborers: The Story of Greeley's Spanish Colony* (Bloomington, Ind.: AuthorHouse, 2007); Gabriel Lopez and Jody Lopez, *From Sugar to Diamonds: Spanish/Mexican Baseball, 1925–1969; Stories of the Greeley Grays and the Teams That Dared to Challenge Them* (Bloomington, Ind.: AuthorHouse, 2009).

5. Moses Espinosa, interview by Gabriel Lopez, December 2002, as quoted in Lopez and Lopez, *White Gold Laborers*, vi.

6. Kate Espinosa, interview by Gabriel Lopez, February 2002, as quoted in Lopez and Lopez, *White Gold Laborers*, vi.

7. Tito García Jr., interviews by Gabriel Lopez, March and August 2002, as quoted in Lopez and Lopez, *White Gold Laborers*, vii.

8. Frank Lopez, interviews by Gabriel Lopez, August 2002 and August 2003, as quoted in Lopez and Lopez, *White Gold Laborers*, 229, and Lopez and Lopez, *From Sugar to Diamonds*, 3.

NOTAS

1. Bill Brink, "Minor Leaguers Keep Pinching Pennies as Wage Lawsuit Continues", *Pittsburgh Post-Gazette*, 9 de julio del 2018, https://www.post-gazette.com/sports/pirates/2018/07/09/ minor-league-wages-lawsuit-mlb-pirates-altoona-curve/stories/201807050008 (consultado el 11 de julio del 2019).

2. Marcos Bretón, "Field of Broken Dreams", Color Lines, 20 de abril del 2000, https://www.colorlines.com/articles/fields-broken-dreams-latinos-and-baseball (consultado el 11 de julio del 2019).

3. La remolacha azucarera se introdujo en Estados Unidos en 1830. Décadas más tarde, cuando el Congreso aprobó la Ley Dingley de Tarifas de 1897, que imponía un impuesto de 78 % a la azúcar importada, los agricultores decidieron tratar de producir azúcar de remolacha localmente, en vez de importar azúcar de caña. Las tres compañías principales eran Great Western, Holly y American Sugar. Durante esta época, los estados en el norte de las Grandes Llanuras (Colorado, Wyoming, Nebraska, Kansas y Montana) eran los mayores productores de azúcar de remolacha.

4. Ha sido un privilegio conservar los recuerdos y las historias de los trabajadores de la remolacha y de su amor por la pelota. Para más información sobre estas y muchas otras historias acerca de las "colonias españolas" y el béisbol latino, ver Gabriel López y Jody López, *White Gold Laborers: The Story of Greeley's Spanish Colony* (Bloomington, Ind.: AuthorHouse, 2007); Gabriel López y Jody López, *From Sugar to Diamonds: Spanish/Mexican Baseball, 1925–1969; Stories of the Greeley Grays and the Teams That Dared to Challenge Them* (Bloomington, Ind.: AuthorHouse, 2009).

5. Moses Espinosa, entrevistado por Gabriel López, diciembre del 2002, citado en López y López, *White Gold Laborers*, vi.

6. Kate Espinosa, entrevistada por Gabriel López, febrero del 2002, citada en López y López, *White Gold Laborers*, vi.

7. Tito García Jr., entrevistado por Gabriel López, marzo y agosto del 2002, citado en López y López, *White Gold Laborers*, vii.

8. Frank López, entrevistado por Gabriel López, agosto del 2002 y agosto del 2003, citado en López y López, *White Gold Laborers*, 229, y *From Sugar to Diamonds*, 3.

6
Hometown Heroes
Héroes de sus comunidades

PATH TO THE MAJORS: THE PHENOM NEXT DOOR

Locally, baseball served to string communities together. Games brought out families, neighbors, and friends to foster support networks and community ties. Traditions for hometown teams have been particularly strong in both urban and rural spaces with large Latino communities throughout the nation. Anthony Rendon's story is one many aspiring athletes can relate to growing up in the United States in baseball-loving communities. From a Mexican American, mixed-race family of modest means in urban and suburban Texas, Anthony was guided by his father and mother, Rene and Bridget Rendon; his brother, David; and his Pony League coaches to hone his baseball talents. Anthony is one of many Latino hometown heroes who inspire the next generation of ballplayers.

CAMINO A LAS GRANDES LIGAS: EL FENÓMENO DEL BARRIO

Al nivel local, el béisbol sirvió para unir a las comunidades. Los juegos atraían a familias, vecinos y amigos, y reforzaban las redes de apoyo y los lazos comunitarios. La tradición de los equipos locales ha sido especialmente fuerte entre las grandes comunidades latinas a lo largo de la nación, tanto en espacios urbanos como rurales. Muchos atletas en ciernes pueden identificarse con historias como la de Anthony Rendón, quien creció en Estados Unidos en una comunidad amante del béisbol. Hijo de una familia mexicoamericana multirracial de modestos recursos, radicada en áreas urbanas y suburbanas de Texas, Anthony desarrolló su talento para la pelota bajo la guía de su padre y su madre, René y Bridget Rendón, de su hermano David y de sus entrenadores de la Liga PONY. Anthony es uno de muchos héroes latinos de sus comunidades que sirven de inspiración a la siguiente generación de peloteros.

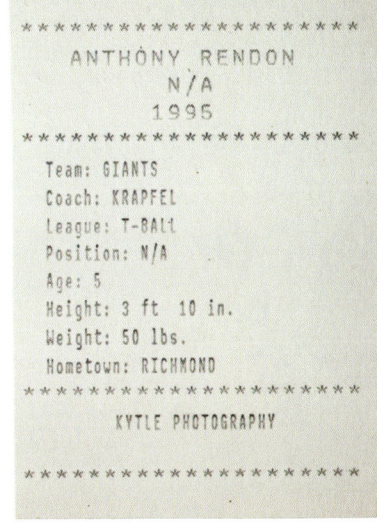

Figure 6.1. YMCA baseball card, Houston, Texas, 1995. This baseball card is of Anthony Rendon, age 5, who played for the local YMCA Giants team in Houston many years before he was drafted into Major League Baseball. The front is emblazoned with "Superstars" while the back features his player biographical information. *Gift of Rene and Bridget Rendon, National Museum of American History.*

Figura 6.1. Tarjeta de béisbol de la YMCA, Houston, Texas, 1995. Esta es la tarjeta de béisbol de Anthony Rendón a la edad de cinco años. Rendón jugó con el equipo local de los Gigantes de la YMCA en Houston por muchos años antes de ser seleccionado en el sorteo de MLB. El frente de la tarjeta lleva el título "Superestrellas", mientras al reverso está la información biográfica del jugador. *Donación de René y Bridget Rendón, Museo Nacional de Historia Americana.*

Figure 6.2. Mini bat, Houston, Texas, 1990s. This mini souvenir bat of the minor league team the Las Vegas 51s was used by Anthony, his brother, and father to play baseball inside the Rendon household. *Gift of Rene and Bridget Rendon, National Museum of American History.*

Figura 6.2. Minibate, Houston, Texas, los años noventa. Anthony, su hermano y su padre usaban este minibate souvenir del equipo de ligas menores Las Vegas 51s para jugar dentro de la casa de la familia Rendón. *Donación de René y Bridget Rendón, Museo Nacional de Historia Americana.*

It was undeniable. Anthony had talent. At three years old he was hitting pine cones like baseballs with sticks from the backyard. With the hand-eye coordination of a much older athlete, he quickly excelled. By middle school, he was a star basketball player, track athlete, and baseball player. These achievements took a lot of practice year-round. He; his older brother, David; and father, Rene; would spend the Houston rainy season indoors with a mini bat, hitting nerf balls around the living room. Only some of their breakables survived.

"What do you do when it is clear your child has talent?" Rene and Bridget Rendon were asked in an interview with Smithsonian curator Margaret Salazar-Porzio in February 2018. With a glance at each other it was clear they always knew their path forward. You push just enough, make a lot of sacrifices, and let your faith guide you.[1]

Anthony Rendon entered the local Houston YMCA little league Giants team at five years old. His father, Rene, remembered how Anthony was always one of the best players. "The other kids didn't really understand the game yet. They were picking flowers in the outfield. But Anthony was different. Maybe he learned from his older brother and me. He was smart and fast and a good hitter from the beginning."[2] Seeing that the YMCA little league was hardly challenging Anthony, Rene and Brid-

Era innegable: Anthony tenía talento. A los tres años de edad bateaba piñas de pino con palos que recogía en el patio de su casa. Tenía la coordinación ojo-mano de un atleta mucho mayor, y se distinguió rápidamente. Ya en escuela intermedia era estrella en el baloncesto, atletismo y béisbol. Estos logros requerían mucho tiempo de práctica el año entero. En la temporada de lluvia, Anthony, su hermano mayor David y su padre René practicaban adentro con un minibate y pelotas de gomaespuma en la sala de su casa. Pocos objetos frágiles sobrevivieron.

"¿Qué haces cuándo es obvio que tu hijo tiene talento?". Esta fue una pregunta que hizo Margaret Salazar-Porzio, curadora del Smithsonian, a René y Bridget Rendón en una entrevista en febrero del 2018. La mirada entre ellos dejó claro que siempre supieron cuál era el camino por seguir. Simplemente perseveras, haces muchos sacrificios y dejas que tu fe te guíe.[1]

Anthony Rendón se integró a los Gigantes de la YMCA de Houston, equipo local de Pequeñas Ligas, a la edad de cinco años. Su padre, René, recuerda que Anthony fue siempre uno de los mejores jugadores. "Los otros niños en realidad no entendían el juego todavía. En los jardines lo que hacían era recoger flores. Pero Anthony era diferente. Quizás aprendió de mí y de su hermano mayor. Era listo y rápido y buen bateador desde el principio".[2] Al ver que las

Figure 6.3. YMCA Giants shirt and hat, Houston, Texas, 1995. A small Giants shirt and hat worn by Anthony Rendon reveal the beginnings of a dream. Rendon's first baseball team sparked his drive to challenge himself to be better. These objects give texture to Mexican American life in Texas and illustrate Rendon's many years of playing baseball before being drafted as third baseman for the Washington Nationals. *Gift of Rene and Bridget Rendon, National Museum of American History.*

Figura 6.3. Camiseta y gorra de los Gigantes de la YMCA, Houston, Texas, 1995. Una pequeña camiseta y gorrita de los Gigantes, pertenecientes a Anthony Rendón, revelan el comienzo de un sueño. Su primer equipo de béisbol alimentó su empeño de superación. Estos objetos hablan de la vida de los mexicoamericanos en Texas e ilustran los muchos años que dedicó Rendón al béisbol antes de que los Nacionales de Washington lo seleccionaran en el sorteo para jugar tercera base. *Donación de René y Bridget Rendón, Museo Nacional de Historia Americana.*

get started doing their research. They found more serious leagues, or "as serious as you could get at five and seven years old."[3] They tried to get Anthony to play with more advanced teams, but he was always too young. By the time Anthony entered middle school, he could play in the Pony League. He did well. He had good coaches. He had abundant talent. And he had a supportive family.

At home, Rene decided to quit his day job to be home for his two boys, David and Anthony. In the evenings he played pool for a living and made good money. Rene had started working in a pool hall when he was only 16; but, he explained, "'Worked' isn't the right description. They let me clean up around the place and I played pool for [free]."[4] Perhaps Anthony got his impeccable aim from Rene, who honed his pool-playing skills in those early years and won championships in Texas tournaments and beyond.

Rene and Bridget believed that once Anthony was in high school, he could do better in Lamar High School's baseball program, so the family moved. They packed up all their belongings and rented a place across town where Anthony could play baseball and be recognized for his talent.

Rene, Bridget, and David were all there with Anthony when he was drafted by the Atlanta Braves in the 27th round of the 2008 MLB Amateur Draft. Surprising many, Anthony turned down the Braves' offer and decided to accept an athletic scholarship to Rice University instead. As a freshman in 2009, Rendon was named Baseball America's Freshman of the Year and received numerous recognitions and awards.

After his junior season, he was drafted again, but this time he signed. "I felt I had grown up; literally, I grew a few inches. Hit a growth spurt.... But also, I grew in maturity," Anthony explained why he was ready to sign when the Washington Nationals drafted him in the first round of the 2011 MLB June Amateur Draft from Rice University.[5]

Anthony is today one of the biggest stars in Major League Baseball. Like him, there are generations of Latino ballplayers that are homegrown in the United States. Some of them play in local or professional leagues, and some are signed by the major leagues or international leagues. Anthony's story resonates as one of success and sacrifice as his family supported him along every step of the way. His story reflects the importance of family and community and what it means to be a hometown hero.

Pequeñas Ligas de la YMCA no era reto suficiente para Anthony, René y Bridget empezaron a explorar. Encontraron ligas más serias, o más bien "todo lo serias que se podía a la edad de cinco y siete años".[3] Trataron de que Anthony jugara con equipos más avanzados, pero siempre resultaba demasiado joven. Para cuando Anthony ingresó en la escuela intermedia, podía jugar en la Liga PONY. Le fue bien. Tenía buenos entrenadores. Tenía talento de sobra. Y tenía una familia que lo apoyaba.

Por su parte, René decidió dejar su empleo de día y estar en casa para ayudar a sus dos hijos, David y Anthony. Para ganarse la vida, jugaba billar por la noche, y cobraba buen dinero. René había empezado a trabajar en un salón de billar cuando tenía solo 16 años. Pero, como explicó él mismo, ""Trabajar" no es la descripción correcta. Me dejaban limpiar el sitio y yo jugaba billar [gratis]".[4] Quizás Anthony heredó su puntería impecable de René, quien desarrolló sus destrezas en el billar en esos años de adolescencia y ganó campeonatos en torneos dentro y fuera de Texas.

René y Bridget pensaban que cuando Anthony empezara la secundaria le iría mejor en el programa de béisbol de la Escuela Secundaria Lamar, así que la familia se mudó. Empacaron todas sus pertenencias y alquilaron una vivienda al otro lado de la ciudad, donde Anthony podía jugar béisbol y hacer reconocer su talento.

René, Bridget y David estaban con Anthony cuando los Bravos de Atlanta lo seleccionaron en la 27.ª ronda del sorteo amateur de Major League Baseball en el 2008. Para sorpresa de muchos, Anthony rechazó la oferta de los Bravos y decidió en cambio aceptar una beca deportiva en la Universidad Rice. Como jugador de primer año en el 2009, Rendón fue nombrado Novato del Año por la revista quincenal *Baseball America* y recibió numerosos homenajes y premios.

Al terminar su tercer año, Anthony fue de nuevo seleccionado en el sorteo y esta vez aceptó la oferta. "Sentía que había crecido; literalmente, crecí varias pulgadas. Di un estirón. [...] Pero también maduré", dice al explicar por qué estaba listo para firmar cuando los Nacionales de Washington lo eligieron en la primera ronda del sorteo amateur de MLB en junio del 2011.[5]

Anthony es hoy una de las grandes estrellas de MLB. Como él, hay generaciones de peloteros latinos que crecieron en Estados Unidos. Algunos juegan en ligas locales o profesionales, y algunos son contratados por las grandes ligas o por ligas internacionales. Las experiencias de Anthony resuenan como una historia de éxito y sacrificio, con el apoyo de su familia en cada paso del camino. Su trayecto refleja la importancia de la familia y la comunidad, y lo que significa ser un héroe local.

RICE

OFFICE OF ADMISSION

May 14, 2008

Anthony Michael Rendon

Dear Anthony,

It is my privilege to inform you that your application to Rice University has been approved for the term beginning in August 2008. Your admission was based on your academic record and your willingness to participate in intercollegiate athletics. Congratulations for the many achievements which led to your acceptance.

We think you will find a challenging and enjoyable environment at Rice, which will help you realize your academic and personal goals. You will be challenged to take advantage of highly accessible professors and research opportunities. The Residential College System will facilitate your interaction with a wide variety of students, faculty, and administrators. Your years at Rice will be a period of growth that will serve you throughout your lifetime.

To confirm your enrollment plans, please sign and submit the enclosed Enrollment Confirmation **within 10 days of receipt of this letter**. No monetary deposit is required. Information regarding college and roommate assignments, registration, and orientation are mailed in late May.

Your admission to Rice is contingent upon your continuing the high level of performance that led to your acceptance. Personal misconduct and academic declines in your senior year are reasons to rescind your offer of admission. To complete your enrollment, we must have an official copy of your final transcript and SAT scores. Please ask your counselor to forward this information to us as soon as it is available.

We believe the Rice community will be enriched by your membership, and we look forward to welcoming you to campus this fall. If I can be of further assistance to you, do not hesitate to let me know.

Sincerely,

Keith Todd
Director of Admission

RICE UNIVERSITY · OFFICE OF ADMISSION · MS 17 · P.O. Box 1892 · HOUSTON, TEXAS 77251-1892
PHONE: 713-348-7423 · 1-800-527 OWLS

Figure 6.4. Rice University acceptance letter, 2008. Anthony Rendon accepted an athletic scholarship to play for Rice University in Houston, Texas, in 2008. *Gift of Anthony Rendon, National Museum of American History.*

Figura 6.4. Carta de aceptación de la Universidad Rice, 2008. Anthony Rendón aceptó una beca deportiva para jugar en el equipo de pelota de la Universidad Rice en Houston, Texas, en el 2008. *Donación de Anthony Rendón, Museo Nacional de Historia Americana.*

Figure 6.5. Anthony Rendon's Rice University baseball card, 2010. *Gift of Rene and Bridget Rendon, National Museum of American History.*

Figura 6.5. Tarjeta de béisbol de Anthony Rendón de la Universidad Rice, 2010. *Donación de René y Bridget Rendón, Museo Nacional de Historia Americana.*

Figure 6.6. Anthony Rendon's Washington Nationals baseball card, 2011. The Washington Nationals drafted Rendon sixth overall in the first round of the 2011 MLB June Amateur Draft from Rice University. *Gift of Anthony Rendon, National Museum of American History.*

Figura 6.6. Tarjeta de béisbol de Anthony Rendón con los Nacionales de Washington, 2011. Los Nacionales de Washington hicieron a Rendón, jugador de la Universidad Rice, la sexta selección de la primera ronda del sorteo amateur de MLB en junio del 2011. *Donación de Anthony Rendón, Museo Nacional de Historia Americana.*

Figure 6.7. Interview with Rendon family, Houston, Texas, 8 February 2018. From left to right, curator Margaret Salazar-Porzio; Rendon's mother, Bridget; Rendon's father, Rene; Anthony Rendon; and his wife, Amanda. *Courtesy of George Santiago.*

Figura 6.7. Entrevista con la familia Rendón, Houston, Texas, 8 de febrero del 2018. Desde la izquierda: la curadora Margaret Salazar-Porzio; la madre de Rendón, Bridget; el padre de Rendón, René; Anthony Rendón y su esposa, Amanda. *Cortesía de George Santiago.*

OF NOTE
Urban Legends

Leopoldo "Polín" Martinez cut out articles about his baseball career in Mexico, California, and Texas and pasted them into a *Life* magazine to literally insert himself into the larger history of baseball in the United States. Martinez's *Life* magazine is a representation of his dreams and aspirations. The scrapbook provides insight into how one family used baseball to dream and to create identity in a new place. Baseball was this family's conduit to community. Chapter 4 details some of the ways Leopoldo and his four boys became local baseball heroes in La Puente, California. They were the baseball family that everyone knew. But this *Life* magazine reveals another level of self-reflection—a career and a dimension of Leopoldo Martinez's life that would otherwise be lost to time. Although major league ballplayers gain legendary status and popularity on the national stage, this *Life* magazine is how local legends are made and preserved.

DIGNO DE MENCIÓN
Leyendas urbanas

Leopoldo "Polín" Martínez recortaba artículos sobre su carrera de pelotero en México, California y Texas, y las pegaba dentro de un número de la revista *Life* para insertarse, literalmente, en la historia general del béisbol en Estados Unidos. La revista *Life* de Martínez es una representación de sus sueños y aspiraciones. Este álbum de recortes nos deja entender mejor cómo una familia recurrió a la pelota para soñar y crear su identidad en un lugar nuevo. El béisbol fue para ellos la manera de encontrar comunidad. El capítulo 4 ofrece algunos detalles de cómo Leopoldo y sus cuatro hijos se convirtieron en héroes locales del béisbol La Puente, California. Eran la familia de peloteros que todo el mundo conocía. Pero esta revista *Life* revela otro nivel de autorreflexión, una carrera y una dimensión de la vida de Leopoldo Martínez que de otra forma hubiera quedado olvidada. Aunque los peloteros de grandes ligas alcanzan estatus y popularidad de leyenda a nivel nacional, esta revista *Life* muestra cómo se crean y se conservan las leyendas locales.

Figure 6.8. *Life* magazine scrapbook, 1940s–1950s. This *Life* magazine is where Leopoldo "Polín" Martinez pasted articles about his baseball career in Mexico, California, and Texas alongside stats and articles about major league players. This magazine provides insight into his identity as an international baseball player and proud American. *Gift of Eddie, Ernie, Howard, and Randall Martinez, National Museum of American History.*

Figura 6.8. Álbum de recortes hecho con revista *Life*, los años cuarenta y cincuenta. Esta revista es donde Leopoldo "Polín" Martínez pegó artículos sobre su carrera en México, California y Texas junto a estadísticas y artículos sobre peloteros de grandes ligas. El álbum arroja luz sobre su identidad como pelotero internacional y orgulloso estadounidense. *Donación de Eddie, Ernie, Howard y Randall Martínez, Museo Nacional de Historia Americana.*

Figure 6.9. *Life* magazine scrapbook spread, 1930s and 1940s. This spread from Leopoldo Martinez's *Life* magazine scrapbook shows how he cut and pasted his own career highlights alongside those of his baseball heroes, literally inserting himself into the national narrative. *Gift of Eddie, Ernie, Howard, and Randall Martinez, National Museum of American History.*

Figura 6.9. Páginas del álbum de recortes hecho con la revista *Life*, los años treinta y cuarenta. Aquí se ve cómo Leopoldo Martínez cortaba y pegaba noticias de los momentos importantes de su carrera junto a las de sus héroes del béisbol, insertándose literalmente en la historia nacional. *Donación de Eddie, Ernie, Howard y Randall Martínez, Museo Nacional de Historia Americana.*

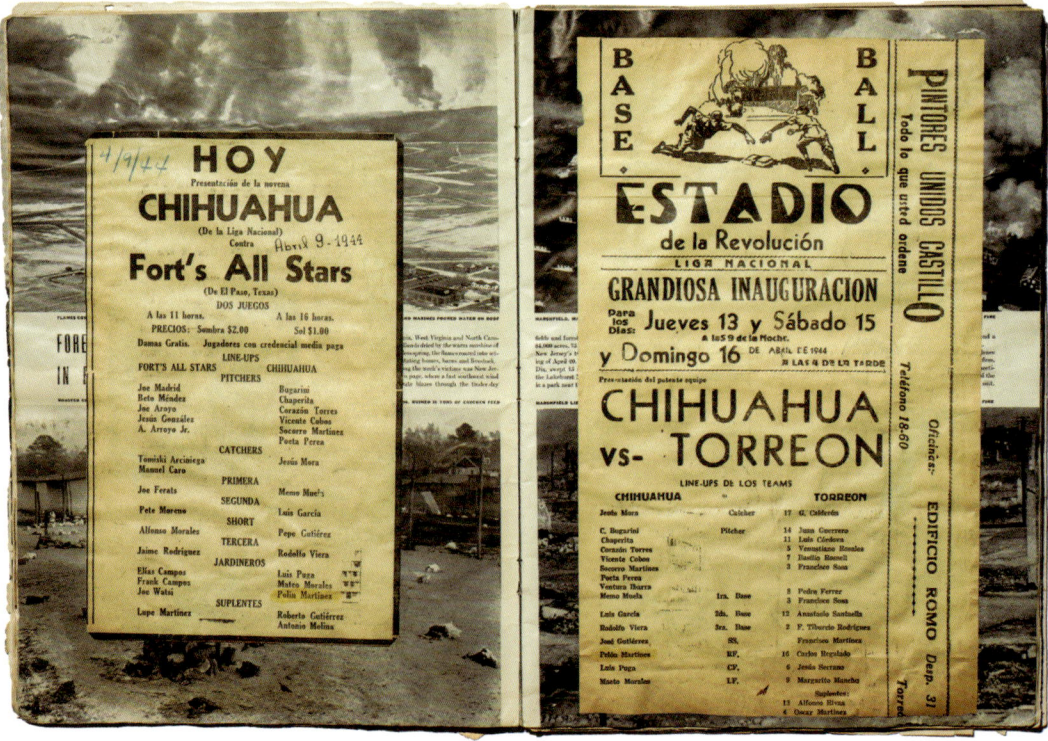

Figure 6.10. *Life* magazine scrapbook spread, 1940s. This spread from Leopoldo Martinez's *Life* magazine scrapbook reflects an international career in Mexico and the United States. *Gift of Eddie, Ernie, Howard, and Randall Martinez, National Museum of American History.*

Figura 6.10. Páginas del álbum de recortes hecho con la revista *Life*, los años cuarenta. Estas páginas del álbum que hizo Leopoldo Martínez con una revista *Life* ilustran su carrera internacional en México y Estados Unidos. *Donación de Eddie, Ernie, Howard y Randall Martínez, Museo Nacional de Historia Americana.*

VOICES FROM THE COMMUNITY
Fandom Past and Present

Adrian Burgos Jr.

Much like legendary players Roberto Clemente, Luis Tiant Jr., and Fernando Valenzuela did in the past, contemporary Latino stars Nolan Arenado, Javier Báez, Francisco Lindor, and others excite and inspire fans. They thrill fans with their ability to hit a home run, strike out an opponent, or come up with a big defensive play. Their joy playing the game becomes infectious. The charisma they emit while engaging with their teammates, with the media, or directly with the public makes them even bigger fan favorites. It's not just their in-game performance that gains them admirers. Their charitable work in their communities also contributes to their legendary status, with particular players being upheld as sporting heroes.

VOCES DE LA COMUNIDAD
La fanaticada, pasada y presente

Adrian Burgos Jr.

Al igual que leyendas como Roberto Clemente, Luis Tiant Jr. y Fernando Valenzuela en el pasado, los astros latinos de hoy como Nolan Arenado, Javier Báez, Francisco Lindor y otros inspiran y entusiasman a la fanaticada. Los admiradores se emocionan cuando conectan un jonrón, ponchan a un bateado o hacen una buena jugada defensiva. Su alegría en el juego es contagiosa, y el carisma que irradian en su relación con sus compañeros de equipo, los medios de comunicación o directamente con el público los hace aún más populares. Pero no es solamente su desempeño en el juego lo que les gana admiradores. La labor benéfica que realizan en sus comunidades contribuye a su imagen legendaria, y algunos son considerados héroes del deporte.

Figure 6.11. Nicholas Mariani, fan portrait of Francisco Lindor, 2017. Nicholas Mariani drew this portrait of Francisco Lindor under the tutelage of Joe Gazzo at the Baseball Heritage Museum in Cleveland, Ohio. *Gift of the Mariani Family, National Museum of American History.*

Figura 6.11. Retrato de Francisco Lindor por su admirador Nicholas Mariani, 2017. Nicholas Mariani dibujó este retrato de Francisco Lindor bajo la tutela de Joe Gazzo en el Museo del Patrimonio del Béisbol en Cleveland, Ohio. *Donación de la familia Mariani, Museo Nacional de Historia Americana.*

Figure 6.12. Dodgers fans show support for their team with Latino flair, Los Angeles, California, 2009. Fans spell out the Spanglish nickname "Los Doyers" at Dodger Stadium during a game against the San Francisco Giants on 15 April 2009. *Courtesy of Kevork Djansezian/Getty Images.*

Figura 6.12. Los fanáticos de los Dodgers muestran su apoyo al estilo latino, Los Ángeles, California, 2009. Los fanáticos forman el apodo en espanglish "Los Doyers", en el Dodger Stadium durante un partido contra los Gigantes de San Francisco el 15 de abril del 2009. *Cortesía de Kevork Djansezian/Getty Images.*

The ways fans have followed their favorite players has evolved over the past few decades, especially with the arrival of social media. Fans stay up-to-date on their favorite players through legacy media and, now, digital media.[6] They read game stories, feature articles, and interviews to get to know their favorite players better. Social media platforms such as Instagram, Twitter, and Facebook have made it easier for fans to follow the latest in the players' everyday lives. Social postings permit players to share the latest in their stylish clothes, customized sports gear, and photos of them hanging out with other players or with their families with their followers.

Fans express their admiration for their favorite ballplayers in many ways. A trip to the ballpark to see them in action is a traditional way to express support. Fans buy and wear replica jerseys. Some build baseball card collections featuring their favorite players. Others focus on collecting memorabilia, such as game-used bats, hats, and uniforms, among other items. Their favorite players even inspire their artistic abilities.

Twelve-year-old Nicholas Mariani from Cleveland, Ohio, found inspiration in Francisco Lindor, his favorite player on the Cleveland Indians. As a seventh grader, he drew a charcoal portrait of Lindor while taking free art classes at the Baseball Heritage Museum in Cleveland. The youngster's drawing impressed his art instructor, his parents, and even Mr. Smile himself. The Mariani family had 12 prints of the Lindor portrait made—in honor of Lindor's uniform number. The family decided to sell copies to raise support for hurricane relief in Puerto Rico and a local children's hospital.

Las varias formas en que los fanáticos siguen a sus peloteros favoritos han evolucionado a lo largo de las últimas décadas, sobre todo con la llegada de las redes sociales. La afición se mantiene al día por medio de los medios tradicionales y, ahora, los medios digitales.[6] Leen noticias de los juegos, artículos y entrevistas para conocer mejor a sus preferidos. Las plataformas de las redes sociales, tales como Instagram, Twitter y Facebook, les permiten seguir más fácilmente los últimos detalles de la vida diaria de los jugadores. Por su parte, los peloteros publican mensajes en las redes sociales para compartir lo último de su vestuario, su equipamiento deportivo personalizado y sus fotos en compañía de otros jugadores o de su familia con sus admiradores.

Los fanáticos expresan de muchas maneras su admiración por sus peloteros favoritos. Una forma tradicional de apoyo es asistir al estadio para verlos en acción. También compran y usan réplicas de las camisetas. Algunos coleccionan tarjetas de béisbol. Otros coleccionan artículos de interés como bates, gorras y uniformes que se han utilizado en los partidos, entre otros objetos. Sus jugadores favoritos incluso les inspiran su vena artística.

El joven de 12 años Nicholas Mariani, de Cleveland, Ohio, se sintió inspirado por su jugador favorito de los Indios de Cleveland, Francisco Lindor. Cuando cursaba el séptimo grado, dibujó un retrato de Lindor al carboncillo en una clase de arte que ofrecía gratuitamente el Museo del Patrimonio del Béisbol en Cleveland. El dibujo del jovencito impresionó a su maestro de arte, a sus padres e incluso al propio "Mr. Smile". Los Mariani encargaron 12 reproducciones del retrato, en honor al número del uniforme de Lindor. La familia decidió vender las copias para recaudar fondos a favor de las víctimas del huracán en Puerto Rico y de un hospital infantil local.

Figure 6.13. Francisco Lindor (center) with Nicholas Mariani (second from right), 2018. Also pictured are Nicholas's parents and brother. *Courtesy of the Mariani Family.*

Figura 6.13. Francisco Lindor (centro) con Nicholas Mariani (segundo desde la derecha), 2018. También aparecen los padres y el hermano de Nicholas. *Cortesía de la familia Mariani.*

Inspiration for drawing Lindor was multidimensional for Mariani. Young Nicholas played shortstop just like his favorite player. They also share Puerto Rican roots. There were other qualities he admired in the Cleveland all-star. "A good player like Lindor, you just want to be like them," the youngster told a Cleveland news station. "He's my favorite baseball player, and I just thought it would be cool because he's a nice guy, too."[7] Mariani learned just how nice Lindor was when the two met in January 2018. Lindor signed the portrait for the youngster, giving Mariani another reason to admire the Puerto Rico–born and Florida-raised shortstop.

Mariani tuvo varios motivos para inspirar su dibujo en Lindor. El joven era campo corto, igual que su jugador favorito. También compartían raíces puertorriqueñas. Y había otras cualidades que admiraba en el astro de Cleveland. "Un buen jugador como Lindor... simplemente quieres ser como ellos", comentó el joven en una estación radial de Cleveland. "Es mi pelotero favorito, y pensé que sería chévere porque también es buena persona".[7] Mariani descubrió exactamente la calidad de persona que era Lindor cuando se conocieron en enero del 2018. Lindor autografió el retrato del muchacho, dándole otra razón para admirar a este campo corto nacido en Puerto Rico y criado en Florida.

NOTES

1. Paraphrased from an interview with the Rendon family by Margaret Salazar-Porzio, Houston, Tex., 8 February 2018.

2. Interview with Rendon family, 2018.

3. Interview with Rendon family, 2018.

4. Interview with Rendon family, 2018.

5. Interview with Rendon family, 2018.

6. "Legacy media" is a term used to describe media considered "old," such as radio, television, and newspapers. Although there is a long tradition of readers writing letters to newspaper editors, in most legacy media the consumer does not contribute to or interact with the content and remains fairly passive.

7. Matt Wright, "Cleveland Boy's Portrait of Francisco Lindor Considered for National Museum," *Fox 8 News*, last modified 12 October 2017, https://fox8.com/ 2017/10/12/cleveland-boys-portrait-of-francisco-lindor-considered-for-national-museum/ (accessed 3 January 2020).

NOTAS

1. Parafraseado de una entrevista con la familia Rendón por Margaret Salazar-Porzio, Houston, Tex., 8 de febrero del 2018.

2. Entrevista con la familia Rendón, 2018.

3. Entrevista con la familia Rendón, 2018.

4. Entrevista con la familia Rendón, 2018.

5. Entrevista con la familia Rendón, 2018.

6. "Medios de comunicación tradicionales" se refiere a los medios considerados "anticuados", como la radio, la televisión y los periódicos. Aunque hay una larga tradición de lectores que escriben cartas a los editores de los periódicos, en la mayoría de los medios tradicionales los consumidores no aportan al contenido ni interactúan con él, teniendo un papel más bien pasivo.

7. Matt Wright, "Cleveland Boy's Portrait of Francisco Lindor Considered for National Museum", *Fox 8 News*, modificado el 12 de octubre del 2017, https://fox8.com/ 2017/10/12/cleveland-boys-portrait-of-francisco-lindor-considered-for-national-museum/ (consultado el 3 de enero de 2020).

7

Pastime of the Americas
El pasatiempo de las Américas

CUBA'S LEGACY: CUBAN COMET TO EL TIANTE

EL LEGADO DE CUBA: DEL COMETA CUBANO AL TIANTE

Throughout the twentieth century, immigrants and migrants from the Caribbean – especially Cuba, Dominican Republic, and Puerto Rico – as well as from Mexico, Venezuela, the northern coast of Colombia, and Brazil knew baseball before coming to the United States. Baseball was already a vibrant part of their communities and their cultures. Today, Latinas/os are present and play a version of baseball in every state and territory of the United States. Baseball provides one incredibly rich entry point to tell complex stories about Latina/o and Latin American immigration and migration experiences that resonate across American society. Individual stories demonstrate that what it means to be American changes over time. Our lives intersect on the baseball field in local, regional, national, and global contexts, bringing American identity into greater focus.

Orestes Miñoso and Luis Tiant Jr. starred in the generation that transformed the major leagues from the 1950s through the 1970s. Their paths into the majors reveal baseball's transition from segregation to integration. Their journeys from Cuba to the big leagues also illuminate unique challenges Cubans faced after the Cuban Revolution. Those challenges were in addition to the cultural adjustment that foreign-born Latinos encountered in leaving their home countries to pursue professional baseball in the United States.

Before he entertained major league fans as the Cuban Comet, Miñoso played three seasons in the Negro Leagues, from 1946 to 1948. His teammates included veteran pitcher Luis "Lefty" Tiant Sr., who went undefeated with 10 wins for a 1947 New York Cubans team that won

A lo largo del siglo XX, los inmigrantes y migrantes del Caribe, sobre todo Cuba, la República Dominicana y Puerto Rico, así como los de México, Venezuela, la costa norte de Colombia y Brasil conocían el béisbol antes de llegar a Estados Unidos. Este deporte era ya parte integral de sus comunidades y sus culturas. Hoy en día, los latinos y latinas son espectadores o jugadores de alguna versión de béisbol en cada estado y territorio de Estados Unidos. La pelota ofrece un punto de partida inmensamente rico para contar las complejas historias de los latinas/os y las experiencias de la inmigración y la migración latinoamericana que resuenan a través de la sociedad estadounidense. Las historias personales demuestran que el significado de "ser americano" cambia a lo largo del tiempo. Nuestras vidas se cruzan en el terreno de juego en contextos locales, regionales, nacionales y globales, dando una definición más clara de lo que es la identidad americana.

Orestes Miñoso y Luis Tiant Jr. fueron estrellas de la generación que transformó las grandes ligas entre los años cincuenta y setenta. Sus trayectorias desde Cuba hacia las mayores refleja la transición del béisbol de la segregación a la integración racial, y también los retos particulares que enfrentaron los cubanos después de la Revolución en su isla. A esos retos se añadía el ajuste cultural que implicaba para los latinos nacidos en el extranjero dejar sus países natales para emprender una carrera profesional en Estados Unidos.

Antes de deleitar a los fanáticos de grandes ligas como el Cometa Cubano, Miñoso jugó tres temporadas en las ligas negras, desde 1946 hasta 1948. Entre sus compañeros de equipo estaba el veterano lanzador Luis "el Zurdo" Tiant Sr., quien en 1947 quedó invicto con marca de 10-0 para

Figure 7.1. Reynerio Tamayo, *José D. Abreu*, 2017. Baseball has had a significant influence on Cuban culture for more than a century, and playing baseball has been a way for many Cubans to come to the United States. Cuban artist Reynerio Tamayo painted Chicago White Sox player and defector José Abreu being guided by Cuba's patron saint, La Virgen de la Caridad del Cobre. The baby Jesus in her arms also gestures to the son Abreu had to leave behind when he defected. Painted to resemble a baseball card, the image depicts how religion, immigration, and baseball are intertwined, connecting the Cuban communities of the island and the United States. *Gift of Reynerio Tamayo and Leonardo Rodríguez, National Museum of American History.*

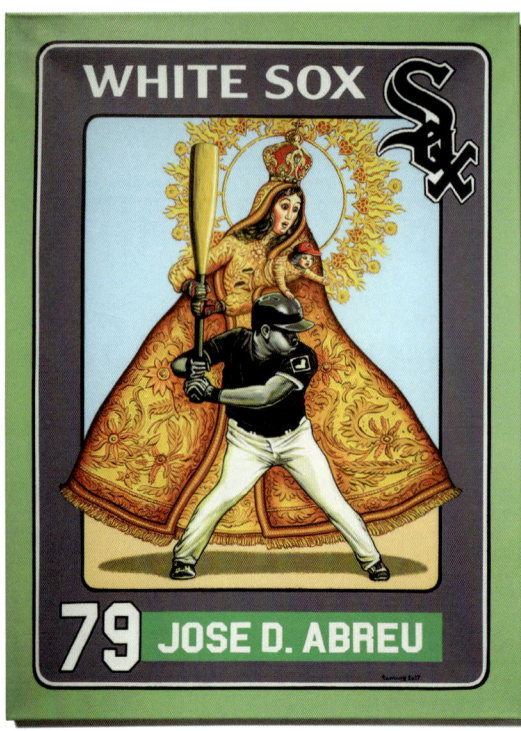

Figura 7.1. Reynerio Tamayo, *José D. Abreu*, 2017. El béisbol ha sido una influencia significativa en la cultura cubana por más de un siglo y, para muchos peloteros cubanos, un medio de llegar a Estados Unidos. Uno de ellos es José Abreu, jugador de las Medias Blancas de Chicago, a quien el artista cubano Reynerio Tamayo pintó bajo la mirada protectora de la patrona de Cuba, la Virgen de la Caridad del Cobre. La Virgen lleva en brazos al Niño Jesús, quien parece señalar hacia el hijo que Abreu tuvo que dejar atrás cuando desertó. La pintura, que semeja una tarjeta de béisbol, ilustra cómo se entrelazan la religión, la inmigración y el béisbol, conectando a las comunidades cubanas de la isla y de Estados Unidos. *Donación de Reynerio Tamayo y Leonardo Rodríguez, Museo Nacional de Historia Americana.*

the Negro World Series. Miñoso and the elder Tiant were among the more than 240 Latinos who played in the Negro Leagues. These players learned that baseball talent alone did not result in acceptance into Major League Baseball (MLB) during the color line era.[1]

Miñoso was a key figure in the generation that bridged baseball from segregation to integration. His MLB debut with the Cleveland Indians on 19 April 1949 made him the first Afro-Latino in the majors as the color line was being dismantled. Acceptance was not immediate. He understood that pioneering integration as an Afro-Latino meant retaliation came primarily through his on-field performance — his hitting, base running, and fielding. He became, in the words of Hall of Famer Orlando Cepeda, the Latino Jackie Robinson.

los Cubanos de Nueva York, campeones de la serie mundial negra ese año. Miñoso y Tiant Sr. se cuentan entre más de 240 latinos que pasaron por las ligas negras. Estos peloteros pudieron constatar que el talento deportivo no bastaba para lograr aceptación en Major League Baseball en una era de barreras raciales.[1]

Miñoso fue una figura clave de la generación que tendió el puente de la segregación a la integración en el béisbol. Su debut en MLB con los Indios de Cleveland el 19 de abril de 1949 lo convirtió en el primer afrolatino en llegar a las mayores cuando empezó a disiparse la frontera racial. La aceptación no fue inmediata. Miñoso entendía que inaugurar la integración como afrolatino significaba que su respuesta a cualquier hostilidad debía ser sobre todo por medio de su desempeño en el terreno de juego con su bate, piernas y guante. En las palabras de Orlando Cepeda, miembro del Salón de la Fama, Miñoso se convirtió en el Jackie Robinson latino.

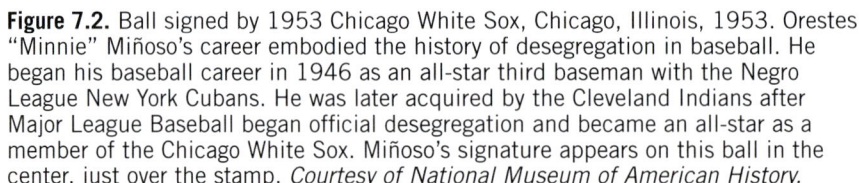

Figure 7.2. Ball signed by 1953 Chicago White Sox, Chicago, Illinois, 1953. Orestes "Minnie" Miñoso's career embodied the history of desegregation in baseball. He began his baseball career in 1946 as an all-star third baseman with the Negro League New York Cubans. He was later acquired by the Cleveland Indians after Major League Baseball began official desegregation and became an all-star as a member of the Chicago White Sox. Miñoso's signature appears on this ball in the center, just over the stamp. *Courtesy of National Museum of American History.*

Figura 7.2. Pelota autografiada por las Medias Blancas de Chicago en 1953, Chicago, Illinois, 1953. La trayectoria de Orestes "Minnie" Miñoso refleja la historia de la desegregación en el béisbol. Comenzó su carrera en 1946 como un tercera base All-Star con los Cubanos de Nueva York, equipo de las ligas negras. Luego fichó con los Indios de Cleveland cuando MLB comenzó su integración oficial, y se convirtió en jugador All-Star con las Medias Blancas de Chicago. El autógrafo de Miñoso aparece en el centro de la pelota, justo sobre el sello. *Cortesía del Museo Nacional de Historia Americana.*

Figure 7.3. Minnie Miñoso baseball card, 1955. Orestes "Minnie" Miñoso averaged .320 in 1954 with the Chicago White Sox. He also led the majors in triples and the American League in total bases. *Courtesy of the Ronald S. Korda Collection, Archives Center, National Museum of American History, Smithsonian Institution.*

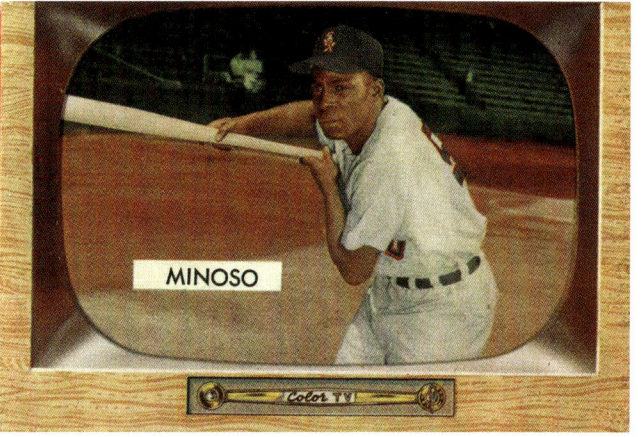

Figura 7.3. Tarjeta de béisbol de Minnie Miñoso, 1955. Orestes "Minnie" Miñoso promedió .320 en 1954 con las Medias Blancas de Chicago. También lideró las grandes ligas en triples y la Liga Americana en bases totales. *Cortesía de la Colección Ronald S. Korda, Centro de Archivos, Museo Nacional de Historia Americana, Institución Smithsonian.*

Cubans faced a unique challenge after Cuban–U.S. diplomatic relations broke in 1961. Veteran ballplayers faced the choice of continuing their careers in the United States or returning to Cuba and no longer playing professionally. The choice was somewhat different for up-and-coming players like the younger Luis Tiant. They had to decide whether to pursue their major league dream at all.

The younger Tiant pitched two seasons in the Mexican League when he faced this decision. His father discouraged pursuing a professional career in the United States. Dealing with Jim Crow segregation and U.S. race relations during his Negro League days had soured the elder Tiant on playing in the States. Better to study to be a doctor or engineer, he told his son. The younger Tiant signed with the Cleveland Indians organization anyway. Doing so in 1960 meant potential long-term separation. Fifteen years would pass before the two Luis Tiants could share a moment together.

Like Miñoso, the younger Tiant became an integration pioneer — a Black player who integrated the minor league teams on which he played. His presence prompted teams and leagues to reconsider their traditional practices and institutional culture. The treatment was alienating. "I used to go to my room and cry every day," Tiant told *La Vida Baseball* in a 2017 interview. "We would go on the road. [But] we couldn't use this stop on the road to eat. [Black players] couldn't get out. The white players had to bring the food to the bus. That's the only way we could eat. Then when we returned to the place where we played, they stayed in the nice hotel. We would have to

Los cubanos enfrentaron un reto único cuando Cuba y Estados Unidos rompieron relaciones diplomáticas en 1961. Los peloteros veteranos se vieron en la disyuntiva de continuar su carrera en Estados Unidos o regresar a Cuba y dejar de jugar profesionalmente. La alternativa era un poco distinta para los más jóvenes, como Luis Tiant Jr. Estos debían decidir si siquiera iban a intentar realizar su sueño de jugar en las grandes ligas.

El joven Tiant había lanzado dos temporadas en la Liga Mexicana de Béisbol cuando se vio frente a esa decisión. Su padre no estaba de acuerdo con que siguiera una carrera profesional en Estados Unidos. Tiant Sr. había tenido que lidiar con la segregación de la época Jim Crow y los problemas raciales de este país cuando militó en las ligas negras, y esto lo había desanimado de jugar en Estados Unidos. Mejor que estudiara para médico o ingeniero, le aconsejó a su hijo. No obstante, el joven Tiant fichó con los Indios de Cleveland. En 1960, este paso significaba el prospecto de una larga separación. Habrían de pasar 15 años antes de que los dos Luis Tiant pudieran disfrutar otro momento juntos.

Al igual que Miñoso, el joven Tiant fue un pionero, un pelotero negro que inauguró la integración en cada equipo de ligas menores en que jugó. Su presencia hizo que los equipos y las ligas reconsideraran sus prácticas tradicionales y su cultura institucional. El trato era alienante. "Todos los días me iba a mi cuarto y lloraba", dijo Tiant a *La Vida Baseball* en una entrevista en el 2017. "Nos íbamos de gira [con el equipo. Pero] no podíamos bajarnos en cualquier parada para comer. [Los jugadores negros] no podían bajarse. Los jugadores blancos tenían que traernos la comida al autobús. Así era como único podíamos comer. Entonces, cuando regresábamos al sitio donde jugábamos, ellos

Figure 7.4. Luis Tiant Jr. signed jersey, 2015. The story of Cuban pitcher Luis Tiant Jr. highlights the complicated issues of race and politics that bubbled up on the global stage between Cuba and the United States. His life in Cuba; his relationship with his father, Negro Leagues pitcher Luis "Lefty" Tiant Sr.; and his own legendary career demonstrate these themes and how families kept in touch even though they could not see each other, particularly when the United States, at various times, embargoed travel to and trade with Cuba. *Gift of Luis Tiant, National Museum of American History.*

Figura 7.4. Camiseta autografiada de Luis Tiant Jr., 2015. La historia del lanzador cubano Luis Tiant Jr. pone de relieve la complicada problemática racial y política que se manifestó en la escena internacional entre Cuba y Estados Unidos. Su vida en Cuba, su relación con su padre (el lanzador de ligas negras Luis "el Zurdo" Tiant Sr.) y su propia carrera ilustran estos problemas y cómo las familias se mantuvieron en contacto aunque no pudieran verse, sobre todo cuando Estados Unidos puso en efecto embargos que afectaban los viajes y el comercio entre ambos países. *Donación de Luis Tiant, Museo Nacional de Historia Americana.*

go to the black section. And it was not really a good thing. It was like hell. You were not being treated like a human being."[2]

Rather than be discouraged, he remained determined. "'People don't like me because the color of my skin or whatever.' That's fine. But I'm going to show them that color has nothing to do with what you can do. And that's what I did."

Tiant Jr. developed into a pitching ace in the majors. His 1968 season with Cleveland was legendary: 21–9 while striking out 264 and leading the American League with a 1.60 earned run average and nine shutouts. A broken right shoulder in 1970 almost derailed his career.

He mastered a new pitching style and turned into *El Tiante* in Boston. The Cuban became the Red Sox ace, a three-time 20-game winner who amassed 121 victories from 1972 to 1978. It was in Boston where the Tiant family finally reunited in August 1975. There, the elder Luis Tiant watched his son pitch in a World Series in which, only a generation earlier, Afro-Latinos had been denied the opportunity to participate.

Cubans everywhere longed for reunions like the Tiant family enjoyed in Boston. In communities from Union City, New Jersey, to Miami and Tampa in Florida, Cubans celebrated the feats of Miñoso and Tiant in the major leagues. Tampa's Spanish-speaking community in particular has shared its passion for baseball with the next generation from the community's founding in the late nineteenth century into the present day. As a result, the list of major leaguers Tampa has produced includes Hall of Famer Al López and, more recently, all-stars Tino Martínez, Luis González, and the Miami Marlins' late José Fernández. Tampa's Cuban community is also where Hall of Famer Alex Pompez grew up. Part of Pompez's legacy in professional baseball was opening the Dominican talent pipeline, first to the Negro Leagues in the early 1930s and then to the major leagues in the late 1950s.

se alojaban en el hotel bueno. Nosotros teníamos que ir al área de los negros. Todo eso de veras que no era bueno. Era un infierno. No te trataban como un ser humano".[2]

En vez de desanimarse, Tiant Jr. persistió. ""No le gusto a la gente por el color de mi piel, o lo que sea". No importa. Pero voy a demostrarles que el color no tiene nada que ver con lo que uno puede hacer. Y eso fue lo que hice".

Tiant Jr. se convirtió en un lanzador estrella de grandes ligas. Su temporada de 1968 con Cleveland fue legendaria: marca de 21–9 con 264 ponches y líder de la Liga Americana con efectividad de 1.60 y nueve blanqueadas. En 1970, una fractura en el hombro derecho estuvo a punto de descarrilar su carrera.

Tiant Jr. dominó un nuevo estilo de lanzar y se convirtió en "El Tiante" en Boston. El cubano reinó como el as de las Medias Rojas. Ganó 20 partidos tres veces mientras sumó 121 victorias entre 1972 y 1978. Fue en Boston donde la familia Tiant finalmente se reencontró en agosto de 1975. Allí, Luis Tiant Sr. pudo ver a su hijo lanzar en una serie mundial que, apenas una generación antes, había negado a los afrolatinos la oportunidad de participar.

En todas partes, los cubanos añoraban reunirse con sus familias como pudieron hacerlo los Tiant en Boston. En comunidades desde Union City en Nueva Jersey hasta Miami y Tampa en Florida, los cubanos celebraron las hazañas de Miñoso y Tiant en las grandes ligas. En particular, la comunidad de habla hispana de Tampa ha compartido su pasión por el béisbol con sucesivas generaciones desde la fundación de la comunidad a fines del siglo XIX hasta hoy. A esto se debe que Tampa haya producido una lista de peloteros de grandes ligas, entre ellos Al López, miembro del Salón de la Fama, y más recientemente las estrellas Tino Martínez, Luis González y el finado José Fernández de los Marlins de Miami. La comunidad cubana de Tampa es también donde creció Alex Pompez, también miembro del Salón de la Fama, cuyo legado en el béisbol profesional incluye haber abierto la vía para el talento dominicano, primero hacia las ligas negras a principios de los años treinta y luego hacia las grandes ligas a fines de los años cincuenta.

Figure 7.5. Luis Tiant Jr. at the mound for the Boston Red Sox, 1977. Tiant had a signature style for pitching, shown here, that was unique and effective while he played for the Red Sox (1971–1978). *Photo by Ron Kuntz Collection/Diamond Images/Getty Images.*

Figura 7.5. Luis Tiant Jr. en el montículo lanzando por las Medias Rojas de Boston, 1977. Como se ve aquí, Tiant tenía un estilo único de lanzar que empleó de manera efectiva mientras estuvo con las Medias Rojas (1971–1978). *Foto por Ron Kuntz Collection/ Diamond Images/Getty Images.*

OF NOTE
Dominicans Dominate MLB

As Cuban professional baseball was shutting down after the Cuban Revolution, Major League Baseball began ramping up its scouting efforts in the Dominican Republic. Baseball had already been an important pastime and major sport in the Dominican Republic since its introduction in the 1880s. The country emerged as a key market for the major leagues to scout talent in the 1950s, and that is still the case today. More recently, training camps for young Dominican players have sprung up all over the Dominican Republic, creating a system of exploitation as well as opportunity. From Juan Marichal to Sammy Sosa, Vladimir Guerrero Sr. and Vladimir Guerrero Jr. to David Ortiz (nicknamed "Big Papi"), it is undeniable that Dominicans dominate MLB.

DIGNOS DE MENCIÓN
Los dominicanos dominan MLB

A la vez que se eliminaba el béisbol profesional en Cuba después de la Revolución, MLB intensificaba su búsqueda de talento en la República Dominicana. Allí el béisbol había sido importante como pasatiempo y como deporte desde su introducción en la década de 1880. La isla se convirtió en un mercado clave para los cazatalentos de grandes ligas en los años cincuenta, y hoy todavía lo es. Más recientemente, han proliferado allí las academias de béisbol para jóvenes talentos dominicanos, creando un sistema de oportunidades pero también de explotación. Desde Juan Marichal hasta Sammy Sosa, Vladimir Guerrero Sr., Vladimir Guerrero Jr. y David "Big Papi" Ortiz, es innegable que los dominicanos dominan MLB.

Figure 7.6. Pedro Martínez's New York Mets jersey, 2005–2008. Born 25 October 1971 in Manoguayabo, Dominican Republic, Martínez came a long way from his one-room home on the outskirts of Santo Domingo. A 97-mph fastball, paralyzing changeups, and precision pitches made Martínez a force on the mound. He was inducted into the National Baseball Hall of Fame in 2015. *Courtesy of National Museum of American History.*

Figura 7.6. Camiseta los Mets de Nueva York perteneciente a Pedro Martínez, 2005–2008. Nacido el 25 de octubre de 1971 en Manoguayabo, República Dominicana, Martínez recorrió un gran trecho desde su hogar de una sola habitación a las afueras de Santo Domingo hasta el estrellato. Una recta de 97 millas por hora, un cambio de velocidad paralizador y control absoluto lo hicieron un huracán en el montículo. Fue exaltado al Salón de la Fama en el 2015. *Cortesía del Museo Nacional de Historia Americana.*

Figures 7.7. Alou brothers' San Francisco Giants baseball cards, from left: Jesus Alou (1965), Mateo "Matty" Alou (1964), and Felipe Alou (1963), who made history with the San Francisco Giants in 1963 as the first trio of brothers to play together in the outfield in one game. They were an early example of Dominican dominance in MLB that is seen in other family legacies, such as Vladimir Guerrero and his son Vladimir Guerrero Jr. and the father and son duo Raúl and Adalberto Mondesí. *Courtesy of the Ronald S. Korda Collection, Archives Center, National Museum of American History, Smithsonian Institution.*

Figura 7.7. Tarjetas de los hermanos Alou con los Gigantes de San Francisco. Desde la izquierda: Jesús Alou (1965), Mateo "Matty" Alou (1964) y Felipe Alou (1963). Los tres hicieron historia con los Gigantes de San Francisco en 1963 a ser el primer trío de hermanos en jugar juntos en los jardines en un partido y son uno de los primeros ejemplos del dominio y el legado familiar dominicano en MLB, como en los casos de los dúos padre-hijo Vladimir Guerrero Sr. y Jr., y Raúl Mondesí y su hijo Adalberto. *Cortesía de la Colección Ronald S. Korda, Centro de Archivos, Museo Nacional de Historia Americana, Institución Smithsonian.*

Figure 7.8. Freddy Rodríguez, *I'm Big Papi*, acrylic on canvas, 2008. After being discovered by the Seattle Mariners, David Ortiz played 20 seasons with the Minnesota Twins and the Boston Red Sox. When he signed with the Boston Red Sox in 2003, he quickly became the heart of the team, helping them win the 2004 World Series after 86 years. The Red Sox won two more championships with Big Papi at the plate. In his final season he not only achieved a hitting average of .315, with 48 doubles, 38 homers, and 127 RBIs; but also became the third major league player to achieve 500 home runs and 600 doubles. This silhouette portrait by Freddy Rodríguez is part of a series honoring Dominican players who have made Major League Baseball history. *Courtesy of National Portrait Gallery, Smithsonian Institution. © 2008 Freddy Rodríguez.*

Figura 7.8. Freddy Rodríguez, *I'm Big Papi*, acrílico sobre lienzo, 2008. Después de ser descubierto por los Seattle Mariners, David Ortiz jugó 20 temporadas con los Mellizos de Minnesota y las Medias Rojas de Boston. Tras fichar con Boston en el 2003, se convirtió en cuerpo y alma del equipo y los ayudó a ganar la serie mundial en el 2004 luego de 86 años de sequía. Los Medias Rojas ganaron otros dos campeonatos con Big Papi al bate. En su temporada final no solo promedió .315 con 48 dobles, 38 jonrones y 127 impulsadas, sino que también se convirtió en el tercer jugador de grandes ligas en sumar 500 jonrones y 600 dobles. Este retrato en silueta de Freddy Rodríguez es parte de una serie que rinde homenaje a los peloteros dominicanos que han hecho historia en MLB. *Cortesía de la Galería Nacional de Retratos, Institución Smithsonian. © 2008 Freddy Rodríguez.*

VOICES FROM THE COMMUNITY

Baseball across Borders

José M. Alamillo

Baseball has always been a love affair for the Orozco and Salazar families. Alonzo "Pops" Orozco and David "Sally" Salazar became best friends playing for one of the best semiprofessional baseball teams in Los Angeles, California, sponsored by the local El Paso Shoe Store, which got its name from its owners, Rodrigo and Arturo Castillo, who originally hailed from El Paso, Texas. With help from Orozco's power hitting and Salazar's stellar pitching, the team clinched three consecutive Spanish American League championships from 1927 to 1929.[3]

The connections the Salazars and Orozcos had as teammates and community members became more formal when David introduced his niece Rosemarie Salazar to his teammate Alonzo. The pair immediately started dating and got married in 1935.[4] Rosemarie's father disapproved, not because of the age difference (Alonzo was seven years older than Rosemarie) but because losing her husband to barnstorming tours would make her a "baseball widow." It did not bother Rosemarie, now Rosemarie Salazar Orozco, because she loved both baseball and her husband.

VOCES DE LA COMUNIDAD

El béisbol supera fronteras

José M. Alamillo

El béisbol siempre ha sido una pasión en las familias Orozco y Salazar. Alonzo "Pops" Orozco y David "Sally" Salazar se hicieron amigos jugando con uno de los mejores equipos semiprofesionales de Los Ángeles, California, patrocinado por la tienda local El Paso Shoe Store, llamada así porque sus dueños, Rodrigo y Arturo Castillo, eran naturales de El Paso, Texas. Con la ayuda del bate poderoso de Orozco y el brazo sensacional de Salazar, el equipo conquistó tres campeonatos consecutivos en la Liga Hispana-Americana entre 1927 y 1929.[3]

La conexión entre los Salazar y los Orozco como compañeros de equipo y miembros de la comunidad se hizo más formal cuando David le presentó a Alonzo a su sobrina Rosemarie Salazar. Pronto se hicieron novios y se casaron en 1935.[4] El padre de Rosemarie no aprobaba la relación, no por la diferencia en edad (Alonzo era siete años mayor que ella), sino porque cuando Alonzo se fuera de gira con el equipo de pueblo en pueblo, ella quedaría sola, como una "viuda del béisbol". Esto no le molestaba a Rosemarie (ahora Rosemarie Salazar Orozco), porque sus amores eran

Figure 7.9. El Paso Shoe Store, 1920s. The El Paso Shoe Store team was the brainchild of Rodrigo and Arturo Castillo, who left their hometown of El Paso, Texas, for Los Angeles to open the store in 1925. The team jersey with "El Paso White Sox" emblazoned on the front advertised their sponsor and their official name. The Spanish language newspapers nicknamed them "Los Zapateros," and English language sports pages used "El Paso Mexicans." The photo was taken inside the El Paso Shoe Store in the 1920s. In 1930, the team changed their name to "México-El Paso." The Castillo brothers are in the center, surrounded by their employees/players and the son of one of their employees, who served as the bat boy. The ballplayer behind the bat boy is Alex Orozco; his older brother, Alonzo "Pops" Orozco, is behind him in a white collared shirt. *Courtesy of the Orozco family.*

Figura 7.9. El Paso Shoe Store, los años veinte. El equipo de El Paso Shoe Store fue idea de Rodrigo y Arturo Castillo, oriundos de El Paso, Texas, quienes se mudaron a Los Ángeles para abrir una tienda de zapatos en 1925. Las camisetas del equipo, con "El Paso White Sox" estampado en el frente, indicaban el nombre del patrocinador y el suyo oficial: las "Medias Blancas". Los periódicos en español los apodaron "Los Zapateros" y las páginas deportivas en inglés hablaban de "El Paso Mexicans". Esta foto fue tomada dentro de la tienda de zapatos en los años veinte. En 1930, el equipo cambió su nombre a "México-El Paso". En el centro se ve a los hermanos Castillo, rodeados de sus empleados/jugadores y el hijo de uno de los empleados, que era el cargabates del equipo. El pelotero detrás del niño es Alex Orozco; su hermano mayor, Alonzo "Pops" Orozco, está detrás de él con una camisa blanca. *Cortesía de la familia Orozco.*

She created a scrapbook of newspaper clippings, photographs, championship ribbons, and other memorabilia that became a family heirloom. The scrapbook is a "gold mine," according to her daughter Elisa, containing the histories of both families carefully arranged throughout its pages.[5]

Racial restrictions during the 1920s kept nonwhite teams from playing at minor league ballparks in Los Angeles. Baseball historians have documented how Negro League players made their way to Mexico, where they found a more relaxed racial climate to play baseball in the 1930s and 1940s.[6] Mexican Americans also encountered barriers

precisamente su esposo y la pelota. Con recortes de periódico, fotografías, cintas de campeonato y otros recuerdos, Rosemarie hizo un álbum que se convirtió en una reliquia de la familia. Es "una mina de oro", dice su hija Elisa del álbum, cuyas páginas contienen las historias de ambas familias organizadas con esmero.[5]

Las restricciones raciales de los años veinte impedían a los peloteros que no eran blancos jugar en los parques de ligas menores de Los Ángeles. Los historiadores del béisbol han documentado que muchos jugadores de las ligas negras se iban a México, donde encontraban un mejor clima racial para el deporte en los años treinta y cuaren-

Figure 7.10. El Paso Shoe Store team photo, circa 1930s. Rosemarie Salazar kept this photo of the team for years. Her husband, Alonzo "Pops" Orozco, and her uncle, David Salazar, were teammates and are indicated in this photograph with marker. Also marked is Eddie Lopez who married David Salazar's sister. *Gift of Elisa Orozco-O'Neil, National Museum of American History.*

Figura 7.10. Foto del equipo de El Paso Shoe Store, los años treinta. Rosemarie Salazar guardó por años esta foto del equipo. Su esposo, Alonzo "Pops" Orozco, y su tío, David Salazar, eran compañeros de equipo, ambos señalados aquí con Eddie López también está marcado porque se casó con la hermana de David Salazar. *Donación de Elisa Orozco-O'Neil, Museo Nacional de Historia Americana.*

Figure 7.11. Salazar and Orozco family scrapbook, circa 1920s. Rosemarie Salazar Orozco meticulously recorded her husband's, uncle's, and brother's baseball careers. She maintained this scrapbook throughout the 1920s and 1930s, and it contains photographs, newspaper clippings, stats, and handwritten notes. *Gift of Elisa Orozco-O'Neil, National Museum of American History.*

Figura 7.11. Álbum de las familias Salazar y Orozco, los años veinte. Rosemarie Salazar Orozco documentó con esmero las carreras de su esposo, su hermano y su tío en el béisbol. Trabajó en este álbum durante los años veinte y treinta, y en él recogió fotografías, recortes de periódico, estadísticas y notas manuscritas. *Donación de Elisa Orozco-O'Neil, Museo Nacional de Historia Americana.*

in U.S. professional baseball and made similar journeys to Mexico.[7] Playing baseball for the Mexican Baseball League provided an opportunity for Mexico-El Paso Shoe Store ballplayers to earn more money and to reaffirm their language and culture. David Salazar recruited his nephews, Peter and Ernesto Salazar, to play for the México-El Paso team, but this arrangement lasted only one season because they preferred to play in the Mexican Baseball League.

Ernesto Salazar was a highly sought-after player. After contract negotiations with the Pacific Coast League's Seattle Indians failed in 1933, Salazar signed with the Mexico City Aztecas.[8] Homobono Márquez recruited Mexican Americans like Salazar as well as Afro-Cuban players to join his new Aztecas baseball club. The Aztecas earned a reputation for defeating visiting U.S. professional teams.[9] Before he left for Mexico City, Ernesto challenged his sisters that he would buy a silver bracelet for the one who wrote him the most letters. Rosemarie accepted

ta.[6] Los mexicoamericanos también encontraron barreras en el béisbol profesional estadounidense y emprendieron viajes similares a México.[7] La Liga Mexicana de Béisbol ofreció a los peloteros del México-El Paso Shoe Store la oportunidad de ganar más dinero y reafirmar su lenguaje y su cultura. David Salazar reclutó a sus sobrinos, Peter y Ernesto Salazar, para el equipo de México-El Paso, pero este arreglo duró solo una temporada porque ellos preferían jugar en la Liga Mexicana.

Ernesto Salazar fue un pelotero muy solicitado. Después de que en 1933 fracasaran las negociaciones con los Indios de Seattle, equipo de la Liga de la Costa del Pacífico, Salazar firmó contrato con los Aztecas de Ciudad de México.[8] Homobono Márquez, dueño de los Aztecas, reclutó a mexicoamericanos como Salazar y a jugadores afrocubanos para su nuevo equipo. Los Aztecas se hicieron famosos por derrotar a equipos profesionales visitantes de EE. UU.[9] Antes de viajar a Ciudad de México, Ernesto lanzó un reto a sus hermanas, prometiendo comprarle un brazalete de

Figure 7.12. Profile of David Salazar, 1929. This "player of the week" style profile of David Salazar was featured in the *La Opinión* Spanish language newspaper in Los Angeles, California. *Clipping courtesy of* La Opinión, *National Museum of American History.*

Figura 7.12. Perfil de David Salazar, 1929. Este perfil de David Salazar, estilo "jugador de la semana", fue publicado en *La Opinión*, diario en español de Los Ángeles, California. *Recorte cortesía de* La Opinión, *Museo Nacional de Historia Americana.*

Figure 7.13. Rosemarie Salazar Orozco's silver bracelet, 1935. This bracelet was a gift to Rosemarie from her younger brother, Ernesto Salazar, for writing him letters while he was playing on a baseball team in Mexico. The roses on the bracelet were a special motif for Rosemarie throughout her life. *Gift of Elisa Orozco-O'Neil, National Museum of American History.*

Figura 7.13. Brazalete de plata de Rosemarie Salazar Orozco, 1935. Este brazalete fue un regalo de su hermano menor, Ernesto Salazar, por escribirle durante el tiempo que pasó con un equipo de béisbol en México. El adorno de rosas fue para Rosemarie un motivo especial toda su vida. *Donación de Elisa Orozco-O'Neil, Museo Nacional de Historia Americana.*

the challenge and wrote hundreds of letters to her little brother. Hence, Ernesto returned with a silver bracelet embossed with roses for his older sister.

Ernesto enjoyed his time in Mexico City because he could earn a better salary, play in larger stadiums, and play alongside his uncle, who would take him on weekend excursions to visit family relatives. That was not the case for Alex Orozco, the younger brother of Alonzo Orozco, who started playing with the original El Paso Shoe Store team. Being away from family made Alex homesick, and although he obtained a high batting average in the Mexican Baseball League, he wanted to return to Los Angeles.[10]

Like many Mexican American families of the time, the Orozcos and the Salazars are inextricably connected through baseball and family, even across borders. The Salazar and Orozco men found opportunity in Mexico. Not only did they earn extra money, but they renewed their ties with family and culture. This transnational

plata a la que le escribiera más cartas. Rosemarie aceptó el desafío y escribió cientos de cartas a su hermano menor. Por lo tanto, Ernesto regresó con un brazalete de plata con repujado de rosas para su hermana mayor.

Ernesto disfrutó su estadía en Ciudad de México porque pudo ganar un mejor salario y jugar en estadios más grandes, además de jugar junto a su tío, quien lo llevaba en excursiones los fines de semana a visitar familiares. Esta no fue la experiencia de Alex Orozco, hermano menor de Alonzo Orozco, quien jugó con el equipo original de El Paso Shoe Store. A Alex le daba nostalgia estar lejos de la familia, y aunque alcanzó un alto promedio de bateo en la Liga Mexicana, quiso regresar a Los Ángeles.[10]

Como muchas familias mexicoamericanas de esa época, los Orozco y los Salazar están conectados indisolublemente por el béisbol y la familia, incluso a través de las fronteras. Los hombres de ambas familias encontraron oportunidades en México. No solo ganaron dinero adicional, sino que

sports network was a lost opportunity for Major League Baseball, which, by and large, failed to recruit and develop Mexican athletic talent in the United States. Not until the 1980s when Fernando Valenzuela appeared on the sports scene did the U.S. sports industry begin to take notice. This hidden story of the Orozco and Salazar families should remind us that no walls or borders could keep Mexican Americans from playing ball.

también renovaron sus lazos con la familia y la cultura. Esta red deportiva transnacional fue una oportunidad que perdió MLB, porque en general no reclutaron ni desarrollaron talento mexicano para el deporte estadounidense. No fue hasta los años ochenta, cuando Fernando Valenzuela apareció en la escena deportiva, que la industria deportiva de Estados Unidos empezó a prestar atención. Esta historia escondida de las familias Orozco y Salazar sirve para recordarnos que no hubo muro ni frontera que pudiera impedir a los mexicoamericanos jugar pelota.

NOTES

1. For more information about the color line in Major League Baseball, see Adrian Burgos Jr., *Playing America's Game: Baseball, Latinos, and the Color Line* (Berkeley: University of California Press, 2007).

2. Adrian Burgos Jr., "Luis Tiant's 'Bendición': A Legend's Unexpected and Cherished Blessing," *La Vida Baseball*, 24 November 2017, https://www.lavidabaseball.com/el-profe-luis-tiant-blessing-bendicion/ (accessed 11 July 2019).

3. The El Paso Shoe Store team was started in the San Gabriel area of Los Angeles, but the team played opponents from all over Southern California and Mexico. Douglas Monroy details some of this story in *Rebirth: Mexican Los Angeles from the Great Migration to the Great Depression* (Berkeley: University of California Press, 1999), 46–48. José M. Alamillo writes more about this team in the *CulturaPolitics* blog, "White Sox Park and the Formation of a Nonwhite Spatial Imaginary," 28 December 2014, https://josemalamillo.wordpress.com/2014/12/28/white-sox-park-and-the-formation-of-a-nonwhite-spatial-imaginary/ (accessed 9 July 2019). See also José M. Alamillo, *Deportes, The Making of a Sporting Mexican Diaspora* (New Brunswick, N.J.: Rutgers University Press, 2020).

4. Elisa Orozco-O'Neil, Interview by José M. Alamillo, Los Angeles, Calif., 21 February 2019.

5. Orozco-O'Neil, interview, 2019.

6. John Virtue, *South of the Color Barrier: How Jorge Pasquel and the Mexican League Pushed Baseball Toward Racial Integration* (Jefferson, N.C.: McFarland, 1996); Mark Ribowsky, *The Power and the Darkness: The Life of Josh Gibson in the Shadows of the Game* (New York: Simon & Schuster, 1996); Quincy Troupe, *20 Years Too Soon: Prelude to Major–League Integrated Baseball* (Los Angeles: S and S Enterprises, 1997); Monte Irvin, *Nice Guys Finish First: The Autobiography of Monte Irvin* (New York: Carroll & Graf, 1996).

7. "La Emigración de Peloteros de Los Angeles Hacia Mexico," *La Opinión* (Los Angeles), 3 March 1940, 4–5.

8. "El Pitcher Ernesto Salazar fue Admitido Ayer en el Club Seattle," *La Opinión* (Los Angeles), 23 July 1933, 4.

9. "Major Leaguers to Play Mexico's Diamond Stars," *Evening News* (Wilkes-Barre, Penn.), 29 June 1932, 12.

10. "Alex Orozco Salió a Mexico Para Jugar con Los Aztecas," *La Opinión* (Los Angeles), 24 August 1935, 7.

NOTAS

1. Para más información sobre las barreras raciales en MLB, ver Adrian Burgos Jr., *Playing America's Game: Baseball, Latinos, and the Color Line* (Berkeley: University of California Press, 2007).

2. Adrian Burgos Jr., "Luis Tiant's 'Bendición': A Legend's Unexpected and Cherished Blessing", *La Vida Baseball*, 24 de noviembre del 2017, https://www.lavidabaseball.com/el-profe-luis-tiant-blessing-bendicion/ (consultado el 11 de julio del 2019).

3. EL equipo de El Paso Shoe Store empezó en el área de San Gabriel, en Los Ángeles, pero jugaron contra equipos de todo el sur de California y México. Douglas Monroy detalla parte de esta historia en *Rebirth: Mexican Los Angeles from the Great Migration to the Great Depression* (Berkeley: University of California Press, 1999), 46–48. José M. Alamillo amplía la información sobre este equipo en el blog *CulturaPolitics*, "White Sox Park and the Formation of a Nonwhite Spatial Imaginary", 28 de diciembre del 2014, https://josemalamillo.wordpress.com/2014/12/28/white-sox-park-and-the-formation-of-a-nonwhite-spatial-imaginary/ (consultado el 9 de julio del 2019). Ver también José M. Alamillo, *Deportes, The Making of a Sporting Mexican Diaspora* (New Brunswick, N.J.: Rutgers University Press, 2020).

4. Elisa Orozco-O'Neil, entrevista con José M. Alamillo, Los Ángeles, Calif., 21 de febrero del 2019.

5. Orozco-O'Neil, entrevista, 2019.

6. John Virtue, *South of the Color Barrier: How Jorge Pasquel and the Mexican League Pushed Baseball Toward Racial Integration* (Jefferson, N.C.: McFarland, 1996); Mark Ribowsky, *The Power and the Darkness: The Life of Josh Gibson in the Shadows of the Game* (Nueva York: Simon & Schuster, 1996); Quincy Troupe, *20 Years Too Soon: Prelude to Major–League Integrated Baseball* (Los Ángeles: S and S Enterprises, 1997); Monte Irvin, *Nice Guys Finish First: The Autobiography of Monte Irvin* (Nueva York: Carroll & Graf, 1996).

7. "La emigración de peloteros de Los Ángeles hacia México", *La Opinión* (Los Ángeles), 3 de marzo de 1940, 4–5.

8. "El pitcher Ernesto Salazar fue admitido ayer en el Club Seattle", *La Opinión* (Los Ángeles), 23 de julio de 1933, 4.

9. "Major Leaguers to Play Mexico's Diamond Stars", *Evening News* (Wilkes-Barre, Pensilvania), 29 de junio de 1932, 12.

10. "Alex Orozco salió a México para jugar con los Aztecas", *La Opinión* (Los Ángeles), 24 de agosto de 1935, 7.

8

Intersecting Lives
Vidas conectadas

SEGREGATION AND INTEGRATION: FINDING SANCTUARY AT THE BALLPARK

SEGREGACIÓN E INTEGRACIÓN: EL PARQUE DE PELOTA COMO REFUGIO

Connections made in the community through baseball sometimes evolved into bonds that extended across generations. The family of Juan Valdés befriended the Pompez family in the late nineteenth century when the two families migrated from Cuba and settled in Key West, Florida. Baseball connected the families through overlapping moves as family members first moved from Key West to Tampa and then to New York City. The love of baseball that developed in Tampa blossomed in the section of Harlem where so many Cubans from Tampa lived that it was sometimes referred as Little Ybor. That connection between Cubans and baseball would be visible for all to see when Alex Pompez, Hall of Famer recognized for his work as a Negro League executive, formed his Negro League baseball team, which he first called the Cuban Stars and later the New York Cubans.

Las relaciones que germinaban en la comunidad con el béisbol a veces se convertían en lazos que duraban generaciones. La familia de Juan Valdés hizo amistad con la familia Pompez a fines del siglo XIX cuando ambas emigraron de Cuba y se instalaron en Cayo Hueso, Florida. El béisbol mantuvo a las familias en contacto a pesar de varios traslados, cuando algunos se mudaron primero de Cayo Hueso a Tampa y después a Nueva York. Ese amor al béisbol que nació en Tampa floreció en el área de Harlem donde se establecieron tantos cubanos de Tampa que a veces la llamaban la Pequeña Ybor. Esta conexión entre los cubanos y el béisbol se hizo evidente a todos cuando Alex Pompez, miembro del Salón de la Fama por su labor como cazatalento y ejecutivo, formó su equipo de béisbol en las ligas negras, al que primero llamó las Estrellas Cubanas y más tarde los Cubanos de Nueva York.

Figure 8.1. Juan Valdés, Alex Pompez, and Minnie Miñoso share a cigar, New York, 1950s. Juan Valdés (left) welcomes Minnie Miñoso (right) and Alex Pompez (middle) to his residence at 15 West 107th Street in Harlem. *Courtesy of Lesley Valdés Rankin-Hill.*

Figura 8.1. Juan Valdés, Alex Pompez y Minnie Miñoso comparten un cigarro, Nueva York, los años cincuenta. Juan Valdés (izq.) recibe a Minnie Miñoso (der.) y a Alex Pompez en su residencia de la calle 107 Oeste núm. 15 en Harlem. *Cortesía de Lesley Valdés Rankin-Hill.*

Figure 8.2. Juan Marichal baseball card, 1965. A legendary pitcher from the Dominican Republic and Hall of Fame inductee, Marichal signed with the San Francisco Giants and became one of the first Dominican stars in the majors. In his extraordinary 1963 season, he went 25–8 with 248 strikeouts, a 2.41 earned run average and even pitched the first no-hitter for a Latino in the majors. *Courtesy of the Ronald S. Korda Collection, Archives Center, National Museum of American History, Smithsonian Institution.*

Figura 8.2. Tarjeta de béisbol de Juan Marichal, 1965. Lanzador legendario de la República Dominicana y miembro del Salón de la Fama, Marichal fichó con los Gigantes de San Francisco y fue uno de los primeros astros dominicanos en las grandes ligas. En su extraordinaria temporada de 1963 tuvo marca de 25–8 con 248 ponches, efectividad de 2.41 y el primer partido sin hits por un latino en las mayores. *Cortesía de la Colección Ronald S. Korda, Centro de Archivos, Museo Nacional de Historia Americana, Institución Smithsonian.*

Hall of Famer Juan Marichal's eye brightened as he recalled a day when his San Francisco Giants team visited Forbes Field, home of the Pittsburgh Pirates and Roberto Clemente. Marichal recounted a gathering of Latino players from both teams hours before everyone else arrived at the ballpark. They sat in the dugouts, where they chatted to catch up on the latest in each other's families and lives. Such a gathering during pregame drills would have likely drawn a fine for violating Major League Baseball rules about fraternization, which prohibited players from opposing teams socializing at the park. Yet for Marichal, Clemente, the Alou brothers, and the other Latino players who arrived at the ballpark early, this was their sanctuary, the place to gather and commiserate about what was going on beyond the stadium.

A Juan Marichal, miembro del Salón de la Fama, le brillaban los ojos recordando un día en que su equipo, los Gigantes de San Francisco, visitó Forbes Field, el parque de los Piratas de Pittsburgh y de Roberto Clemente. Marichal contó la historia de una pequeña reunión entre los peloteros latinos de ambos equipos unas horas antes de que llegaran los demás jugadores al estadio. Se sentaron en los dugouts, donde intercambiaron noticias de sus familias y de sus vidas. Una reunión así antes de un partido probablemente les hubiera costado una multa por violar las reglas de confraternización de Major League Baseball, que prohibían a los peloteros de equipos rivales socializar en el estadio. Sin embargo, para Marichal, Clemente, los hermanos Alou y los otros jugadores latinos que llegaron temprano al parque, este era su refugio, el lugar donde podían reunirse y conversar de lo que sucedía fuera del estadio.

Figure 8.3. Javier Báez (Chicago Cubs, center) chats with Edwin Díaz (Seattle Mariners, left), José Berríos (Minnesota Twins, right), and others before the 2018 All-Star Game, Washington, D.C. *Courtesy of* La Vida Baseball.

Figura 8.3. Javier Báez (Cachorros de Chicago, centro) conversa con Edwin Díaz (Marineros de Seattle, izq.), José Berríos (Mellizos de Minnesota, der.) y otros antes del juego de estrellas del 2018, Washington D.C. *Cortesía de* La Vida Baseball.

The ballpark often serves as a sanctuary for Latina/o players, whether in the early days of desegregation or today. It was where they often felt most comfortable, the place they could focus on refining their game and reacquaint themselves with others who were experiencing the same issues. At the ballpark they could exert control over their belonging in professional baseball, gain affirmation, and attempt to temporarily shut out the outside world.

Camaraderie developed among Latino players based on their shared cultural practices and the common experiences of dealing with race and ethnic realities on and away from the baseball diamond. Adjusting to life in a new society was ever present for foreign-born Latinos. Even U.S.-born Latinos had to understand these cultural dynamics. More than just dealing with the language barrier, they had to learn the ways racial ideas shaped intergroup dynamics in different parts of the country. Jim Crow laws in the South and racial practices in the North and Midwest often confused them about where they would be granted access to services or where they would be flat-out denied. This uncertain status persisted into the early days of desegregation as racial restrictions still shaped their experience in minor league towns and even as major leaguers at spring training facilities, hotel accommodations, and restaurants at which the team dined.

Different strategies were taken to deal with cultural adjustment and to combat racism. Some Latinos chose to play in Latin American leagues where the color line did not divide the professional game like in the United States. For the Salazar brothers, discussed in the previous chapter, playing in Mexico provided relief from the full brunt of racial segregation and other discriminatory practices that shaped U.S. professional baseball. The success of Jorge Pasquel, elected president of the Mexican League in 1946, hinged on his player recruitment strategy — his league signed players on the basis of their talent and not according to race, which was the practice in the major leagues. This strategy proved attractive for the Salazar brothers from California and for Afro-Latinos like Cubans Martín Dihigo and Tomás de la Cruz and also African Americans, who flocked to the Mexican League in the early 1940s. The attraction of the Mexican League, however, was diminished once Major League Baseball initiated racial integration and opened access to previously excluded African American and Afro-Latino players.

El parque de pelota ha servido con frecuencia de refugio a los jugadores y jugadoras latinos, lo mismo en los primeros días de la desegregación racial o en la época actual. Era ahí donde se sentían más cómodos, el lugar donde podían concentrarse en perfeccionar su juego y reanudar contacto con otros que experimentaban sus mismos problemas. En el parque podían ejercer control sobre su identificación con el béisbol profesional, reforzar su autoafirmación y olvidarse del mundo exterior por un rato.

Entre los peloteros latinos surgió una camaradería basada en prácticas culturales compartidas y las experiencias comunes de enfrentarse a las realidades raciales y étnicas en el diamante de béisbol y fuera de él. Ajustarse a la vida en una sociedad diferente era una dificultad siempre presente para los latinos nacidos fuera de Estados Unidos. Incluso los nacidos en este país tenían que entender esa dinámica cultural. Más que simplemente lidiar con la barrera del idioma, tenían que aprender cómo las ideas raciales afectaban las dinámicas intergrupales en diferentes partes del país. Las leyes Jim Crow en el sur estadounidense y las prácticas raciales en el norte y el norte-centro a menudo los confundían porque no sabían dónde les iban a permitir la entrada y dónde se la iban a negar rotundamente. Este estatus incierto persistió hasta los primeros tiempos de la desegregación, cuando las restricciones raciales todavía afectaban su experiencia en los pueblos de ligas menores e incluso como jugadores de grandes ligas en las instalaciones donde tenían el entrenamiento de primavera, en los hoteles y en los restaurantes donde comía el equipo.

Para lidiar con la adaptación cultural y combatir el racismo, los latinos adoptaron diferentes estrategias. Algunos decidieron jugar en las ligas latinoamericanas, donde no había una barrera racial que dividiera el béisbol profesional como la había en Estados Unidos. Para los hermanos Salazar, de quienes se habla en el capítulo anterior, jugar en México era un descanso del embate de la segregación racial y otras prácticas discriminatorias que afectaban al béisbol profesional estadounidense. El éxito de Jorge Pasquel, electo presidente de la Liga Mexicana en 1946, se basó en su estrategia para reclutar jugadores: la Liga contrataba peloteros según su talento y no según su raza, como era la práctica en las mayores. Esta estrategia resultó atractiva para los hermanos Salazar de California y para afrolatinos como los cubanos Martín Dihigo y Tomás de la Cruz, así como para los afroamericanos que acudieron en buen número a la Liga Mexicana a principios de los años cuarenta. Sin embargo, el atractivo de la Liga Mexicana disminuyó una vez que MLB comenzó a integrarse racialmente y abrió el acceso a los jugadores afroamericanos y afrolatinos anteriormente excluidos.

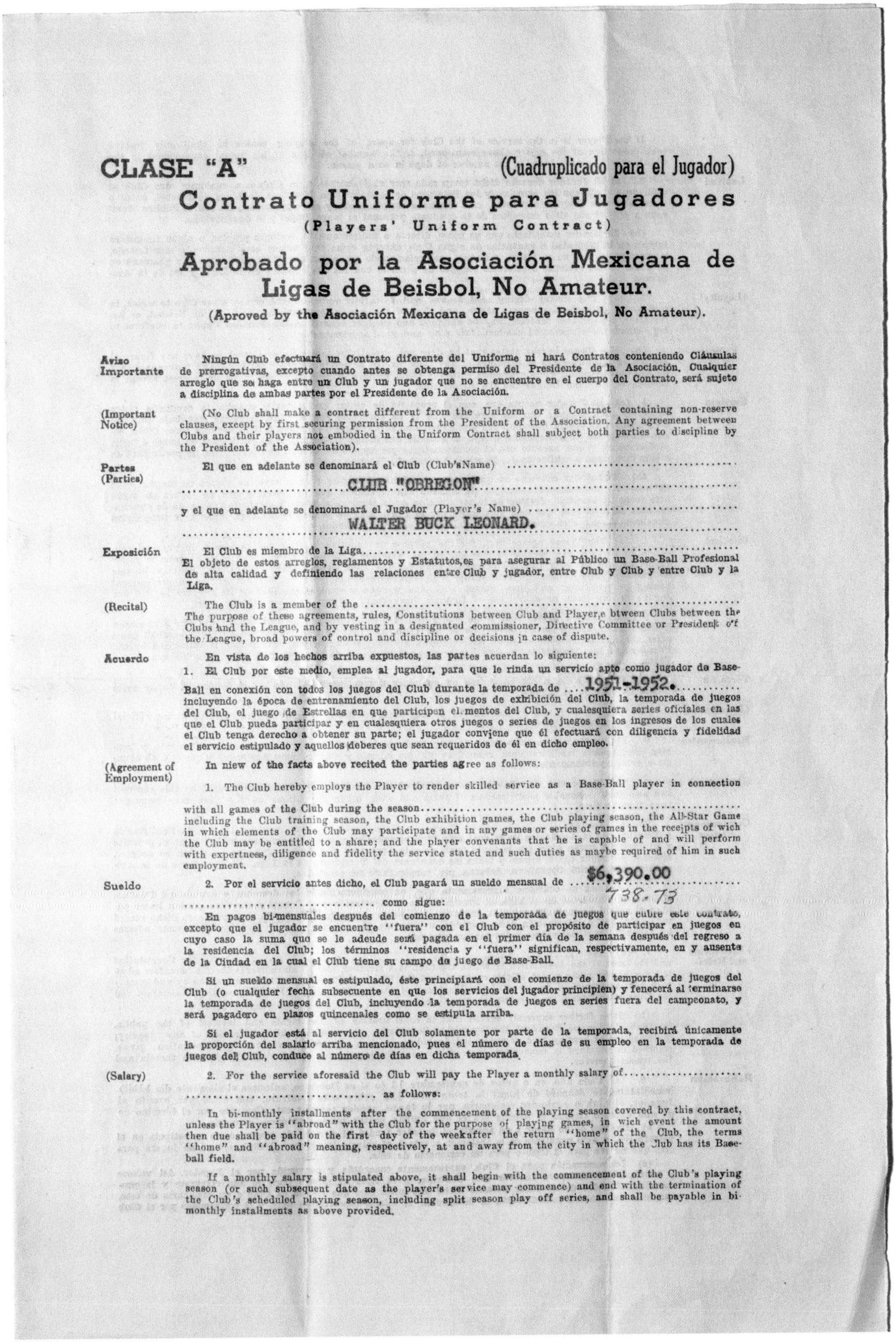

CLASE "A" (Cuadruplicado para el Jugador)

Contrato Uniforme para Jugadores
(Players' Uniform Contract)

Aprobado por la Asociación Mexicana de Ligas de Beisbol, No Amateur.
(Aproved by the Asociación Mexicana de Ligas de Beisbol, No Amateur).

Aviso Importante
Ningún Club efectuará un Contrato diferente del Uniforme ni hará Contratos conteniendo Cláusulas de prerrogativas, excepto cuando antes se obtenga permiso del Presidente de la Asociación. Cualquier arreglo que se haga entre un Club y un jugador que no se encuentre en el cuerpo del Contrato, será sujeto a disciplina de ambas partes por el Presidente de la Asociación.

(Important Notice)
(No Club shall make a contract different from the Uniform or a Contract containing non-reserve clauses, except by first securing permission from the President of the Association. Any agreement between Clubs and their players not embodied in the Uniform Contract shall subject both parties to discipline by the President of the Association).

Partes (Parties)
El que en adelante se denominará el Club (Club's Name) ....
.... CLUB "OBREGON" ....

y el que en adelante se denominará el Jugador (Player's Name) ....
.... WALTER BUCK LEONARD. ....

Exposición
El Club es miembro de la Liga..
El objeto de estos arreglos, reglamentos y Estatutos, es para asegurar al Público un Base-Ball Profesional de alta calidad y definiendo las relaciones entre Club y jugador, entre Club y Club y entre Club y la Liga.

(Recital)
The Club is a member of the ....
The purpose of these agreements, rules, Constitutions between Club and Player, e btween Clubs between the Clubs and the League, and by vesting in a designated commissioner, Directive Committee or President of the League, broad powers of control and discipline or decisions in case of dispute.

Acuerdo
En vista de los hechos arriba expuestos, las partes acuerdan lo siguiente:
1. El Club por este medio, emplea al jugador, para que le rinda un servicio apto como jugador de Base-Ball en conexión con todos los juegos del Club durante la temporada de .... **1951-1952.** incluyendo la época de entrenamiento del Club, los juegos de exhibición del Club, la temporada de juegos del Club, el juego de Estrellas en que participen elementos del Club, y cualesquiera series oficiales en las que el Club pueda participar y en cualesquiera otros juegos o series de juegos en los ingresos de los cuales el Club tenga derecho a obtener su parte; el jugador conviene que él efectuará con diligencia y fidelidad el servicio estipulado y aquellos deberes que sean requeridos de él en dicho empleo.

(Agreement of Employment)
In niew of the facts above recited the parties agree as follows:

1. The Club hereby employs the Player to render skilled service as a Base-Ball player in connection with all games of the Club during the season..
including the Club training season, the Club exhibition games, the Club playing season, the All-Star Game in which elements of the Club may participate and in any games or series of games in the receipts of wich the Club may be entitled to a share; and the player convenants that he is capable of and will perform with expertness, diligence and fidelity the service stated and such duties as maybe required of him in such employment.

Sueldo
2. Por el servicio antes dicho, el Club pagará un sueldo mensual de **$6,390.00**
.... *738.73* ...
.... como sigue:
En pagos bi-mensuales después del comienzo de la temporada de juegos que cubre este contrato, excepto que el jugador se encuentre "fuera" con el Club con el propósito de participar en juegos en cuyo caso la suma que se le adeude será pagada en el primer día de la semana después del regreso a la residencia del Club; los términos "residencia" y "fuera" significan, respectivamente, en y ausente de la Ciudad en la cual el Club tiene su campo de juego de Base-Ball.

Si un sueldo mensual es estipulado, éste principiará con el comienzo de la temporada de juegos del Club (o cualquier fecha subsecuente en que los servicios del jugador principien) y fenecerá al terminarse la temporada de juegos del Club, incluyendo la temporada de juegos en series fuera del campeonato, y será pagadero en plazos quincenales como se estipula arriba.

Si el jugador está al servicio del Club solamente por parte de la temporada, recibirá únicamente la proporción del salario arriba mencionado, pues el número de días de su empleo en la temporada de juegos del Club, conduce al número de días en dicha temporada.

(Salary)
2. For the service aforesaid the Club will pay the Player a monthly salary of........................
.... as follows:
In bi-monthly installments after the commencement of the playing season covered by this contract, unless the Player is "abroad" with the Club for the purpose of playing games, in wich event the amount then due shall be paid on the first day of the weekafter the return "home" of the Club, the terms "home" and "abroad" meaning, respectively, at and away from the city in which the Club has its Base-ball field.

If a monthly salary is stipulated above, it shall begin with the commencement of the Club's playing season (or such subsequent date as the player's service may commence) and end with the termination of the Club's scheduled playing season, including split season play off series, and shall be payable in bi-monthly installments as above provided.

Figure 8.4. Buck Leonard's Mexican League contract, 1951. After his career in the Negro Leagues, Buck Leonard played in the Mexican Leagues between 1951 and 1955. He claimed that he was offered a major league contract during this time, but he felt he was then too old to play at that level. *Gift of Walter "Buck" Leonard, National Museum of American History.*

Figura 8.4. Contrato de Buck Leonard con la Liga Mexicana, 1951. Después de su carrera en las ligas negras, Buck Leonard jugó en la Liga Mexicana entre 1951 y 1955. Según afirmó, durante ese período había recibido una oferta con las grandes ligas, pero estimó que ya estaba pasado de edad para jugar a ese nivel. *Donación de Walter "Buck" Leonard, Museo Nacional de Historia Americana.*

Figure 8.5. Juan Valdés, Alex Pompez, and Joe Cambria in Richmond, Virginia, 1954. Excursions to ballparks helped foster communities among Latinos who were daunted by racial prejudices but found community and camaraderie in the game, both on the field and in the stands. *Courtesy of Lesley Valdés Rankin-Hill.*

Figura 8.5. Juan Valdés, Alex Pompez y Joe Cambria en Richmond, Virginia, 1954. Las excursiones a los parques de pelota ayudaron a estrechar lazos entre los latinos que se sentían amenazados por los prejuicios raciales pero que encontraban comunidad y camaradería tanto en el diamante como en las gradas. *Cortesía de Lesley Valdés Rankin-Hill.*

The pervasiveness of segregation swayed some Latinos from playing in the United States. Those players preferred opportunities in Latin America, where at least they knew the language and could adjust quicker to social norms. That is what Pedro "Perucho" Cepeda, father of Orlando Cepeda, decided to do in the early 1940s. A legend in the Caribbean leagues, the elder Cepeda had entertained Negro League greats such as Josh Gibson, Satchel Paige, and James "Cool Papa" Bell in his home in Puerto Rico on their days off from the Puerto Rican Winter League games. The proud Perucho Cepeda, however, adamantly refused to play in the United States during the summer months. The pay may have been better in the States, but the racial climate was not.

The bond formed at the ballpark often extended into communities. Players gathered with fellow Latinas/os in community halls, in restaurants, and at their residences. Fostering relationships with those in the local community remained a key way that Latinos coped with racism and discrimination. These relationships sustained them, gave them a sense of home. Many times those bonds endured beyond their playing careers.

Latino community members would reciprocate by attending games to watch their friends in action. The ballpark thus served as another space of congregation and community. Such was the case for Alex Pompez and Juan Valdés when they visited Washington Senators scout Joe Cambria in Richmond, Virginia, where they took in a game in the "Colored" section.

La omnipresencia de la segregación racial disuadió a algunos latinos de jugar en Estados Unidos. Esos jugadores prefirieron aprovechar las oportunidades de América Latina, donde al menos hablaban el idioma y podían ajustarse más rápidamente a las normas sociales. Eso fue lo que Pedro "Perucho" Cepeda, padre de Orlando Cepeda, decidió hacer a principios de los años cuarenta. Cepeda padre, leyenda en las ligas del Caribe, había recibido a algunos astros de las ligas negras —como Josh Gibson, Satchel Paige y James "Cool Papa" Bell— en su hogar en Puerto Rico durante los días libres entre los partidos de la Liga de Béisbol Profesional de Puerto Rico. Sin embargo, el orgulloso Perucho Cepeda se negó rotundamente a jugar en Estados Unidos en el verano. Allí quizás la paga era mejor, pero el clima racial no lo era.

Los lazos forjados en el parque de pelota a menudo se extendía a la comunidad. Los peloteros se reunían con otros latinas/os en los centros comunitarios, en los restaurantes y en sus hogares. Fomentar relaciones con la comunidad local fue siempre para los latinos una herramienta clave para lidiar con el racismo y la discriminación. Estas relaciones los sostenían, los hacían sentir en familia. Muchas veces esos vínculos perduraron más allá de sus carreras deportivas.

Los miembros de las comunidades latinas reciprocaban asistiendo a los juegos para ver a sus amigos en acción. El parque era así otro espacio de congregación y comunidad. Ese fue el caso de Alex Pompez y Juan Valdés cuando visitaron a Joe Cambria, cazatalentos de los Senadores de Washington, en Richmond, Virginia. Allí presenciaron un partido desde la sección "de color" del estadio.

OF NOTE
Together on the Field

Latinas/os, African Americans, Asian Americans, and ethnic white Americans have existed in complex intersection – and often together on the baseball field. Baseball provides an opportunity for us to come together. Community teams often have intergroup dimensions that help us better understand Afro-Latino and Asian-Latino intersections across the nation.

DIGNO DE MENCIÓN
Juntos en el campo de juego

Los latinas/os, afroamericanos, asiático-americanos y americanos de etnia blanca han vivido siempre en una interconexión compleja, y con frecuencia juntos en el campo del juego. El béisbol nos da la oportunidad de encontrarnos. Muchos equipos comunitarios tienen dimensiones intergrupales que nos ayudan a entender mejor las interconexiones de afrolatinos y asiático-latinos a lo largo de la nación.

Figure 8.6. Scorebook, Mitchell, Nebraska, 1954. This scorebook from the 1954 baseball season of the Mitchell Eagles displays both Latino and Japanese surnames. Mexican American teams and Japanese teams of the Spanish Colony region of Colorado, Nebraska, and Wyoming often faced off against each other in local community baseball games. *Gift of Gabriel and Jody Lopez in honor of Conrad Huerta and family, National Museum of American History.*

Figura 8.6. Libreta de anotaciones, Mitchell, Nebraska, 1954. Esta libreta de anotaciones de la temporada de 1954 de las Águilas de Mitchell muestra apellidos latinos y japoneses. Los equipos mexicoamericanos y japoneses de la región de "colonias españolas" de Colorado, Nebraska y Wyoming se enfrentaban regularmente en los juegos de béisbol de las comunidades locales. *Donación de Gabriel y Jody López en honor de Conrad Huerta y familia, Museo Nacional de Historia Americana.*

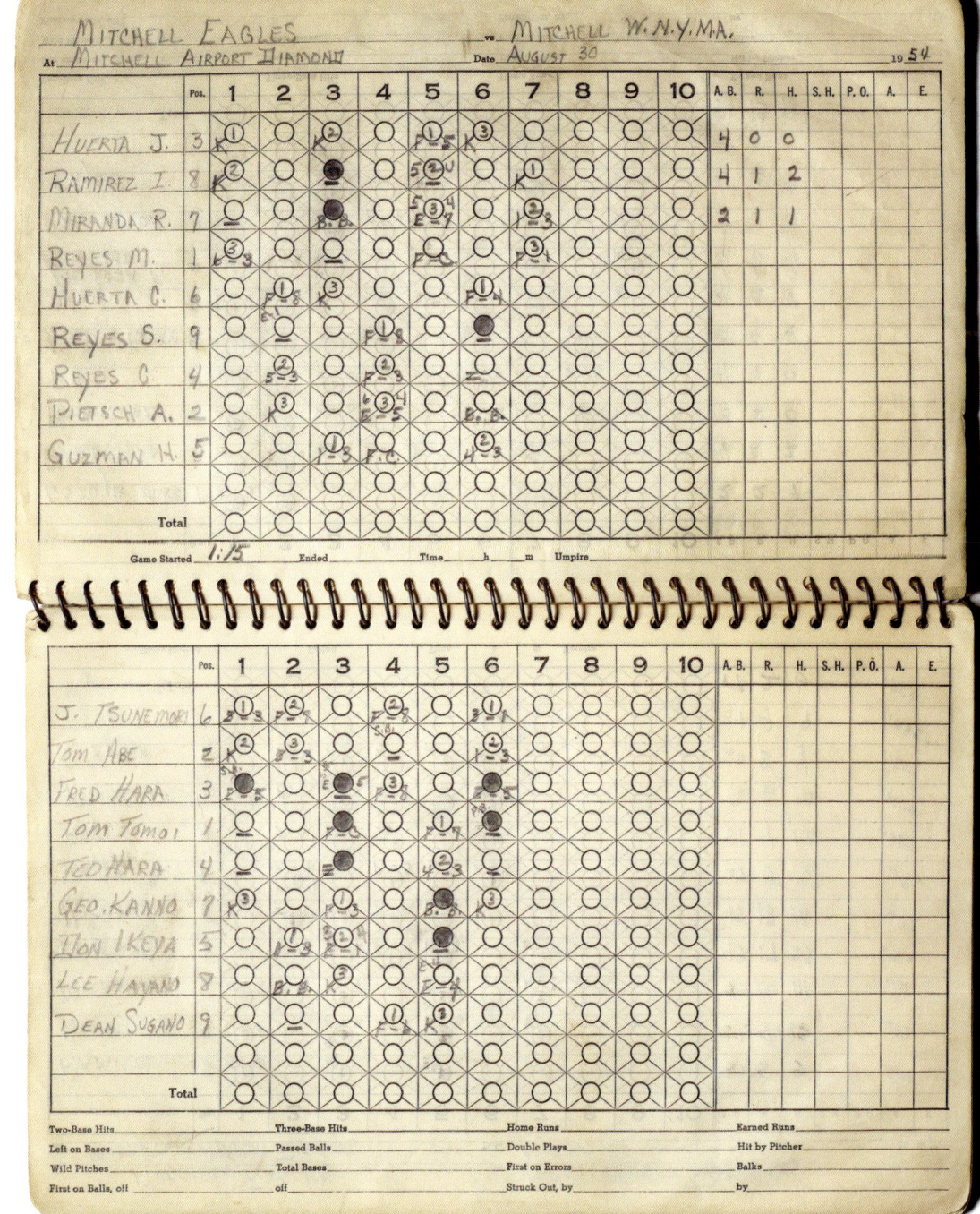

Figure 8.7. Tampa Smokers, 1950s. Brothers Reggie, Bennie, and Manny Fernández of the Tampa Smokers relax after a game. The Cuban American Fernández brothers played baseball in leagues all across Florida and the southern United States for much of their career. The Smokers, named for the prolific cigar industry in Tampa, played often in Cuba and were known for developing several major league players. The first, who was also the first major league player from Tampa, was Alfonso "Al" Ramón López, known as "El Señor." Lopez, a catcher who was inducted into the Hall of Fame for his performance as a major league manager, coached the Fernandez brothers. *Gift of Jean Plowden, National Museum of American History.*

Figura 8.7. Los Fumadores de Tampa, los años cincuenta. Los hermanos Reggie, Bennie y Manny Fernández, de los Fumadores de Tampa, descansan después de un partido. Los Fernández, cubanoamericanos, jugaron béisbol en ligas a través de toda Florida y el sur de Estados Unidos durante gran parte de su carrera. Los Fumadores, así llamados en honor a la fecunda industria tabacalera de Tampa, jugaban a menudo en Cuba y tuvieron fama por haber producido varios peloteros de grandes ligas. El primero, que fue también el primer jugador de grandes ligas de Tampa, fue Alfonso "Al" Ramón López, conocido como "El Señor". López, receptor que llegó al Salón de la Fama por su desempeño como dirigente de grandes ligas, entrenó a los hermanos Fernández. *Donación de Jean Plowden, Museo Nacional de Historia Americana.*

Figure 8.8. Al López and Tony Cuccinello on the cover of the program for the 11th Annual Italian-American Invitational Golf Tournament 1988. This magazine cover reflects the friendship between Hall of Famer Al López and fellow Cleveland Indian Tony Cuccinello. In the image, they are shown wearing their Chicago White Sox uniforms, where López was the manager and Cuccinello was on the coaching staff. Their lives and careers in the major leagues and in Tampa crossed multiple times as players, coaches, and managers. Cuccinello was Italian, and López was Spanish. The pair were inseparable. Baseball brought their families together. The signatures on this magazine are made out to Darlene, Tony's daughter. López was her godfather. *Gift of Darlene Cuccinello, National Museum of American History.*

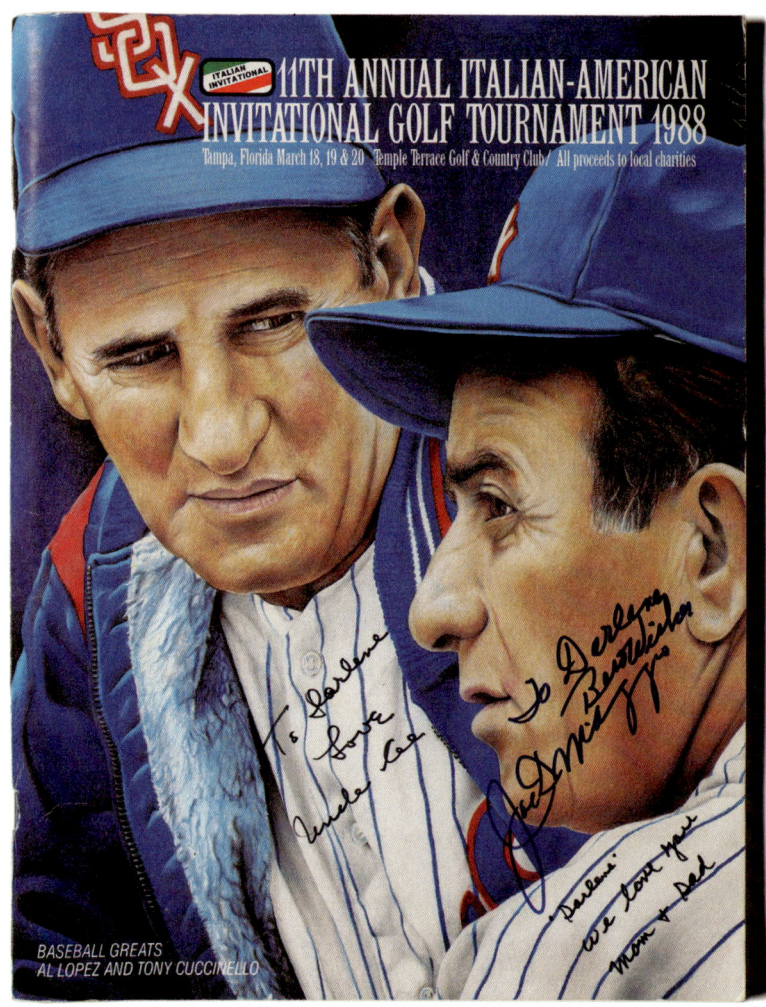

Figura 8.8. Al López y Tony Cuccinello en la portada del programa del 11.º Torneo Invitacional Anual de Golf Italoamericano, 1988. Esta portada refleja la amistad de Al López, miembro del Salón de la Fama, y su compañero del equipo de los Indios de Cleveland, Tony Cuccinello. La imagen los presenta con sus uniformes de las Medias Blancas de Chicago, donde López era el dirigente y Cuccinello uno de los coaches. Sus vidas y sus carreras en las grandes ligas y en Tampa se cruzaron en múltiples ocasiones como jugadores, entrenadores y dirigentes. Aunque Cuccinello era italiano y López hispano, eran inseparables. El béisbol unió a sus familias. Los autógrafos que aparecen en esta revista están dedicados a Darlene, hija de Tony. López era su padrino. *Donación de Darlene Cuccinello, Museo Nacional de Historia Americana.*

VOICES FROM THE COMMUNITY

Common Ground and Room for Difference

Margaret N. Salazar-Porzio

Ben Sakoguchi was just a toddler when his family was forced to leave everything they knew, most of their possessions, and their property, including a grocery store. Given little notice, they were carted off to a prison camp approximately 200 miles (~322 km) away from their home – incarcerated by the U.S. government solely because of their Japanese heritage. The United States was the only home Ben knew. He was born in 1938 in the Barrio Chino, or Meadowbrook neighborhood, of San Bernardino, California. Nonetheless, he and his family were swept up by the unfounded fear that all people of Japanese descent had an allegiance to Japan.[1]

As a reaction to Pearl Harbor and World War II, President Franklin Roosevelt's Executive Order 9066 established Japanese incarceration camps. From 1942 to 1945, fueled by a long history of racism and discrimination, this U.S. government policy decreed that people of Japanese descent – regardless of citizenship – would be held in isolated camps inland from the coasts and away from their homes, farms, and businesses. Japanese incarceration camps are now considered one of the most atrocious violations of American civil rights in the twentieth century.

The Barrio Chino was a working-class neighborhood, racially and culturally mixed, although predominately Mexican American. In 1906, it featured one of San Bernardino's early baseball parks. In 1912, the city's first segregated "Mexican School" was built there. The Sakoguchi family were beloved residents who spoke the languages of the neighborhood, English and Spanish. The customers at their mom-and-pop grocery store were their friends and neighbors, and when the family was unjustly incarcerated in 1942, the neighborhood lost valued members of their community.

Ben and his family were held for three years and four months at the Poston, Arizona, internment camp – a bleak and austere outpost. The colors of their lives were stripped away along with the stripping of property and dignity.

At the close of the war, when the Sakoguchi family was released and faced an uncertain future, they decided to return home to San Bernardino. "With considerable difficulty, they reopened their small grocery business."[2] The family got back on their feet working and living closely once again with Mexican Americans and Mexican immigrants. That was when their world came back into focus and back into color. There was beauty in freedom, even while the grocery store brought in meager rewards for long hours. In a recent recollection of those postwar years, Sakoguchi stated, "I really liked all the bright

VOCES DE LA COMUNIDAD

Terreno común y espacio para diferencias

Margaret N. Salazar-Porzio

Ben Sakoguchi era un niño pequeño cuando su familia se vio obligada a dejar atrás la vida que conocía, la mayoría de sus pertenencias personales y sus propiedades, incluida una tienda de comestibles. Casi sin aviso, se los llevaron a un campamento de prisioneros a unas 200 millas (~322 km) de su casa, encarcelados por el gobierno de EE. UU. simplemente por ser de origen japonés. Estados Unidos era el único hogar que Ben había conocido. Nació en 1938 en el Barrio Chino, o barrio de Meadowbrook, en San Bernardino, California. Aun así, él y su familia fueron víctimas del temor infundado de que todas las personas de ascendencia japonesa eran leales a Japón en tiempo de guerra.[1]

Como reacción al ataque a Pearl Harbor en la Segunda Guerra Mundial, la Orden Ejecutiva 9066 del presidente Franklin Roosevelt estableció los campos de encarcelamiento para japoneses en Estados Unidos. Alimentada por una larga historia de racismo y discriminación, esta política del gobierno estadounidense decretó de 1942 a 1945 que las personas de ascendencia japonesa, sin importar su ciudadanía, fueran detenidas en campamentos aislados lejos de la costa y de sus hogares, tierras y negocios. Los campos de encarcelamiento para japoneses se consideran hoy en día una de las violaciones más atroces de los derechos civiles estadounidenses en el siglo XX.

El Barrio Chino era un vecindario de clase obrera, racial y culturalmente mixto, aunque predominantemente mexicoamericano. En 1906 contaba con uno de los primeros parques de pelota de San Bernardino. En 1912 se construyó allí la "escuela mexicana", la primera escuela segregada de la ciudad. Los miembros de la familia Sakoguchi eran estimados residentes que hablaban los idiomas del barrio, inglés y español. Los clientes de su tienda de comestibles eran sus amigos y vecinos, y cuando la familia fue encarcelada injustamente en 1942, el barrio perdió a valiosos miembros de su comunidad.

Ben y su familia estuvieron detenidos tres años y cuatro meses en el campo de encarcelamiento de Poston, Arizona, un sitio lóbrego y austero. Junto con sus posesiones y su dignidad, perdieron los colores de su mundo.

Cuando la familia fue puesta en libertad después de la guerra, de cara a un futuro incierto, los Sakoguchi decidieron regresar a su hogar en San Bernardino. "Con gran dificultad reabrieron su pequeño negocio de comestibles".[2] La familia volvió a prosperar, trabajando y viviendo de nuevo entre mexicoamericanos e inmigrantes mexicanos. Fue entonces que el mundo recobró su foco y sus colores. Había belleza en la libertad, incluso cuando la tienda reportaba pocas ganancias tras largas horas de trabajo. Recordando recientemente esos años de la posguerra, Sakoguchi comentó: "Me gustaban mucho todos los colores vivos de nuestra tienda

Figure 8.9. Ben Sakoguchi, Mexican American baseball series, acrylic on canvas, 2008. First row, from left to right: *Los Tomboys Brand, El Patrón Brand, Qué Mona! Qué Linda! Brand.* Second row: *Tall Mexican Brand, Nuestra Señora de Guadalupe Brand, First Mexican Brand.* Third row: *Aztecas del Norte Brand, Los Pelados Brand, Chicanos Brand.* Fourth row: *Carmelita Brand, Chorizeros Brand, Banda de Hermanos Brand.* Courtesy of Ben Sakoguchi.

Figure 8.9. Ben Sakoguchi, *Mexican American Baseball Series* (Serie del Béisbol Mexicoamericano), acrílico sobre lienzo, 2008. Primera fila, desde la izquierda: *Los Tomboys Brand, El Patrón Brand, Qué Mona! Qué Linda! Brand.* Segunda fila: *Tall Mexican Brand, Nuestra Señora de Guadalupe Brand, First Mexican Brand.* Tercera fila: *Aztecas del Norte Brand, Los Pelados Brand, Chicanos Brand.* Cuarta fila: *Carmelita Brand, Chorizeros Brand, Banda de Hermanos Brand.* Cortesía de Ben Sakoguchi.

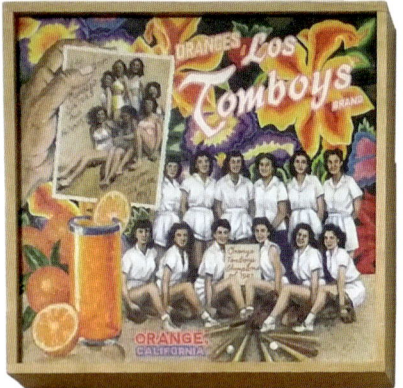

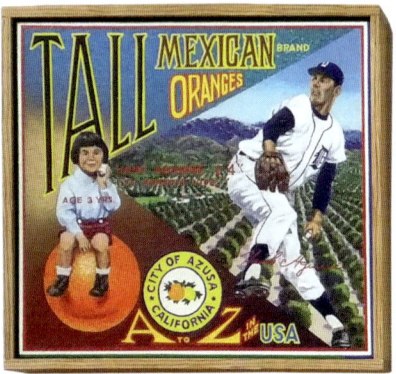

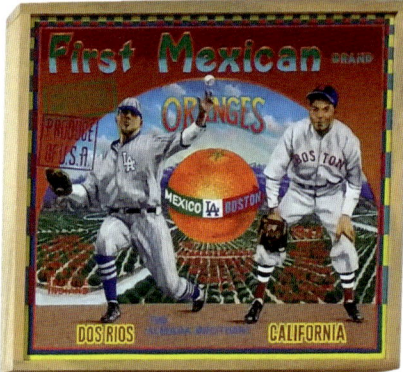

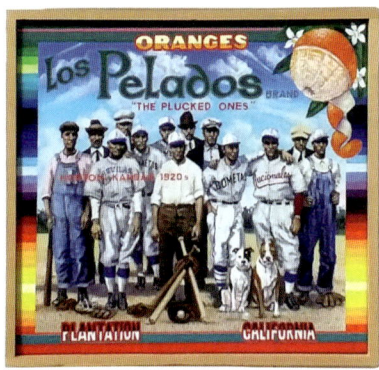
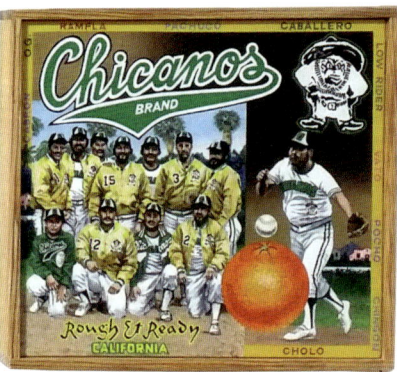
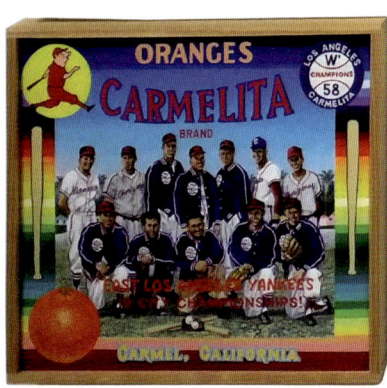
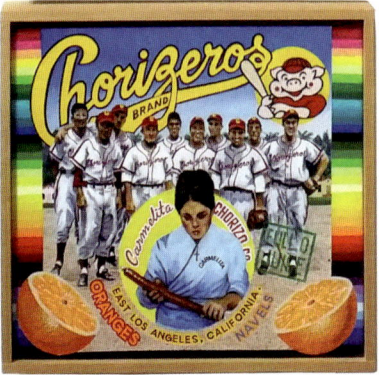

Figure 8.10. Ben Sakoguchi, *Postcards from Camp*, acrylic on canvas, 1999–2001. Ben Sakoguchi's *Postcards from Camp* series presents a view of life before, during, and after his family's time in concentration camps during World War II. In this painting, Ben Sakoguchi's father, George, is holding Helen, the baby of the family. Also depicted (left to right) are Robert, Benji, Mary, and Teruko Sakoguchi. *Courtesy of Ben Sakoguchi.*

Figura 8.10. Ben Sakoguchi, *Postcards from Camp* (Postales desde el campamento), acrílico sobre lienzo, 1999–2001. La serie *Postcards from Camp* de Ben Sakoguchi presenta imágenes de la vida antes, durante y después del período que su familia pasó en el campo de encarcelamiento en la Segunda Guerra Mundial. En esta pintura, George, el padre de Ben Sakoguchi, tiene en brazos a Helen, la más pequeña de la familia. También aparecen (desde la izquierda) Robert, Benji, Mary y Teruko Sakoguchi. *Cortesía de Ben Sakoguchi.*

colors in our store ... tin signs, the labels on all the cans and boxes. Especially when we first opened after Camp. ... I remember Camp as mostly browns and grays."[3] He also recalled the excitement and pride he felt in 1951, listening to the radio broadcast from Williamsport, Pennsylvania, as pitching phenom Ernie Gonzalez, from down the street, hit the longest home run in the five-year history of the Little League World Series.

The once-common orange crate labels that were part of Ben Sakoguchi's postwar freedom remained clear in his mind's eye, even years later. He has modeled close to a thousand paintings using the format, and he developed a new visual language that melds imagination and vibrant colors with history and a sense of humor.

For the Mexican American baseball series, which is part of the larger *Orange Crate Label Series: The Unauthorized History of Baseball in 100-Odd Paintings*, he painted from historic photographs of Latina/o baseball teams borrowed from the Baseball Reliquary.[4] Producing striking and colorful representations of historic black-and-white images let Sakoguchi reimagine the past in color.

In 2006, when asked about this focus on baseball, Sakoguchi responded, "In baseball, the flaws of America and the strengths of America come through."[5] Sakoguchi's paintings provide a social commentary at the same time that they are an entry point for describing how baseball brings us together. At its best, the sport provides common ground *and* room for difference. It can even be a metaphor for democracy. We all have a role to play in the game, and we can only imagine a shared future *together*.

[...] los letreros de hojalata, las etiquetas en todas las latas y cajas. Especialmente cuando volvimos a abrir después del campamento. [...] Recuerdo el campamento como casi todo marrón y gris".[3] También recordó el entusiasmo y el orgullo que sintió en 1951 al escuchar la transmisión desde Williamsport, Pensilvania, cuando el fenomenal Ernie González, vecino de su calle, bateó el jonrón más largo en los cinco años de historia de la Serie Mundial de las Pequeñas Ligas.

Las etiquetas de las cajas de naranjas, muy comunes en su día, fueron parte de la experiencia de libertad de Ben Sakoguchi después de la guerra y quedaron claras en su mente, incluso años más tarde. Sakoguchi ha realizado cerca de mil pinturas en ese formato, desarrollando un nuevo lenguaje visual que combina la imaginación y los colores brillantes con la historia y el sentido del humor.

Para la serie sobre el béisbol mexicoamericano, que es parte de un conjunto mayor titulado *Orange Crate Label Series: The Unauthorized History of Baseball in 100-Odd Paintings* (Serie de etiquetas de cajas de naranjas: La historia no autorizada del béisbol en unas 100 pinturas), Sakoguchi se basó en fotos históricas de equipos latinos femeninos y masculinos, prestadas por el Baseball Reliquary.[4] Creando escenas vívidas e impactantes a base de imágenes históricas en blanco y negro, Sakoguchi logró reimaginar el pasado en colores.

En el 2006, cuando le preguntaron por qué centraba su arte en el béisbol, Sakoguchi contestó: "En el béisbol se ven claros los defectos de América y las mejores cualidades de América".[5] Las pinturas de Sakoguchi ofrecen un comentario social a la vez que una ventana para ver cómo nos une el béisbol. En sus mejores momentos, el deporte ofrece terrenos en común y espacios para diferencias. Puede incluso ser una metáfora de la democracia. Todos tenemos un papel que desempeñar en el juego, y solamente *juntos* podemos visualizar un futuro compartido.

Figure 8.11. Ben Sakoguchi, *Aztecas del Norte Brand*, acrylic on canvas, 2008. The *Aztecas del Norte Brand* painting illustrates deep connections between Mexican American baseball and identity. Sakoguchi's artwork is also informed by Mexican muralists. *Courtesy of Ben Sakoguchi.*

Figura 8.11. Ben Sakoguchi, *Aztecas del Norte Brand*, acrílico sobre lienzo, 2008. La pintura *Aztecas del Norte Brand* ilustra las profundas conexiones entre el béisbol y la identidad de los mexicoamericanos. El arte de Sakoguchi también tiene influencias de los muralistas mexicanos. *Cortesía de Ben Sakoguchi.*

Figure 8.12. Ben Sakoguchi, *Qué Mona! Qué Linda! Brand*, acrylic on canvas, 2008, close-up. Sakoguchi's paintings were sourced from real, historical team photographs. He colorized them on the basis of research and conversations with baseball scholars. *Courtesy of Ben Sakoguchi.*

Figura 8.12. Ben Sakoguchi, *Qué Mona! Qué Linda! Brand*, acrílico sobre lienzo, 2008, imagen ampliada. Las pinturas de Sakoguchi se basan en fotos históricas reales de los equipos. Los colores que les dio son resultado de sus investigaciones y de conversaciones con estudiosos del béisbol. *Cortesía de Ben Sakoguchi.*

Figure 8.13. Ben Sakoguchi, *Chorizeros Brand*, acrylic on canvas, 2008. The Chorizeros were a local baseball team sponsored by the famous Mexican Carmelita Chorizo Company. *Courtesy of Ben Sakoguchi.*

Figura 8.13. Ben Sakoguchi, *Chorizeros Brand*, acrílico sobre lienzo, 2008. Los Chorizeros eran un equipo local de béisbol auspiciado por la famosa compañía mexicana de chorizos Carmelita. *Cortesía de Ben Sakoguchi.*

NOTES

1. Jan Sakoguchi explains that "before World War II, when there was a small community of Issei and Nisei living in another section of San Bernardino, the family was [still] more a part of the little *Barrio Chino* (named for its proximity to the city's onetime 'Chinatown') which had been populated, in part, by those fleeing the violence of the Mexican Revolution." Jan Sakoguchi, Ben Sakoguchi biographical notes, personal communication, 2015.

2. More information about Ben Sakoguchi, his life, and artistic training can be found in the "About Ben Sakoguchi" section of his website, http://www.bensakoguchi.com/about.php (accessed 29 July 2018).

3. Jan Sakoguchi, Ben Sakoguchi biographical notes.

4. Based in Southern California, the Baseball Reliquary engages in documentation and exhibition projects across the region and includes the Latino Baseball History Project, a collaboration between the Baseball Reliquary and the John M. Pfau Library at California State University, San Bernardino. Terry Cannon's tireless leadership of the Baseball Reliquary has made it possible to collect and preserve Latino baseball history. Through events, displays, activities, and the Shrine of the Eternals (one of their awards ceremonies) they highlight Latina/o contributions to baseball history. For more information, see their website, http://www.baseballreliquary.org/ (accessed 12 July 2019).

5. David Davis, "An Unofficial History of Baseball (Orange-Crate Style)," *Sports Illustrated*, June 2006.

NOTAS

1. Jan Sakoguchi explica que "antes de la Segunda Guerra Mundial, cuando había una pequeña comunidad de *issei* y *nisei* radicada en otra sección de San Bernardino, la familia [aun así] tenía más vínculos con el pequeño Barrio Chino (llamado así por su cercanía al antiguo "Chinatown" de la ciudad), el cual había sido poblado en parte por personas que huían de la violencia de la Revolución Mexicana". Jan Sakoguchi, notas biográficas sobre Ben Sakoguchi, comunicación personal, 2015.

2. Para más información sobre Ben Sakoguchi, su vida y su formación artística, ver la sección "About Ben Sakoguchi" en su sitio web, http://www.bensakoguchi.com/about.php (consultado el 29 de julio del 2018).

3. Jan Sakoguchi, notas biográficas sobre Ben Sakoguchi.

4. El Baseball Reliquary, con sede en el sur de California, realiza proyectos de documentación y exposiciones en la región, entre ellos el Proyecto de Historia del Béisbol Latino, una colaboración entre el Baseball Reliquary y la Biblioteca John M. Pfau de la Universidad Estatal de California en San Bernardino. El liderazgo incansable de Terry Cannon, fundador del Baseball Reliquary, ha hecho posible recoger y preservar la historia del béisbol latino. Mediante eventos, exhibiciones, actividades y el Shrine of the Eternals ("Altar de los Eternos", una de sus ceremonias de premios), han puesto de relieve la contribución de los latinos y latinas a la historia del béisbol. Para más información, ver su sitio web, http://www.baseballreliquary.org/ (consultado el 12 de julio del 2019).

5. David Davis, "An Unofficial History of Baseball (Orange-Crate Style)", *Sports Illustrated*, junio del 2006.

Epilogue
Epílogo

the voices of poems beneath the old trees talking quietly about the poems that were once here but are not here any longer, remembering each other.

Tom Clark, from "The Edge of the Forest"[1]

Martín Dihigo — El Maestro, El Inmortal — was the first Latino player from the Negro Leagues enshrined in the National Baseball Hall of Fame in Cooperstown, New York. Despite his incredible talent as a two-way player — he could pitch and hit — he was too brown for Major League Baseball, especially in the years before Jackie Robinson. Instead, he became a star throughout the Americas, beginning his career as a second baseman for the Cuban Stars, a Negro League team. By most accounts he could play any position. He averaged higher than .300 in the Negro Leagues. He was also an ace pitcher, with more than 260 combined career wins. Whereas Babe Ruth made his name in the United States, Dihigo made his internationally. The Cuban was ultimately inducted into five halls of fame in the United States, Cuba, Mexico, Venezuela, and the Dominican Republic.[2] After he retired from his playing career he became a manager and broadcaster and later returned to Cuba, where he worked in various governmental positions in sports on the island. He had a long and illustrious career. Yet he is not necessarily a household name.

Dihigo is one of many, many players whose memories can be heard whispering from the edges of Major League Baseball. Although MLB is an important dimension of Latina/o baseball history, it is only a relatively small part of the story. This book and its related exhibitions blend together the major league stories and the community stories in order to name our extraordinary, everyday heroes of the game, on and off the field. So many of those whispers from the margins should be turned into roars —

las voces de los poemas bajo los viejos árboles hablando en voz baja de los poemas que estaban antes aquí pero ya no están, recordándose los unos a los otros.

Tom Clark, "Al margen del bosque"[1]

Martín Dihigo — El Maestro, El Inmortal — fue el primer jugador latino de las ligas negras exaltado al Salón de la Fama y Museo Nacional del Béisbol en Cooperstown, Nueva York. A pesar de su talento increíble, lo mismo como lanzador que bateador, su piel era demasiado oscura para Major League Baseball, sobre todo en la época antes de Jackie Robinson. Así que pasó a convertirse en un astro de América Latina, comenzando su carrera como segunda base de las Estrellas Cubanas, equipo de las ligas negras. Según lo que se conoce, podía jugar todas las posiciones. Promedió más de .300 en las ligas negras. También fue un lanzador fenomenal, con más de 260 victorias combinadas en su carrera. Mientras Babe Ruth hizo su leyenda en Estados Unidos, Dihigo hizo la suya en el escenario internacional. Este cubano terminó siendo exaltado a cinco salones de la fama: en Estados Unidos, Cuba, México, Venezuela y la República Dominicana.[2] Luego de retirarse como jugador se desempeñó como dirigente y comentarista, y más tarde regresó a Cuba, donde ocupó varios puestos gubernamentales en el área de deportes. Tuvo una carrera larga e ilustre. Aun así, no es un nombre muy conocido.

Dihigo es uno de muchísimos peloteros cuyo recuerdo se escucha como un susurro desde el margen de MLB. Aunque las grandes ligas ocupan una dimensión importante en la historia del béisbol latino, es solo una pequeña parte del panorama. Este libro y las exposiciones relacionadas combinan las historias de las mayores y las historias de las comunidades para dar presencia a nuestros extraordinarios héroes cotidianos del béisbol, dentro y fuera

from the mouths of players, fans, and spectators, from readers of this book, and from visitors to our exhibits. We are proud of the stories we have presented, many of them previously untold in a public forum. In them can be heard the very symphony – and cacophony – of what it means to be American and what it means to be Latina/o.

The memories of players like Leopoldo Martínez, Chris González, and Carmen Lujan resonate across time. Memories of players from *las colonias* in Colorado and Wyoming or from Chicago's Humboldt Park or the Eagle's Nest in Kansas City are spun together in this book. And yet there are so many more players whose names and talents were just as important but whose memories we could not include in this book. At the same time, the memories of Roberto Clemente, Minnie Miñoso, and Fernando Valenzuela thunder clearly in many of our minds, reverberating throughout our memories and our experiences – whether we watched baseball with our families, cheered their names at games, or idolized them on the field. It is clear in these booming memories that Latina/o influence has touched every aspect of Major League Baseball and every aspect of baseball as a civic institution in our local communities.

Although we cannot change the past of Major League Baseball's color line, we can be deliberate about remembering the many who were barred from participation as a result of racism and segregation. We can also remember how Latinas/os made their own ways when refused access. We can remember the players and the impacts they had on their communities. In preserving their memories through baseball we connect generations of Latinas/os. Clearly, the past of baseball was Latina/o, and so are the present and the future.

The *¡Pleibol! In the Barrios and the Big Leagues / En los barrios y las grandes ligas* book and exhibits at the National Museum of American History and through the Smithsonian Institution Traveling Exhibition Service attempt to honor and remember, to highlight the stories and histories of those influential Latinas/os who have gone before – Clemente, Dihigo, Fernandez, González, López, Lujan, Martínez, Miñoso, Orozco, Rodriguez, Salazar, Tiant, Villa, and so many more – to name their greatness, whether in professional leagues or in their communities. We must remember each other like the poems remember and whisper – if not shout – each other's names.

¡Pleibol! is in honor of their memories.

del terreno de juego. Muchos de esos susurros desde el margen deberían convertirse en clamor en las bocas de jugadores, fanáticos y espectadores, en las bocas de los lectores de este libro y de los visitantes a nuestras exposiciones. Sentimos orgullo de los relatos que hemos presentado, muchos de los cuales nunca se habían contado en un foro público. En ellos se puede escuchar la sinfonía – y la cacofonía – de lo que significa ser estadounidense y lo que significa ser latina o latino.

El recuerdo de jugadores como Leopoldo Martínez, Chris González y Carmen Luján repercute a través del tiempo. Los recuerdos de los peloteros de las "colonias" de Colorado y Wyoming, o del Parque Humboldt de Chicago, o del Nido de Águilas de Kansas City quedan entretejidos en este libro. Sin embargo, hay tantos más jugadores cuyos recuerdos no pudimos incluir en este libro, a pesar de que sus nombres y su talento fueron igualmente importantes. Al mismo tiempo, el recuerdo de Roberto Clemente, Minnie Miñoso y Fernando Valenzuela resuena como un trueno en nuestra mente, reverberando a través de nuestra memoria y nuestras experiencias, lo mismo si los vimos jugar junto a nuestras familias, o cantamos sus nombres en los partidos o los idolatramos en el diamante. En estos poderosos recuerdos queda claro que la influencia latina ha tocado todos los aspectos de MLB y todos los aspectos de la pelota como institución cívica en nuestras comunidades locales.

Aunque no podemos cambiar el pasado de las grandes ligas con sus barreras raciales, podemos insistir en recordar a los muchos jugadores que fueron excluidos por causa del racismo y la segregación. También podemos recordar cómo los jugadores latinos y latinas se abrieron paso de otras maneras cuando se les impidió el acceso. Podemos recordar a los peloteros y el impacto que tuvieron en sus comunidades. Al conservar su memoria mediante el béisbol, conectamos a diferentes generaciones de latinas/os. Está claro que el pasado del béisbol fue latino, y también lo son el presente y el futuro.

El libro y las exposiciones *¡Pleibol! In the Barrios and the Big Leagues / En los barrios y las grandes ligas*, tanto en el Museo Nacional de Historia Americana como por medio del Servicio de Exposiciones Itinerantes de la Institución Smithsonian, aspiran a honrar y conmemorar, a poner de relieve las historias de los latinos y latinas influyentes que nos han precedido – Clemente, Dihigo, Fernández, González, López, Luján, Martínez, Miñoso, Orozco, Rodríguez, Salazar, Tiant, Villa y tantos otros – para dar a conocer su grandeza, ya sea en las ligas profesionales o en sus comunidades. Debemos recordarnos los unos a los otros, al igual que los poemas se recuerdan, y susurrar – si no gritar – nuestros nombres.

¡Pleibol! está dedicado a esos recuerdos.

NOTES

1. Tom Clark, "The Edge of the Forest," *Beyond the Pale* (blog), 9 June 2013, http://tomclarkblog.blogspot.com/2013/06/the-edge-of-forest.html (accessed 3 June 2019). Clark was a baseball enthusiast and well-known poet. His poem about Roberto Clemente entitled "The Great One" is a classic in baseball fan history; see Tom Clark, "The Great One," in *Fan Poems* (Berkeley, Calif.: North Atlantic Books, 1976).

2. For more information about Martín Dihigo, see Adrian Burgos Jr., *Playing America's Game: Baseball, Latinos, and the Color Line* (Berkeley: University of California Press, 2007); John Holway, "Cuban Baseball Greats Stifled by Politics," *USA Today Baseball Weekly*, 22 July 1992. He is also mentioned in Tim Wendel, *The New Face of Baseball: The One-Hundred-Year Rise and Triumph of Latinos in America's Favorite Sport* (New York: HarperCollins, 2003), 8–10.

NOTAS

1. Tom Clark, "The Edge of the Forest," *Beyond the Pale* (blog), 9 de junio del 2013, http://tomclarkblog.blogspot.com/2013/06/the-edge-of-forest.html (consultado el 3 de junio del 2019). Clark fue entusiasta del béisbol y poeta conocido. Su poema sobre Roberto Clemente titulado "The Great One" ("El Grande") es un clásico en la historia de los fanáticos del deporte; ver Tom Clark, "The Great One", en *Fan Poems* (Berkeley, Calif.: North Atlantic Books, 1976).

2. Para más información sobre Martín Dihigo, ver Adrian Burgos Jr., *Playing America's Game: Baseball, Latinos, and the Color Line* (Berkeley: University of California Press, 2007); John Holway, "Cuban Baseball Greats Stifled by Politics", *USA Today Baseball Weekly*, 22 de julio de 1992. También aparece en Tim Wendel, *The New Face of Baseball: The One-Hundred-Year Rise and Triumph of Latinos in America's Favorite Sport* (Nueva York: HarperCollins, 2003), 8–10.

Acknowledgments
Agradecimientos

Our lives are enriched forever thanks to the many people who generously and openly gave their insights, knowledge, resources, and energy to this project. So many shared the gift of their time to educate and inform us. So many brought their objects and images to share with each other, the world, and future generations. So many mentored each other, pooled resources, and kindly assisted in making the documentation and preservation of our stories possible.

Time and time again, curatorial assistant Robin Morey demonstrated her profound commitment to the project, deep knowledge of Latina/o baseball, and noteworthy attention to detail. Her expertise shines through in each of this volume's illuminating captions and gorgeous images — most of which were taken by our talented photographer, Jaclyn Nash. Jackie's keen eye and exceptional style define this volume, and we are forever grateful to her for generously offering her time and skill.

We thank everyone who helped this project to flourish despite its many moving parts — events, websites, community conversations, new collections, exhibitions, conservation, photography, digitization, writing, and more. This book would not exist without the experience and support from our colleagues across the country, our team at the Smithsonian, and partner institutions. We give special thanks to these amazing fellows and interns: Erin Mashni and Alexandria González at the very beginning; Dulcina Abreu; Anneleise Azua; Rudy Mondragón; and especially Lola Ramírez — incredible community organizer, brilliant museum professional, and thoughtful colleague. Xavier Madrid served as a talented editor and voice behind our very first drafts; we thank him for his dedication to the project and to making this book a reality.

Nuestras vidas se han enriquecido para siempre gracias a las numerosas personas que de manera generosa y abierta ofrecieron a este proyecto sus percepciones, sus conocimientos, sus recursos y su energía. Tantos han compartido el don de su tiempo para instruirnos e informarnos. Tantos han traído sus objetos e imágenes para compartirlos entre todos nosotros, con el mundo y con las generaciones futuras. Tantos han servido de mentores, han aunado recursos y han ayudado gentilmente a la documentación y la conservación de nuestras historias.

Una y otra vez, Robin Morey, asistente curatorial, demostró su profundo compromiso con el proyecto, su amplio conocimiento del béisbol latino y su extraordinaria atención al detalle. Su dominio profesional queda manifiesto en cada uno de los calces esclarecedores que acompañan las espléndidas imágenes de este libro, la mayoría tomadas por nuestra talentosa fotógrafa Jaclyn "Jackie" Nash. El ojo artístico y el estilo excepcional de Jackie definen este volumen, y tiene nuestro eterno agradecimiento por ofrecer tan generosamente su tiempo y su talento.

Damos las gracias a todos los que contribuyeron a que este proyecto floreciera a pesar del gran número de componentes: eventos, sitios web, conversaciones con la comunidad, colecciones nuevas, exposiciones, conservación, fotografía, digitalización, textos y más. Este libro no existiría sin la experiencia y el apoyo de nuestros colegas a lo largo del país, nuestro equipo en el Smithsonian y las instituciones aliadas. Un agradecimiento especial va para estos becados e internos extraordinarios: Erin Mashni y Alexandria González en los albores del proyecto; Dulcina Abreu, Anneleise Azua, Rudy Mondragón y en especial Lola Ramírez, increíble organizadora comunitaria, brillante profesional museística y amable colega. Xavier Madrid fue un talentoso editor y voz estilística en nuestros primeros borradores; agradecemos su dedicación al proyecto y a convertir en realidad este libro.

Books and exhibitions are the products of many hundreds of hours of work, coordination, collaboration, and hope. Our exhibition team members at the Smithsonian deserve special acknowledgment: Jenarae Alaniz Bautista, Amanda Bowen, Clare Brown, María del Carmen Cossu, Megan Dattoria, Mariano Desmarás, Janice Ellis, Sunae Park Evans, Stevan Fisher, Jane Fortune, Julia Garcia, Teresa Gionis, Laura Hansen, Arlene Irizarry, Eric Jentsch, Rebecca Kokinda, Katherine Krile, Ed Liskey, Melinda Machado, Cassie Mancer, Laura McClure, Magdalena Mieri, Scott Nolley, Leslie Poster, Jane Rogers, Orlando Serrano, Megan Smith, Damion Thomas, Steve Velasquez, Stephen Walczak, and Omar Wynn. We thank them and their teams for hoping along with us and for making it all happen.

Turning a set of ideas into a book is difficult. The experience is made better and more rewarding by being able to work with an excellent press. We thank Ginger Minkiewicz, Meredith McQuoid-Greason, and their team at Smithsonian Institution Scholarly Press for leading us through the publication process with genuine kindness and excitement about the project. Eriksen Translations created the indexes in both languages. We also thank our outstanding translator María Eugenia Hidalgo, expert Spanish language copyeditor Clemson L. Smith Muñiz, and the community voice writers in this book. They have been engaged in public history in profound ways over many years. Their work motivated us to be better advocates for community stories and to rethink what it means to be public historians today.

We are especially indebted to all the individuals and local communities that we have had the pleasure and opportunity to meet and to be inspired by or to hear the experiences of from afar. We thank them for providing the foundation for *¡Pleibol! In the Barrios and the Big Leagues / En los barrios y las grandes ligas.*

Many institutions and individuals have contributed significant time, support, and expertise to the project: LA Plaza de Cultura y Artes (Los Angeles, California); California State University, San Bernardino; independent scholars Gabriel and Jody Lopez (Greeley, Colorado); Ybor City Museum Society and Tampa Baseball Museum at the Al Lopez House (Tampa, Florida); La Vida Baseball (Chicago, Illinois); Framingham State University (Framingham, Massachusetts); The Kansas City Museum (Kansas City, Missouri); La Casita Cultural Center at Syracuse University (Syracuse, New York); the National Baseball Hall of Fame (Cooperstown, New York); Baseball Heritage Museum (Cleveland, Ohio); Sistema Universitario Ana G. Méndez, University of Turabo (Gurabo, Puerto Rico); and the Institute of Texan Cultures (San Antonio, Texas), among others. We thank Cesar Caballero, Mireya Loza, and Richard Santillán for being scholars whom we trust, honor, and respect. We also thank Tab Bamford for always being

Los libros y las exposiciones son producto de cientos de horas de trabajo, coordinación, colaboración y esperanza. Los miembros de nuestro equipo de exposiciones en la Institución Smithsonian merecen especial reconocimiento: Jenarae Alaniz Bautista, Amanda Bowen, Clare Brown, María del Carmen Cossu, Megan Dattoria, Mariano Desmarás, Janice Ellis, Sunae Park Evans, Stevan Fisher, Jane Fortune, Julia García, Teresa Gionis, Laura Hansen, Arlene Irizarry, Eric Jentsch, Rebecca Kokinda, Katherine Krile, Ed Liskey, Melinda Machado, Cassie Mancer, Laura McClure, Magdalena Mieri, Scott Nolley, Leslie Poster, Jane Rogers, Orlando Serrano, Megan Smith, Damion Thomas, Steve Velásquez, Stephen Walczak y Omar Wynn. Les damos las gracias por compartir nuestras esperanzas y hacerlo todo posible.

Convertir un conjunto de ideas en un libro es tarea difícil. La experiencia es más satisfactoria cuando se trabaja con una editorial excelente. Damos las gracias a Ginger Minkiewicz, Meredith McQuoid-Greason y su equipo en la Smithsonian Institution Scholarly Press por guiarnos a través del proceso de publicación con verdadera cordialidad y entusiasmo por el proyecto. Eriksen Translations creó los índices en ambos idiomas. También reconocemos a nuestra destacada traductora María Eugenia Hidalgo, el redactor experto en español, Clemson L. Smith Muñiz, y los escritores que contribuyeron las voces de la comunidad. Han estado todos profundamente dedicados a la historia pública a lo largo de muchos años. Su trabajo nos motivó a ser mejores defensores de las historias de la comunidad y a reconsiderar lo que significa ser historiadores públicos hoy.

Tenemos una deuda especial con todos los individuos y comunidades locales que hemos tenido el placer y la oportunidad de conocer y que nos han inspirado o cuyas experiencias hemos escuchado desde lejos. Les damos las gracias por proveer los cimientos para *¡Pleibol! In the Barrios and the Big Leagues / En los barrios y las grandes ligas.*

Muchas instituciones y personas han aportado tiempo, apoyo y conocimientos de manera significativa: LA Plaza de Cultura y Artes (Los Ángeles, California); la Universidad Estatal de California en San Bernardino; los expertos independientes Gabriel y Jody López (Greeley, Colorado); Sociedad del Museo de Ybor City y Museo del Béisbol de Tampa en la Casa de Al López (Tampa, Florida); La Vida Baseball (Chicago, Illinois); Universidad Estatal de Framingham (Framingham, Massachusetts); Museo de Kansas City (Kansas City, Misuri); Centro Cultural La Casita de la Universidad de Syracuse (Syracuse, Nueva York); Salón de la Fama Nacional del Béisbol (Cooperstown, Nueva York); Museo del Patrimonio del Béisbol (Cleveland, Ohio); Sistema Universitario Ana G. Méndez, Universidad del Turabo (Gurabo, Puerto Rico) y el Instituto de Culturas de Texas (San Antonio, Texas), entre otros. Agradecemos a

an enthusiastic partner in this work. At the Smithsonian Latino Center, Adrian Aldaba, Diana Bossa Bastidas, Melissa Carrillo, Eduardo Díaz, Emily Key, and Ranald Woodaman are animating meaningful change, and we are grateful to be in the trenches with them in the effort to bringing Latina/o stories to the public. Others too numerous to name here have helped in big and small ways. We thank them all.

This work would not have been possible without generous financial support from the Cordoba Corporation and the Smithsonian Latino Initiatives Pool. The latter was administered by the Smithsonian Latino Center, which supported the exhibitions and collections associated with this book.

Finally, with the deepest love, admiration and gratitude, we acknowledge our patient partners — Dolly Tua-Burgos and Michael Porzio. Your support has made our work both possible and enjoyable.

César Caballero, Mireya Loza y Richard Santillán por ser eruditos que han merecido nuestra confianza, distinción y respeto. También agradecemos a Tab Bamford por ser siempre un colaborador entusiasta en este trabajo. En el Centro Latino Smithsonian, Adrian Aldaba, Diana Bossa Bastidas, Melissa Carrillo, Eduardo Díaz, Emily Key y Ranald Woodaman están impulsando cambios significativos, y estamos agradecidos de laborar junto a ellos en el esfuerzo de traer al público las historias de los latinos y latinas. Otras personas, demasiado numerosas para nombrarlas aquí, han ayudado en pequeña y gran medida. A todos les damos las gracias.

Este trabajo no hubiera sido posible sin el generoso apoyo económico de Cordoba Corporation y el Fondo de Iniciativas Latinas Smithsonian. Este último fue administrado por el Centro Latino Smithsonian, que respaldó las exposiciones y las colecciones asociadas con este libro.

Finalmente, con el más profundo amor, admiración y aprecio, reconocemos a nuestros compañeros pacientes: Dolly Tua-Burgos y Michael Porzio. El apoyo de ambos ha hecho que nuestro trabajo sea posible y agradable.

Bibliography
Bibliografía

Alamillo, José M. *Deportes, The Making of a Sporting Mexican Diaspora*. New Brunswick, N.J.: Rutgers University Press, 2020.

Alamillo, José M. *Making Lemonade out of Lemons: Mexican American Labor and Leisure in a California Town, 1880–1960*. Urbana: University of Illinois Press, 2006.

Alamillo, José M. "Peloteros in Paradise: Mexican American Baseball and Oppositional Politics in Southern California, 1930–1950." *Western Historical Quarterly*, 34, no. 2 (Summer 2003): 191–211.

Alamillo, José M. "White Sox Park and the Formation of a Nonwhite Spatial Imaginary." *CulturaPolitics* (blog), 28 December 2014. https://josemalamillo.wordpress.com/2014/12/28/white-sox-park-and-the-formation-of-a-nonwhite-spatial-imaginary/ (accessed 9 July 2019).

All-American Girls Professional Baseball League Players Association. "Rules of Conduct." https://www.aagpbl.org/history/rules-of-conduct (accessed 2 August 2018).

Alvarado, Jossie. *Puerto Rico en las Grandes Ligas*. Salinas, Puerto Rico: Museo del Deporte Puerto Rico, 2010.

Alvarado, Linda. Interview by Henry Estrada, Denver, Colorado, 2004.

Alvarado, Linda. Interview by Margaret Salazar-Porzio, National Museum of American History, Washington, D.C., 23 October 2018.

Armour, Mark, and Dan Leavitt. "Baseball Demographics, 1947–2012." Society for American Baseball Research. http://sabr.org/bioproj/topic/baseball-demographics-1947-2012 (accessed 2 January 2020).

Avila, Eric. *Popular Culture in the Age of White Flight: Fear and Fantasy in Suburban Los Angeles*. Berkeley: University of California Press, 2006.

Balderrama, Francisco E., and Richard A. Santillán. *Mexican American Baseball in Los Angeles*. Charleston, S.C.: Arcadia Publishing, 2011.

Baseball Reliquary. http://www.baseballreliquary.org/ (accessed 12 July 2019).

Bjarkman, Peter C. *Baseball with a Latin Beat: A History of the Latin American Game*. Jefferson, N.C.: McFarland, 1994.

Bjarkman, Peter C. *Diamonds around the Globe: The Encyclopedia of International Baseball*. Westport, Conn.: Greenwood, 2005.

Bretón, Marcos. "Field of Broken Dreams." Color Lines, 20 April 2000. https://www.colorlines.com/articles/fields-broken-dreams-latinos-and-baseball (accessed 11 July 2019).

Bretón, Marcos. "Giants Lost Latin Stars." *Sacramento Bee*, 29–30 August 1993.

Bretón, Marcos, and Jose Luis Villegas. *Home Is Everything: The Latino Baseball Story*. El Paso: Cinco Puntos Press, 2002.

Brink, Bill. "Minor Leaguers Keep Pinching Pennies as Wage Lawsuit Continues." *Pittsburgh Post-Gazette*, 9 July 2018. https://www.post-gazette.com/sports/pirates/2018/07/09/minor-league-wages-lawsuit-mlb-pirates-altoona-curve/stories/201807050008 (accessed 11 July 2019).

Brock, Lisa, and Bijan Bayne. "Not Just Black." *Between Race and Empire: African-Americans and Cubans Before the Cuban Revolution* (Philadelphia: Temple University Press, 1998): 168-204.

Brown, Anna. "The Unique Challenges of Surveying U.S. Latinos." Pew Research Center Methods, 12 November 2015. https://www.pewresearch.org/methods/2015/11/12/the-unique-challenges-of-surveying-u-s-latinos/ (accessed 24 April 2019).

Burgos, Adrian, Jr. *Cuban Star: How One Negro League Owner Changed the Face of Baseball*. New York: Hill & Wang, 2011.

Burgos, Adrian, Jr. "Justino Clemente's History Lesson." *La Vida Baseball*, 1 October 2018. https://www.lavidabaseball.com/justino-clemente-hof-visit/ (accessed 1 October 2018).

Burgos, Adrian, Jr. "Left Out Afro-Latinos, Black Baseball, and the Revision of Baseball's Racial History." *Social Text* 27, no. 198 (2009): 37–58.

Burgos, Adrian, Jr. "Luis Tiant's 'Bendición': A Legend's Unexpected and Cherished Blessing." *La Vida Baseball*, 24 November 2017. https://www.lavidabaseball.com/el-profe-luis-tiant-blessing-bendicion/ (accessed 11 July 2019).

Burgos, Adrian, Jr. "Matino Clemente Helped Guide the Great One." *La Vida Baseball*, 13 March 2019. https://www.lavidabaseball.com/matino-clemente-big-brother/ (accessed 13 March 2019).

Burgos, Adrian, Jr. *Playing America's Game: Baseball, Latinos, and the Color Line*. Berkeley: University of California Press, 2007.

Burgos, Adrian, Jr. "Roberto Clemente and the World Series Blessing Heard around the World." *La Vida Baseball*, 26 October 2018. https://www.lavidabaseball.com/world-series-moment-roberto-clemente/ (accessed 26 October 2018).

Burgos, Adrian, Jr. "Robinson's Legacy Includes Assist for Latinos." *La Vida Baseball*, 16 April 2019. https://www.lavidabaseball.com/jackie-robinson-latino-followers/ (accessed 16 April 2019).

Burgos, Adrian, Jr. "What Jackie Robinson Day Means to Latinos." *La Vida Baseball*, 16 April 2018. https://www.lavidabaseball.com/jackie-robinson-day-latinoes/ (accessed 16 April 2018).

Cadaval, Olivia. "Latinx Studies Association Conference Plenary 2018." Speech presented at the 2018 Latina/o Studies Association Biennial Conference, Washington D.C., 2018.

California State University, San Bernardino. "The Latino Baseball History Project." https://www.csusb.edu/special-collections/collections/latino-baseball-history-project (accessed 15 March 2019).

Clark, Tom. "The Edge of the Forest." *Beyond the Pale* (blog), 9 June 2013. http://tomclarkblog.blogspot.com/2013/06/the-edge-of-forest.html (accessed 3 June 2019).

Clark, Tom. "The Great One." In *Fan Poems*, p. 52. Berkeley, Calif.: North Atlantic Books, 1976.

Colon-Delgado, Jorge. *Santurce Cangrejeros 1954–55: La Maquinaria Perfecta*. Caguas, Puerto Rico: Ediciones Situm, 2007.

Cuff, Dana. *The Provisional City: Los Angeles Stories of Architecture and Urbanism*. Cambridge, Mass.: MIT Press, 2000.

Daily Chronicle (DeKalb, Ill.). "Girls League Will Train at Havana, Cuba." 27 November 1947, 8.

Davis, David. "An Unofficial History of Baseball (Orange-Crate Style)." *Sports Illustrated*, June 2006.: 48–49.

Dougherty, Jesse. "MLB, Long Expecting Latin Players to Learn English, Is Finally Beginning to Speak Their Language." *Washington Post*, 4 June 2019.

Essington, Amy. *The Integration of the Pacific Coast League: Race and Baseball on the West Coast*. Lincoln: University of Nebraska Press, 2018.

The Evening News (Wilkes-Barre, Penn.). "Major Leaguers to Play Mexico's Diamond Stars." 29 June 1932, 12.

Falk, John H. *The Museum Experience Revisited*. Abingdon, U.K.: Routledge, 2012.

Fernandez, Edwin. "Pedrín Zorrilla: Mr. Baseball (1905–1981)." *La Prensa del Béisbol Latino*, 2(2) (2005): 6–7.

Fiddler, Merrie A. *The Origins and History of the All-American Girls Professional Baseball League*. Jefferson, N.C.: McFarland, 2006.

Flores, Antonio, Mark Hugo Lopez, and Jens Manuel Krogstad. "U.S. Hispanic Population Reached New High in 2018, but Growth Has Slowed." Pew Hispanic Research Center, 2019. https://www.pewresearch.org/fact-tank/2019/07/08/u-s-hispanic-population-reached-new-high-in-2018-but-growth-has-slowed/ (accessed 9 July 2019).

Freedman, Lew. *Latino Baseball Legends: An Encyclopedia*. Westport, Conn.: Greenwood, 2010.

Galla, Amareswar. "The First Voice in Heritage Conservation." *International Journal of Intangible Heritage*, 3 (2008): 9–25.

Garcia, Matt. *A World of Its Own: Race, Labor, and Citrus in the Making of Greater Los Angeles, 1900–1970*. Chapel Hill: University of North Carolina Press, 2001.

Gardner, Gretchen. "The LA Dodgers and What It Means to Be Latino in Los Angeles." *Portada*, 2 March 2016. https://www.portada-online.com/2016/03/02/the-la-dodgers-and-the-fabric-of-what-it-means-to-be-a-latino-in-los-angeles/ (accessed 5 March 2019.).

González Echevarría, Roberto. "The Game in Matanzas: On the Origins of Cuban Baseball." *Yale Review*, 83 (July 1995): 62–94.

González Echevarría, Roberto. *Pride of Havana: A History of Cuban Baseball*. New York: Oxford University Press, 2001.

Guilló, Nemesio, and Teodoro Zaldo. Interview by *Diario de la Marina*. Havana, Cuba, 20 January 1924.

Hernandez, Ester. Interview by Margaret Salazar-Porzio. San Francisco, Calif., 24 September 2018.

Hernández, Lou. *Baseball's Great Hispanic Pitchers: Seventeen Aces from the Major, Negro and Latin American Leagues*. Jefferson, N.C.: McFarland, 2014.

Hernández, Lou. *The Rise of the Latin American Baseball Leagues, 1947–1961: Cuba, the Dominican Republic, Mexico, Nicaragua, Panama, Puerto Rico and Venezuela*. Jefferson, N.C.: McFarland, 2011.

Holway, John. "Cuban Baseball Greats Stifled by Politics." *USA Today Baseball Weekly*, 22 July 1992.

Irvin, Monte. *Nice Guys Finish First: The Autobiography of Monte Irvin*. New York: Carroll & Graf, 1996.

Klein, Alan. *Baseball on the Border: A Tale of Two Laredos*. Princeton, N.J.: Princeton University Press, 1997.

Klein, Alan. *Dominican Baseball: New Prejudice, Old Prejudice*. Philadelphia: Temple University Press, 2014.

Klein, Alan. *Sugarball: The American Game, the Dominican Dream*. New Haven, Conn.: Yale University Press, 1993.

Kokomo Tribune (Kokomo, Ind.). "Goils Will Be Goils." 12 May 1949, 19.

La Opinión (Los Angeles). "Alex Orozco Salió a Mexico Para Jugar con Los Aztecas." 24 August 1935, 7.

La Opinión (Los Angeles). "El Pitcher Ernesto Salazar fue Admitido Ayer en el Club Seattle." 23 July 1933, 4.

La Opinión (Los Angeles). "La Emigración de Peloteros de Los Angeles Hacia Mexico." 3 March 1940, 4–5.

Lapchick, Richard, David Zimmerman, Meaghan Coleman, Brittany Barber, Nate Harvey, Will Thomas, and Daniel Martin. The 2019 Racial and Gender Report Card: Major League Baseball. Orlando, Fla.: The Institute for Diversity and Ethics in Sport, 2019. https://43530132-36e9-4f52-811a-182c7a91933b.filesusr.com/ugd/7d86e5_3267492245744522893b464512c42cad.pdf (accessed 21 May 2019).

Lonetree, Amy. *Decolonizing Museums: Representing Native America in National and Tribal Museums*. Chapel Hill: University of North Carolina Press, 2012.

Lopez, Gabriel, and Jody Lopez. *From Sugar to Diamonds: Spanish/Mexican Baseball, 1925–1969; Stories of the Greeley Grays and the Teams That Dared to Challenge Them*. Bloomington, Ind.: AuthorHouse, 2009.

Lopez, Gabriel, and Jody Lopez. *White Gold Laborers: The Story of Greeley's Spanish Colony*. Bloomington, Ind.: AuthorHouse, 2007.

Maraniss, David. *Clemente: The Passion and Grace of Baseball's Last Hero*. New York: Simon & Schuster, 2007.

Marsans Player File. Undated newspaper clipping, National Baseball Library and Archive, Cooperstown, N.Y.

Martinez, Eddie. Interview by Margaret Salazar-Porzio. Cordoba Corporation, Los Angeles, Calif., 1 February 2017.

Martinez, Howard. Interview by Margaret Salazar-Porzio. National Museum of American History, Washington, D.C., 12 November 2016.

McNeill, William F. *Baseball's Other All-Stars: The Greatest Players from the Negro Leagues, the Japanese Leagues, the Mexican League, and the Pre-1960 Winter Leagues in Cuba, Puerto Rico and the Dominican Republic*. Jefferson, N.C.: McFarland, 2000.

Minoso, Minnie. *Just Call Me Minnie: My Six Decades in Baseball.* With Herb Fagen. Champaign, Ill.: Sports Publishing, 1993.

Molina, Natalia. *How Race Is Made in America: Immigration, Citizenship, and the Historical Power of Racial Scripts.* Berkeley: University of California Press, 2013.

Molina, Rene. *El Equipo del Siglo: Béisbol Profesional de Puerto Rico.* Coral Springs, Fla: M.I.S.C.E.S. Corp., 2000.

Monroy, Douglas. *Rebirth: Mexican Los Angeles from the Great Migration to the Great Depression.* Berkeley: University of California Press, 1999.

Morales González, Irene. Discussion with Genovevo Teodoro Chávez Ortíz. 4 October 2018.

National Museum of the American Indian Act. 130 U.S.C. § 101–185 (1989).

New York Clipper. Item in untitled newspaper column. 4 February 1882, 753.

New York Clipper. "Harry Wright" paragraph in untitled newspaper column. 25 March 1882, 5.

Ocegueda, Mark A., Christopher Docter, Richard A. Santillán, Ernie Cervantes Jr., Cuno Barragán, and Juan Carrillo. *Mexican American Baseball in Sacramento.* Charleston, S.C.: Arcadia Publishing, 2019.

Orozco-O'Neil, Elisa. Interview by Jose Alamillo. Los Angeles, Calif., 21 February 2019.

Pérez, Louis A. "Between Baseball and Bullfighting: The Quest for Nationality in Cuba, 1868–1898." *Journal of American History,* 81 (September 1994): 493–517.

Peterson, Robert. *Only the Ball Was White: A History of Legendary Black Players and All-Black Professional Teams.* Reprint, New York: Oxford University Press, 1992.

Providence Journal. [Untitled item in "National Game" column.] 28 January 1882, 8.

Pulido, Laura. *Black, Brown, Yellow, and Left.* Berkeley: University of California Press, 2005.

Regalado, Samuel Octavio. "Hey Chico! The Latin Identity in Major League Baseball." *NINE: A Journal of Baseball History and Culture,* 11, no. 1 (2002): 16–24.

Regalado, Samuel O. *Viva Baseball: Latin Major Leaguers and Their Special Hunger.* Urbana: University of Illinois Press, 1998.

Rendon, Anthony. Interview by Margaret Salazar-Porzio. Houston, Tex., 8 February 2018.

Ribowsky, Mark. *The Power and the Darkness: The Life of Josh Gibson in the Shadows of the Game.* New York: Simon & Schuster, 1996.

Rocky Mountain News (Denver). "Adding Woman Investor to Group Won't Sway Vote of Reds' Schott." 8 May 1991, Sports.

Rocky Mountain News (Denver). "Businesswoman Named Partner in Big-League Ownership Group." 8 May 1991.

Rodríguez-Mayoral, Luis. "El Hombre – The Man: Roberto Clemente." Roberto Clemente Player File, National Baseball Library and Archive, Cooperstown, N.Y.

Rodríguez-Mayoral, Luis. *Roberto Clemente–Aún Escucha Las Ovaciones.* Hato Rey, Puerto Rico: Ramallo Brothers Printing, 1987.

Ruck, Rob. *Raceball: How the Major Leagues Colonized the Black and Latin Game.* Boston: Beacon Press, 2011.

Ruck, Rob. *The Tropic of Baseball.* New York: Carroll & Graf, 1993.

Sakoguchi, Ben. "About Ben Sakoguchi." http://www.bensakoguchi.com/about.php (accessed 29 July 2018).

Sakoguchi, Jan. Ben Sakoguchi biographical notes. Unpublished work, 2015. (Available on request.)

Salazar, Manuel. Remarks. "Latinas in Baseball" event at California State University, San Bernardino, 27 October 2018.

Santiago, Deseree. Interview by Margaret Salazar-Porzio. Institute of Texan Cultures, San Antonio, Tex., 25 October 2017.

Santillán, Richard A. Remarks. "Latinos and Baseball: In the Barrios and the Big Leagues" event at California State University, San Bernardino, 27 February 19, 2016.

Santillán, Richard A. "Mexican American Baseball Teams in the Midwest, 1916–1965: The Politics of Cultural Survival and Civil Rights." *Perspectives in Mexican American Studies,* 7 (2000): 132–151.

Santillán, Richard A., José M. Alamillo, Anna Bermúdez, Juan J. Canchola-Ventura, Al Ramos, and Jessica Mendoza. *Mexican American Baseball in Ventura County.* Charleston, S.C.: Arcadia Publishing, 2016.

Santillán, Richard A., Camila Alva López, James H. Aguirre, Donna Galván, and Mark R. Garcia. *Mexican American Baseball in the San Gabriel Valley.* Foreword by the Hank Aguirre Family. Charleston, S.C.: Arcadia Publishing, 2018.

Santillán, Richard A., Gene T. Chavez, Rod Martinez, Raymond Olais, Ben Chappell, and Anna Marie Tutera. *Mexican American Baseball in Kansas City.* Charleston, S.C.: Arcadia Publishing, 2018.

Santillán, Richard A., Christopher Docter, Anna Bermúdez, Eddie Navarro, and Alan O'Connor. *Mexican American Baseball in the Central Coast.* Charleston, S.C.: Arcadia Publishing, 2013.

Santillán, Richard A., Christopher Docter, Alicia S. Stevens, Ray P. Serra Jr., Rebecca García-Prieto, and Dan Guerrero. *Mexican American Baseball on the Westside of Los Angeles.* Charleston, S.C.: Arcadia Publishing, 2019.

Santillán, Richard A., Eric Enders, Pete G. Flores, Donavan Lopez, Jorge Iber, and Ray Sanchez. *Mexican American Baseball in El Paso.* Charleston, S.C.: Arcadia Publishing, 2017.

Santillán, Richard A., Gregory Garrett, Juan D. Coronado, Jorge Iber, Roberto Zamora, and Emilio Zamora. *Mexican American Baseball in South Texas.* Charleston, S.C.: Arcadia Publishing, 2016.

Santillán, Richard A., Jorge Iber, Grace G. Charles, Alberto Rodríguez, Gregory Garrett, and Arnoldo De León. *Mexican American Baseball in the Alamo Region.* Charleston, S.C.: Arcadia Publishing, 2015.

Santillán, Richard A., Susan C. Luévano, Luis F. Fernández, and Angelina F. Veyna. *Mexican American Baseball in Orange County.* Charleston, S.C.: Arcadia Publishing, 2013.

Santillán, Richard A., Mark A. Ocegueda, and Terry A. Cannon. *Mexican American Baseball in the Inland Empire.* Charleston, S.C.: Arcadia Publishing, 2012.

Santillán, Richard A., Mark A. Ocegueda, Alfonso Ledesma, Sandra L. Uribe, Alejo L. Vasquez, and Vicki L. Ruiz. *Mexican American Baseball in the Pomona Valley.* Charleston, S.C.: Arcadia Publishing, 2014.

Santillán, Richard A., Richard Peña, Teresa M. Santillán, Al Padilla, Bob Lagunas, and Edward J. Avila. *Mexican American Baseball in East Los Angeles.* Charleston, S.C.: Arcadia Publishing, 2016

Santillán, Richard A., Joseph Thompson, Mikaela Selley, William Lange, Gregory Garrett, and Raúl A. Ramos. *Mexican American Baseball in Houston and Southeast Texas.* Charleston, S.C.: Arcadia Publishing, 2017.

Simon, Nina. *The Art of Relevance.* Santa Cruz, Calif.: Museum 2.0, 2016.

Simon, Nina. *The Participatory Museum.* Santa Cruz, Calif.: Museum 2.0, 2010.

Sporting News. [Untitled news item]. 27 November 1941.

Stattler, Rick. "Vincent 'Sandy' Nava." Unpublished manuscript, 2002. Personal copy provided by author.

Taylor, Paul, Mark Hugo Lopez, Jessica Martinez, and Gabriel Velasco. "When Labels Don't Fit: Hispanics and Their Views of Identity." Pew Research Center Hispanic Trends Project, 2012. https://www.pewhispanic.org/2012/04/04/when-labels-dont-fit-hispanics-and-their-views-of-identity/ (accessed 24 April 2019).

Troupe, Quincy. *20 Years Too Soon: Prelude to Major–League Integrated Baseball.* Los Angeles: S and S Enterprises, 1997.

Trujillo-Pagán, Nicole. "Crossed out by LatinX: Gender Neutrality and Genderblind Sexism." *Latino Studies,* 16 (2018): 396–406.

Van Hyning, Thomas E. *Puerto Rico's Winter League: A History of Major League Baseball's Launching Pad.* Jefferson, N.C.: McFarland, 1995.

Van Hyning, Thomas E. *The Santurce Crabbers: Sixty Seasons of Puerto Rican Winter League Baseball.* Jefferson, N.C.: McFarland, 1999.

Vargas, Angel. "The Globalization of Baseball: A Latin American Perspective." *Indiana Journal of Global Legal Studies,* 8 (2000): 21–36.

Vidal-Ortiz, Salvador. "Latinx thoughts: Latinidad with an X." *Latino Studies,* 16 (2018): 384–395.

Virtue, John. *South of the Color Barrier: How Jorge Pasquel and the Mexican League Pushed Baseball Toward Racial Integration.* Jefferson, N.C.: McFarland, 1996.

Ward, John. Letter to Harry Wright, Boston, 18 February 1882.

Wendel, Tim. *The New Face of Baseball: The One-Hundred-Year Rise and Triumph of Latinos in America's Favorite Sport.* New York: HarperCollins, 2003.

Wendel, Tim, and José Luis Villegas. *Far from Home: Latino Baseball Players in America.* Washington D.C.: National Geographic, 2008.

Wilson, Nick. *Early Latino Ballplayers in the United States: Major, Minor and Negro Leagues, 1901–1949.* Jefferson, N.C.: McFarland, 2005.

Wilson, Nick. *Voices from the Pastime: Oral Histories of Surviving Major Leaguers, Negro Leaguers, Cuban Leaguers.* Jefferson, N.C.: McFarland, 2000.

Winter, Jonah. *Beisbol: Latino Baseball Pioneers and Legends.* New York: Lee & Low Books, 2001.

Winter, Jonah. *Roberto Clemente: Pride of the Pittsburgh Pirates.* New York: Simon & Schuster, 2011.

Wright, Harry. Letter to John Ward, Boston, 21 February 1882.

Wright, Matt. "Cleveland Boy's Portrait of Francisco Lindor Considered for National Museum." *Fox 8 News,* last modified 12 October 2017. https://fox8.com/2017/10/12/cleveland-boys-portrait-of-francisco-lindor-considered-for-national-museum/ (accessed 3 January 2020).

Yzaguirre, Raul, and Mari Carmen Aponte. *Willful Neglect: The Smithsonian Institution and U.S. Latinos: Report of the Smithsonian Institution Task Force on Latino Issues.* Washington, D.C.: Smithsonian Institution, 1994.

Zepeda, Alfred. Interview by Priscilla Leiva. Los Angeles, Calif., 22 June 2016.

About the Authors
Sobre los autores

Margaret N. Salazar-Porzio is a curator of Latina/o history and culture in the Division of Cultural and Community Life at the Smithsonian's National Museum of American History (salazar-porziom@si.edu). Her previous exhibit *Many Voices, One Nation* and accompanying anthology, *Many Voices, One Nation: Material Culture Reflections on Race and Migration in the United States* (Smithsonian Institution Scholarly Press, 2017), examined American cultural identity through immigration and migration. She is project director of the exhibit *¡Pleibol! In the Barrios and the Big Leagues / En los barrios y las grandes ligas,* which will be opening at the National Museum of American History along with the its simultaneous Smithsonian Institution Traveling Exhibition Services national tour in October 2020.

Adrian Burgos Jr. is a professor of history at the University of Illinois at Urbana–Champaign (burgosjr@illinois.edu). His books, *Playing America's Game: Baseball, Latinos, and the Color Line* (University of California Press, 2007) and *Cuban Star: How One Negro League Owner Changed the Face of Baseball* (Hill & Wang, 2011), have focused on the experience of Latinos within the United States as it illuminates processes of migration, racialization, identity, and labor in sport and society. He has consulted on museum exhibits and documentaries on Latinos and baseball, including the National Baseball Hall of Fame's *¡Viva Baseball!* and Ken Burns's *The Tenth Inning*.

Robin Morey is the curatorial assistant for developing the exhibit *¡Pleibol! In the Barrios and the Big Leagues / En los barrios y las grandes ligas* in the Division of Cultural and Community Life at the National Museum of American History (moreyr2@si.edu). As an intern at Smithsonian Folkways Recordings, she assisted with the Latin music series *Tradiciones*, and she later served as a Latino Museum Studies Fellow at the Smithsonian Center for Folklife and Cultural Heritage, conducting research for the *Music and Migration: Sounds of California* project. A lifelong baseball fan, she worked for the Triple-A Durham Bulls for eight years helping to increase Latino engagement at the ballpark.

Margaret N. Salazar-Porzio es curadora de historia y cultura latinas en la División de Cultura y Vida Comunitaria del Museo Nacional de Historia Americana del Smithsonian (salazar-porziom@si.edu). Su anterior exposición *Muchas voces, una nación* y la antología acompañante, *Many Voices, One Nation: Material Culture Reflections on Race and Migration in the United States* (Smithsonian Institution Scholarly Press, 2017), examinaron la identidad cultural estadounidense a través del prisma de la inmigración y la migración. Salazar-Porzio es directora de proyecto para la exposición *¡Pleibol! In the Barrios and the Big Leagues / En los barrios y las grandes ligas*, que se inaugura en el Museo Nacional de Historia Americana en octubre del 2020, junto con la gira nacional simultánea del Servicio de Exposiciones Itinerantes de la Institución Smithsonian.

Adrian Burgos Jr. es profesor de historia en la Universidad de Illinois en Urbana–Champaign (burgosjr@illinois.edu). Sus libros *Playing America's Game: Baseball, Latinos, and the Color Line* (University of California Press, 2007) y *Cuban Star: How One Negro League Owner Changed the Face of Baseball* (Hill & Wang, 2011) se han centrado en la experiencia de los latinos y latinas en Estados Unidos para arrojar luz sobre los procesos de migración, racialización, identidad y trabajo en el deporte y la sociedad. Ha sido asesor en exposiciones de museos y documentales sobre los latinos y el béisbol, entre ellos *¡Viva Baseball!*, del Salón de la Fama y Museo Nacional del Béisbol y *The Tenth Inning*, de Ken Burns.

Robin Morey es la asistente curatorial para el desarrollo de la exposición *¡Pleibol! In the Barrios and the Big Leagues / En los barrios y las grandes ligas* en la División de Cultura y Vida Comunitaria del Museo Nacional de Historia Americana (moreyr2@si.edu). Como interna en Smithsonian Folkways Recordings, asistió en la serie de música latina *Tradiciones*, y más tarde fue becaria latina de estudios museísticos en el Centro Smithsonian para el Folclor y el Patrimonio Cultural, realizando trabajo de investigación para el proyecto *Music and Migration: Sounds of California*. Fanática del béisbol toda su vida, trabajó durante ocho años con los Toros de Durham, equipo de triple-A, para ayudar a fomentar la participación de los latinos en el estadio.

ADDITIONAL CONTRIBUTORS: "VOICES FROM THE COMMUNITY"

José M. Alamillo (*chapter 7*) California State University, Chanel Islands, Camarillo, California (jose.alamillo@csuci.edu)

Genovevo Teodoro "Gene T." Chávez Ortíz (*chapter 4*) Webster University–Kansas City, Emeritus, and Kansas City Museum, Kansas (gtchavez45@gmail.com)

Priscilla Leiva (*chapter 2*) Loyola Marymount University, Los Angeles, California (priscilla.leiva@lmu.edu)

Gabriel A. Lopez and Jody L. Lopez (*chapter 5*) independent scholars, Greeley, Colorado (marivelopez@hotmail.com)

Mark Ocegueda (*chapter 3*) Brown University, Providence, Rhode Island (mark_ocegueda@brown.edu)

Sandra L. Uribe (*chapter 1*) El Camino College, Torrance, California (suribe@elcamino.edu)

OTROS COLABORADORES: "VOCES DE LA COMUNIDAD"

José M. Alamillo (*capítulo 7*) Universidad Estatal de California, Chanel Islands, Camarillo, California (jose.alamillo@csuci.edu)

Genovevo Teodoro "Gene T." Chávez Ortíz (*capítulo 4*) Universidad Webster–Kansas City, Emeritus, y Museo de Kansas City, Kansas (gtchavez45@gmail.com)

Priscilla Leiva (*capítulo 2*) Universidad Loyola Marymount, Los Ángeles, California (priscilla.leiva@lmu.edu)

Gabriel A. López and Jody L. López (*capítulo 5*) expertos independientes, Greeley, Colorado (marivelopez@hotmail.com)

Mark Ocegueda (*capítulo 3*) Universidad Brown, Providence, Rhode Island (mark_ocegueda@brown.edu)

Sandra L. Uribe (*capítulo 1*) El Camino College, Torrance, California (suribe@elcamino.edu)

Index

Índice

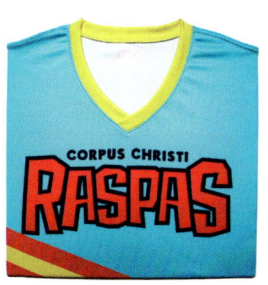

01 14